INSPIRADOS

MATT RICHTEL

INSPIRADOS

DESENTRAÑANDO EL MISTERIO DE LA CREATIVIDAD

UN VIAJE A TRAVÉS DEL ARTE, LA CIENCIA Y EL ALMA

URANO
Argentina – Chile – Colombia – España
Estados Unidos – México – Perú – Uruguay

Título original: *Inspired: Understanding Creativity: A Journey Through Art, Science, and the Soul*
Editor original: Mariner Books, an imprint of HarperCollins Publishers
Traducción: Isabel de Miquel Serra

1.ª edición Mayo 2023

Plaza de los Reyes Magos, 8, piso 1.º C y D – 28007 Madrid
www.edicionesurano.com

ISBN: 978-84-18714-10-8
E-ISBN: 978-84-19497-17-8
Depósito legal: B-4.433-2023

Fotocomposición: Ediciones Urano, S.A.U.

Impreso por: Rotativas de Estella – Polígono Industrial San Miguel
Parcelas E7-E8 – 31132 Villatuerta (Navarra)

Impreso en España – *Printed in Spain*

A mi familia

Índice

LIBRO III
NEUROLOGÍA, FISIOLOGÍA, PERSONALIDAD, CRONOLOGÍA Y (LA NUEVA)GEOGRAFÍA

LIBRO IV
SALVACIÓN

LIBRO V
CREATIVIDAD EN TIEMPOS DE CAOS

Nota del autor

Este libro representó un auténtico reto para mí. Sobre todo, en lo referente a los pronombres. Normalmente, los autores eligen si escribir en la tercera persona (ellos), en la primera persona (yo) o en la segunda persona (tú). Pero sentí que no podía permitirme ese lujo. Porque escribo sobre grandes creadores y los científicos que los investigan (ellos), sobre mi propia experiencia (yo) y también sobre lo que supone para el lector (tú). Pensé en fingir que no iba a usar todos los pronombres, y que podría hacer que al lector le pasara inadvertido. Pero me pareció que los lectores, con razón, me reprenderían y en Twitter me vapulearían. De modo que lo reconozco: en cuanto a pronombres, voy de un lado a otro. Podría intentar justificarme diciendo que es una muestra de creatividad. Tonterías. En realidad, mi decisión de usar diferentes pronombres refleja el hecho de que este libro es periodístico, conversacional y personal. Relato mi recorrido para descubrir cómo funciona la creatividad y visito a algunos de los principales creadores y pensadores sobre creatividad, y gran parte de lo que descubro puede aplicarse a todos nosotros. Por eso, te pido humildemente que disculpes el hecho de que te hablo a ti sobre ellos, y de vez en cuando sobre mí mismo. Cuando acabe el relato de este viaje, espero que la inconsistencia con los pronombres sea lo último que recordemos, tú, yo y ellos.

Prólogo

Como relata la Biblia, en el principio la oscuridad reinaba sobre las profundidades. Una oscuridad negra como el carbón lo invadía todo. Silenciosa, natural, desierta, pero bullente de la vida que empezaba a emerger. Los organismos competían para sobrevivir, y de forma natural innovaban, creaban nuevas agrupaciones de células, daban paso a combinaciones más avanzadas, desarrollaban corazones y pulmones, pelajes que protegían del frío, una visión más aguda, garras, brazos y piernas que más adelante permitirían ponerse de pie, un pasito detrás de otro, hasta que se dio un paso sobre dos piernas. Un ser humano. Sin embargo, seguía reinando la oscuridad, por lo menos por la noche, hasta que... ¡Ajá! Una persona descubrió cómo crear el fuego. Y estuvo bien.

A continuación, se inspiraron pintando en las paredes de la cueva, ahora que veían a la luz de la hoguera. Las pinturas despertaban emociones, al igual que las canciones que cantaban a la luz de las llamas. Las creaciones llegaron de una manera natural, provocadas por necesidades tan primarias y viscerales como el hambre. Y las creaciones se refinaron a medida que los humanos adquirían destreza. Eran seres hermosos, llenos de ingenio, en ocasiones peligrosos.

El fuego podía descontrolarse y reducir a cenizas un poblado o un bosque. Y los humanos acabaron por inventar los recipientes para el agua y más adelante mangueras para regar, pomadas para las quemaduras y antibióticos contra las infecciones. Una creación llevaba a la otra, las pequeñas inspiraciones, unidas a las habilidades, se convertían en imanes que atraían nuevas ideas. Era un círculo virtuoso que a menudo presentaba un curioso giro.

Muchas de las nuevas creaciones presentaban nuevos problemas, en lo que más adelante se resumiría en la expresión «consecuencias imprevistas». Pensemos en el motor de combustión, que nos permitió viajar en coches cada vez más rápidos, con la involuntaria consecuencia de provocar accidentes en los que moría mucha gente, hasta que —¡ajá, una nueva idea!— aparecieron los cinturones de seguridad, que fueron muy buenos. Luego los gases de combustión de los coches llevaron al cambio climático, y una persona tuvo la idea del Tesla impulsado por baterías. Y eso estaba muy bien, especialmente porque podía aparcar solo. Y los científicos salieron con la tecnología solar, la abundante energía que se podía extraer de los rayos del sol. ¿Pero qué pasaba entonces con los trabajadores del carbón? ¿Qué descubrimientos ayudarían a todas esas personas que alimentaban a su familia extrayendo combustibles fósiles de las minas?

Este libro cuenta la historia de la creación humana, una interminable lista de inspiraciones pequeñas, medianas e inmensas, la mayor parte de cuyos creadores no han pasado a la historia. Es el mecanismo llamada-respuesta de la naturaleza: a los nuevos retos, nuevas soluciones; creación, problema y nueva creación. Es la historia de cómo creamos, y de cómo todos podemos hacerlo. También tú puedes.

En el mundo de hoy hay muchas cosas que nos inquietan. Este libro es una buena noticia, porque habla de esperanza. El maravilloso accidente de la creatividad constante. La promesa de que siempre vendrán nuevas ideas, algo tan inevitable como el movimiento de las olas y la salida y la puesta del sol.

Este libro no habla de filosofía ni de ciencias esotéricas. Es personal. Es sobre la inspiración que bulle en el interior de cada uno, ya sea en los negocios, en el guión de cine, en la receta, en el programa social, en un movimiento político, en la pintura, en la aplicación del móvil o la mejora tecnológica, en el nuevo medicamento o en una canción, o incluso en un musical entero. ¿Por qué no?

Porque la inspiración no es más que el germen de una idea. Porque los futuros creadores tienen miedo, creen que les falta experiencia o que la idea no tiene razón de existir, y suena absurda cuando la dicen en voz alta. Porque a todos nos enseñan a colorear sin rebasar el contorno. Porque en cierto modo, la creatividad es aterradora.

Prácticamente todos los creadores saben de qué hablo. Sienten una llamada, una chispa, una llamada de la musa. O se dan cuenta de que llevan tiempo sintiéndola y se deciden a crear... a menudo sin pensar en la realización personal, con una alegría difícil de sentir en cualquier otra empresa. Sus creaciones a veces cambian el mundo.

¿De dónde vienen estas ideas? ¿De dónde surge la fuerza creativa detrás del arte, la ciencia, la música, los negocios, la tecnología? ¿Cómo se convierten en algo nuevo? No es por un milagro, ni tampoco es solo debido a la suerte o al trabajo duro. Inspiración, innovación, experimento —la creación y el proceso creativo tienen muchos nombres— pueden explicarse a partir de la biología, la neurología y otras ciencias. La creatividad siempre ha estado en nuestro interior —de todos y *cada uno* de nosotros— desde el principio. En la oscuridad, la creatividad ilumina el camino que se abre ante nosotros, y lo ha hecho así desde siempre. También está ahora en nuestro interior, en especial ahora, en la crisis, incluso en el caos. Este libro explica cómo funciona.

Nuestra historia empieza en Jerusalén.

LIBRO I

DE LA CUNA A LA MUSA

Donde una visita a Jerusalén y un encuentro casual con el Hombre Canguro nos permite dibujar el perfil de un creador, y a la vez nos descubre el enemigo mortal de la creatividad: el miedo.

Herejías

«El rey Herodes fue el Steve Jobs de su época».

El día después de Acción de Gracias de 2019 me encontraba en el barrio judío de la Ciudad Vieja de Jerusalén. Una semana antes, en Wuhan, China —a más de 7.000 km de distancia— se dio el primer caso de un ser humano infectado con el virus causante de la COVID-19. Pero aquella mañana soleada, de temperatura más agradable de lo habitual, me inspiraba un sentimiento gozoso. La «ciudad de la paz» parecía en calma, nada que ver con la olla en ebullición que estaba a punto de explotar.

La plaza bullía de turistas y residentes devotos. Creyentes judíos y cristianos corrían sobre el suelo adoquinado en dirección a algún lugar santo. En unos pocos rincones se amontonaban árabes y armenios, para quienes este lugar es la puerta al paraíso.

¿Dónde podemos reflexionar mejor sobre la fuente de la creatividad que en esta ciudad, para muchos el centro de la creación?

Mi guía, Amy, me señaló las piedras que pisábamos, y que fueron colocadas por el rey hace más de 2.000 años. Eran parte de la obsesión constructora de un imperio que padecía ese gobernador nombrado por Roma: calles que llevaban a puertos, fortalezas, nuevas ideas de puertas y fortificaciones militares. Amy me explica que era «un hombre que pensaba a lo grande»: Herodes el Grande.

También podría haber sido justamente apodado «Herodes el Asesino Paranoico». Era malísimo, un loco que ordenó el asesinato de niños y de sus propios aliados. Todo formaba parte de su firme propósito de aferrarse al poder, de su fascinación por la grandeza y la maldad.

Influido sin duda por su entorno y por las gentes de su rango, Herodes puso en marcha numerosos proyectos. La Judea del año 0 era una región rebosante de energía, un lugar donde rivalizaban diferentes ideas y culturas. Había atraído a medio millón de personas, un número más que respetable incluso hoy en día. Eso es clave. A lo largo de la historia ha habido avanzadillas de explosiva innovación, lugares repletos de creatividad, cooperación y feroz competitividad: Florencia, Harlem, Atenas, Marruecos, París, periodos extraordinarios en Rusia, Mali, Japón, China, India, México, Egipto, Silicon Valley, Hollywood y, desde luego, Jerusalén. Era la ciudad fabril más importante, y su industria era la religión.

Alrededor de la imagen del genio creador, aislado y antisocial, se desarrolló toda una mitología. Entre una larga serie de ideas equivocadas empecé a distinguir las pequeñas fábulas y herejías que habían crecido alrededor de la historia de la creatividad. Este libro trata de clarificar conceptos, y este primer capítulo es un resumen y un adelanto de la historia y la ciencia en la que me basaré para presentar una visión diferente.

La investigación a nivel de la población local, por ejemplo, señala que las creaciones parecen surgir de una energía colectiva. Imaginemos cómo sería la antigua Jerusalén, una ciudad repleta de gentes diversas —judíos, primeros cristianos, romanos— que se reunían, compartían y discutían; como en un caldero tapado, la energía y las ideas iban ganando potencia hasta que salían a borbotones a través de un individuo. Algunas personas se convertían en la puerta de escape, el canal, el auténtico visionario que trasciende la monotonía de las conductas aprendidas y las tecnologías aceptadas.

Aquí se crearon las historias más grandes jamás contadas, si hemos de tener en cuenta el número de lectores.

A un tiro de piedra de donde estamos se enraízan las historias fundacionales del judaísmo, el cristianismo y el islam. Aquí, según nos dice el Antiguo Testamento, Cristo cargó con una cruz hasta el lugar de su muerte y su enterramiento donde hoy se encuentra la Iglesia del Santo Sepulcro. La mezquita dorada que se alza imponente sobre la ciudad alberga el Domo de la Roca, uno de los monumentos sagrados de los musulmanes, el lugar al que Mahoma soñó que llegaba montado en un corcel blanco llamado Buraq, y que tanto musulmanes como judíos y cristianos consideran «la roca fundacional» de la Tierra. Según dicen estas apreciadas historias, fue en este abrupto enclave donde dio comienzo nuestra historia humana.

Justo bajo el Domo de la Roca se levanta el Muro de las Lamentaciones, uno de los lugares conmemorativos más sagrados de la narrativa judeocristiana. Este muro, que se yergue hacia el cielo mientras hombres y mujeres se inclinan frente a él, era la pared de un templo donde, según dice la historia, se guardaba el Arca de la Alianza. El Arca se perdió hace siglos.

Al contemplar la plaza pude ver una creación extraordinaria tras otra. Lo mismo que la Biblia, esta ciudad ha superado la difícil prueba del tiempo, y cada imagen parece una prueba más de la fuerza de la creatividad subyacente que conforma la experiencia humana.

Prendas de vestir, cámaras, bolsos Gucci, mochilas Northface, multitud de falsificaciones, soldados israelíes con sus uniformes verdes y una semiautomática M4 al hombro, rejillas de alcantarilla, vehículos de distintas formas y tamaños diseñados para circular por las estrechas callejuelas cargados de baratijas, sacos de cúrcuma y de aromático comino que se dirigen al barrio árabe.

Sostuve en la mano mi iPhone, una maravilla en sí mismo: una cámara de entre las más potentes que existen conectada a un ordenador cuyo procesador está a la altura de los que, hace apenas unas décadas, ocupaban una habitación (esos «supercomputadores» que tanto nos admiraban porque podían jugar una partida de tres en línea contra un rival humano). Este teléfono se convertiría en un auxiliar de mi propio ingenio y, muchos meses más tarde, me ayudaría a recordar lo que debía escribir en estas páginas. Creaciones materiales como esta nos sirven de herramientas, alientan la creación y colocan los ladrillos de la próxima innovación. En cierta manera, las mejores creaciones son las ideas espirituales que nacieron en lugares como Jerusalén, India, China, Francia, Alemania... Tienen un papel casi cósmico: dan forma a nuestra realidad.

El poder de la creatividad es tal que dibuja y redibuja nuestra comprensión del mundo. En este sentido, la creatividad es la primera auténtica maravilla del mundo. De ella surge todo lo demás.

Esto hace que la creatividad nos parezca algo extraordinario, difícil de alcanzar, propio únicamente de pensadores legendarios que vivieron en lugares históricos. Pero ni el rey Herodes construyó Jerusalén ni Steve Jobs el iPhone. Sus ideas y aportaciones fueron el resultado de siglos de innovación, donde uno tras otro fueron colocando ladrillos de inspiración. Pero lo más importante es por qué ocurre esto: la creatividad habita en cada uno de nosotros, juntos creamos nuestro mundo.

No es, como se ha llegado a pensar, privilegio de unos pocos, otra idea errónea muy extendida. De hecho, la creatividad forma parte de nuestra psicología primitiva. Viene del nivel celular, es parte de nuestra maquinaria de supervivencia. Somos máquinas de creatividad.

El primer pez que saltó del agua a la tierra no lo hizo llevado por una súbita iluminación, ni por un momento de inspiración, adaptación o evolución. La primera criatura que emprendió el vuelo no decidió desplegar las alas por arte de magia. La capacidad de andar en tierra firme o de echar a volar fue resultado de una creación detrás de otra, de miles de años de modificaciones anatómicas, de transformaciones sucesivas que iban preparando el terreno. Y empezó con un accidente en la evolución.

Pequeños cambios aleatorios en la genética fueron alterando la programación de un organismo. Algunos de esos cambios no tuvieron ningún impacto especial. Muchos llevaron a la extinción del organismo, ya que lo tornaron no apto para la supervivencia en su medio. Algunos cambios concedieron al organismo una pequeña ventaja, al mejorar, por ejemplo, su capacidad de metabolizar energía o de protegerse del peligro.

Poco a poco, los pequeños cambios se acumulan. Y así llevan al cambio anatómico que dará lugar a unas alas o unos pies palmeados. Excepcionalmente, una mutación profunda llevó a una ventaja de supervivencia, y ese cambio genético —o creación— reemplazó a la primera versión, la convirtió en algo obsoleto. Era creatividad, pero una creatividad mecánica, inconsciente, arbitraria.

A medida que los animales se hicieron más complejos y avanzados, algunos mostraron una creatividad más cercana al proceso de creación de los humanos. Los pájaros y los monos, por ejemplo, incluso algunos insectos, exhiben actos de creatividad que reconocemos a primera vista, como cantar una melodía, construir un nido o servirse de un objeto como herramienta. Se producen mutaciones que otorgan una ventaja de supervivencia y arraigan. La naturaleza es como una inagotable maquinaria que produce una creación tras otra, pero que carece de una dirección consciente.

Los seres humanos aportamos a este proceso un giro casi divino. Podemos crear a voluntad. Nacimos para crear.

Los cerebros fértiles conectan al azar unas ideas con otras. Es un proceso similar a las mutaciones en el código genético de los organismos primitivos. Las ideas se materializan, unas siguen a otras, se conectan, se reordenan, como si se tratara de un nuevo material genético creado por la imaginación. En otra parte del cerebro examinamos esas ideas y casi al instante las eliminamos al no estimarlas viables. ¿Pueden sobrevivir en el mundo? ¿Deberían sobrevivir?

En resumen, las ideas burbujean y emergen, accidentes de conexión, mutaciones, algunas atrevidas y relevantes, la mayoría destinadas a fenecer en el despiadado terreno de la realidad. Incluso las más creativas.

Un estudioso de la creatividad me contó que, en una ocasión, Albert Einstein se vio asaltado por una chispa de creatividad. Estaba convencido de haber descubierto una teoría del campo unificado que explicaría la totalidad de la existencia. Se lo contó a un colega.

—Muy interesante —respondió el colega—. Pero, de acuerdo con esta teoría, el universo no podría existir.

Existe un estrecho paralelismo entre el pez que salta a tierra o el reptil que echa a volar y el sistema de prueba y error que finalmente llevó a Einstein a elaborar la Teoría de la Relatividad, o el modo en que la astronomía moderna surgió de la mente de Galileo, o en los gloriosos y lánguidos sonidos que surgen de los labios y de la trompeta de Miles Dewey Davis III. La maquinaria del cambio, la fábrica de creatividad que vive en cada uno de nosotros, es copia directa de la maquinaria intracelular que replica y hace mutar los genes.

Eso significa que la creatividad no es un simple hábito. Es tan natural como la reproducción, el apareamiento, la combinación y recombinación de ideas. Pero al igual que con el apareamiento, a la hora de crear escogemos. Aquí es donde acaba la analogía con la naturaleza. Nuestros descubrimientos no son totalmente aleatorios ni accidentales.

Es posible perseguir la creación. Cómo crean los creadores se ha convertido en un tema de estudio al que se dedican cada vez más investigadores. A través de la investigación de la creatividad —impulsada por una tecnología innovadora— aprendemos a utilizar con mayor precisión nuestra potencia creativa.

Estos son algunos de los temas a los que espero aportar cierta luz:

- LOS NEUROCIENTÍFICOS utilizan el escaneo para trazar el mapa de los cerebros de los creadores y comprender cuáles son las regiones del cerebro donde se generan y se evalúan las ideas.
- LOS PSICÓLOGOS crean modelos de personalidad cada vez más sofisticados para detectar los rasgos distintivos de los creadores, sin olvidar la intuición esencial de que para ser creativo no es necesario ser especialmente inteligente. ¡Basta con una inteligencia media! El puro talento es importante hasta cierto punto. De igual importancia, si no más, son otras cualidades que pueden ser desarrolladas, como la apertura de mente y la curiosidad.

La relación entre el intelecto y la creatividad la resumiría de esta manera:

Una persona inteligente responde a una pregunta.

Una persona creativa concibe primero la pregunta, y luego la responde.

- HE APRENDIDO DE LOS ASTROFÍSICOS, que equiparan la creatividad con el nacimiento de un nuevo universo y el llamado *momento ¡ajá!* que surge «al borde del caos», cuando la estabilidad choca con el desorden. En ese caso, la idea no cae en el abismo del fracaso, sino que se convierte en un nuevo fundamento de la experiencia humana.
- LOS TEÓLOGOS ME HAN DESCRITO la creación humana como un vástago de la divinidad. Resulta curioso que esas ideas religiosas estén tan cerca de la forma en que se da la creatividad en

la Constitución y en la toma de decisiones de los altos tribunales del mundo entero, incluido el Tribunal Supremo de los Estados Unidos. Nuevas investigaciones sugieren que las personas religiosas tienen dificultad para ser creativas porque atribuyen sus ideas a la sabiduría de un Dios omnisciente.

- UNA IMPORTANTE APORTACIÓN al estudio de la creatividad viene del campo de las ciencias visuales. Creamos en gran medida a partir de lo que vemos. Literalmente. La caja de herramientas de un creador aumenta con los viajes, las nuevas experiencias, las emociones y al salir de la zona de confort. Se dice a menudo que los creadores conectan unas ideas con otras, y cabe señalar que solo pueden conectar aquellas ideas que han visto, sentido o experimentado.
- LAS PERSONAS CREATIVAS, afirma la ciencia, no solo ven más allá que los demás, sino que suelen estar dispuestas a considerar relevante un área de información más amplia. Dicho de otra forma, los creadores no se precipitan a la hora de desestimar información o considerarla irrelevante porque no se ajusta a las creencias comúnmente admitidas. Al tomar en consideración nuevos datos, procesan más información y vinculan más ideas.

Es importante resaltar la idea de que la creatividad de una persona depende de la información y los datos de que disponga: lo que ve, lo que siente, lo que oye y lo que experimenta. Yo lo llamo la Teoría de la Creatividad del Anaquel de las Especias (un nombre muy tonto que me he inventado). Una mente que tenga a mano muchas especias (alegría, agonía, empatía, intelecto y apertura mental) podrá preparar una mezcla más rica y aromática. Como les explicaré, hay un grupo de científicos que han desarrollado unas técnicas muy sencillas para que la gente sea consciente de las especias que tiene a mano, y que tal vez no ve debido a la distracción, el miedo o la falta de costumbre.

- LA CIENCIA ayuda a entender los pedruscos que obstaculizan la creatividad. Nos los muestran desde niños, pero la razón principal por la que nos resistimos a la creatividad es más básica: las nuevas ideas nos aterran. Este estudio explica nuestro prejuicio contra la creatividad, y por qué tendemos a desanimar a nuestros hijos a que sean creativos. La creatividad y los creadores suelen incomodarnos. La creatividad implica enfrentarnos a nuestros miedos. Sin embargo, hay una parte creciente de la neurociencia que ofrece cierta esperanza al mostrar que con algunos pequeños gestos podemos preparar el terreno y el estado mental para que inviten a la creatividad.
- LOS INVESTIGADORES que estudian la creatividad han desarrollado un nuevo vocabulario. Hablan de la «C mayúscula» y la «C minúscula». La C mayúscula es la creatividad que transforma el mundo: la rueda, los antibióticos, las vacunas, la democracia, la bomba atómica, los discos de los Beatles y así. Las creaciones con C minúscula registran unos temblores sísmicos más leves sobre los que se levantan las C mayúsculas. Las C minúsculas son experimentales. Son importantes. Pueden ser pequeños inventos tecnológicos, científicos o artísticos, pero son el material con el que se levantan los pilares de las C mayúsculas.

Y esta ciencia llega en un momento clave de la historia.

Nunca antes habíamos tenido a nuestra disposición tantas herramientas tecnológicas para conectarnos y permitir la creatividad a una escala tan grande y extensa. Tenemos a nuestro alcance Jerusalén y Silicon Valley, Hollywood y Florencia. Ninguna otra época, ni de lejos, nos ha permitido atravesar el tiempo y el espacio para comunicarnos, aprender, compartir, escribir, ilustrar, componer música, montar un negocio, mercadear, vender: distintas formas de creatividad. Es el poder de materializar la inspiración al alcance de las masas.

Esta es una época en la que las personas interactúan a través de grandes redes sin fronteras, absorbiendo ideas y conectándolas con las suyas propias. Creando. Un indicador de la creatividad es el número de patentes que se conceden, y ese número se ha disparado: en 2019, la Oficina de Patentes y Marcas Registradas de Estados Unidos concedió 319.103 patentes, un aumento considerable desde las 71.230 de 1969, cincuenta años atrás. (La primera patente de Estados Unidos, firmada por George Washington, se entregó en 1790 a Samuel Hopkins por mejorar la forma de hacer potasa, que se usa como fertilizante).

En los últimos años han salido creadores hasta de debajo de las piedras. Y no me refiero únicamente a los de YouTube y de TikTok, que acumulan seguidores haciendo trucos con sus mascotas, sino a contenidos de más enjundia. Esta abundancia demuestra que el coste de hacer pública una idea es prácticamente nulo, pero su impacto es potencialmente enorme. En diciembre de 2018, una chica de quince años llamada Greta Thurnberg ganó el concurso convocado por un diario de Estocolmo con un texto sobre el cambio climático. Greta envió sus ideas a las redes sociales, y, al cabo de poco tiempo, un millón de personas la apoyaban en su lucha contra el cambio climático. Personas como Greta Thurnberg son un claro ejemplo de cómo un medio puede estimular la creatividad de forma sorprendente: haciendo que sea más fácil fracasar, y, por lo tanto, más fácil probar. Y una anotación: la referencia a Greta Thurnberg carece de intención política y este libro no es ideológico ni partidista. La creatividad no es propiedad de ningún partido ni ideología.

Desde luego, los creadores pueden tener su ideología o incluso fundar una nueva. Sin embargo, la creatividad se encuentra más allá de los partidismos.

Musk, el fundador de Tesla, un conservador del ala dura, es uno de los grandes creadores de su generación. Más adelante en el libro compartiré una sugerencia acerca de una de las mejores y más innovadoras ideas que he oído para establecer vínculos entre los policías y los jóvenes afroamericanos de Estados Unidos: juntarlos en pequeños grupos y llevarlos a visitar las playas de Normandía. Fue la feliz ocurrencia de una estrella del rock ya retirada, un hombre de ideas conservadoras, profundamente agradecido a policías y militares por su labor, que quiso dedicarse en cuerpo y alma a sanar las heridas abiertas de su comunidad.

Hablando de estrellas del rock, a principios de la década de 1960, Bob Dylan fue invitado a hablar ante el Comité Urgente de Libertades Civiles (National Emergency Civil Liberties Committee). El Comité dio por supuesto que Dylan estaría de acuerdo con sus ideas progresistas, pero, cuando el cantante subió al escenario, les reprendió.

—Para mí ya no hay derechas ni izquierdas —dijo—. Solamente arriba y abajo. Y abajo está muy cerca del suelo, de modo que intento ascender sin pensar en cosas banales, como la política.

La creatividad no es lo mismo que la fama o la fortuna, ni por asomo. La creatividad forma parte de nuestra naturaleza, en tanto que la fama y la fortuna son efímeras, incluso para las figuras legendarias.

Cuando empezaba a recopilar datos para este libro, un día estaba jugando a baloncesto delante de casa con mi hijo de once años. Le comenté que esperaba entrevistar a Bono para el libro.

—¿A quién?

—El cantante de un grupo muy famoso que se llama U2.

—Oh —dijo mi hijo—. ¿Bono es un hombre o una mujer?

Más adelante en este libro leeréis lo que dice el propio Bono sobre la creatividad y patrimonio cuando explica su teoría de por qué U2 se convirtió en uno de los grupos musicales con más éxito de todos los tiempos. Bono sugiere que la respuesta no está únicamente en el talento o en la creatividad, sino en la oportunidad del momento.

De modo que no, la creatividad no es ideológica ni es lo mismo que el éxito. De hecho, si este libro se inclina por algo, es por la naturaleza democrática de la creatividad como una forma de libertad y expresión personal. Al mismo tiempo, creo que el elitismo, la superficialidad ideológica y el brillo cegador del éxito material, al desincentivar la autenticidad, socavan seriamente nuestra capacidad creadora.

Otro mito: la creatividad es buena. Lo cierto es que no es intrínsecamente positiva. El proceso creativo no es en sí mismo bueno ni malo, no es «moral ni amoral», como escribió un gran investigador en este campo. El fundamento moral de la creatividad no viene de la creación en sí, sino de los valores de su creador o, mejor incluso, de la manera en que la creación se utilice.

Cuando me dirigía a las puertas de Jerusalén, estaba a punto de aprender esta lección de primera mano. Pronto comprobé cómo nuestras mayores creaciones pueden resultar mortales.

Paré un taxi y me subí a él.

El taxi arrancó con una sacudida. El conductor pisó el acelerador con tanto entusiasmo que me sentí transportado a Nueva York, donde viven los taxistas más impacientes del mundo. Atravesamos volando las puertas de la ciudad vieja. El conductor giró bruscamente a la izquierda y avanzó por el laberinto de callejuelas junto a las murallas. Atravesaba las callejuelas tocando la bocina y maldiciendo entre dientes.

De repente, empezó a toquetear el iPhone, pegado al tablero del vehículo. Pensé que consultaba un mapa. Pero no. Estaba pasando con el dedo fotografías de camisas y chaquetas con descripciones en árabe.

El taxista estaba comprando por internet.

Si la escena no hubiera sido periodísticamente tan rica, le habría pedido que dejara de comprar mientras conducía. ¿Qué demonios hacía?

—Tengo curiosidad. ¿Qué está mirando? —le pregunté.

—Mi amigo vende ropa. Ha llegado un nuevo cargamento. ¿Qué le parece?

Um, que nos podemos matar.

El taxi fluía con el caótico tráfico: bruscos acelerones, rápidos cambios de dirección, súbitos parones en momentos de congestión. Mi taxista se detuvo. Me explicó que su amigo vendía ropa fuera del barrio árabe, y que no quería perder las últimas ofertas. Supongo que no tenía en cuenta la posibilidad de que si nos matábamos en un accidente ya no podría comprar nada.

Las creaciones no son intrínsecamente buenas ni malas. Depende de cómo se utilicen. Prácticamente desde el primer momento en que el coche estuvo a disposición del gran público, empezaron a morir personas en accidentes automovilísticos. Hoy en día, viajar en coche es una de las actividades más peligrosas si tenemos en cuenta el alto riesgo de salir malheridos o morir en un accidente. Añadamos ahora a esto el teléfono móvil, que al principio se comercializó como «teléfono para el coche». Era un buen invento si recordamos que antes nadie podía hablar por teléfono mientras conducía. Un invento desastroso desde el punto de vista de la seguridad, por lo menos cuando usar el teléfono hace que el conductor se distraiga. Y añadamos a esta mezcla la compra por internet. Un estupendo invento, ¿verdad? Pero no a cincuenta kilómetros por hora, esquivando el tráfico de la ciudad vieja en hora punta.

La verdad es que los creadores no pueden predecir cómo se usarán sus creaciones ni los espacios que ocuparán. Y eso es cada vez más impredecible a medida que los sistemas del mundo se hacen más complejos y un invento se combina o rebota en otro. Información, armas, ideas, tecnología.

Mientras recorríamos con el taxi el perímetro de la ciudad vieja, observé la absurda imagen de un judío jasídico, vestido con el traje tradicional y aspirando con fruición una pipa de vapeo de nicotina. La idea de los inventores de esos cigarrillos de vapor era que sustituyeran a los cigarrillos. Ese invento, que a muchos les encanta, se ha convertido en los últimos tiempos en mortal para los usuarios a causa de los productos químicos que se le han ido añadiendo para hacer el producto más barato. De hecho, han acabado causando la muerte de algunas de las personas que inhalaron los vapores venenosos.

Esta es la paradoja de la creatividad, en su sentido más amplio. Es la idea de que nuestras mejores creaciones pueden tener efectos secundarios negativos que, a su vez, requerirán e inspirarán creaciones mejores todavía.

La creatividad, como la mutación celular, es un asunto enmarañado y torpe en el cual la mayor parte de las formas nuevas no arraigan, y algunas son incluso nocivas. El nazismo, la esclavitud, el gas venenoso. Ahora podemos ver lo dañinos que son, pero en algún momento hubo quienes las consideraron buenas ideas.

Algunas innovaciones tienen tanto empuje que resulta imposible adivinar si acabarán por ser más dañinas que beneficiosas, como la bomba nuclear, la economía basada en el petróleo o los antibióticos, instrumentos todos ellos de tal magnitud que su alcance real solo podrá entenderse con el transcurrir del tiempo y el paso a otra época.

El efecto duradero que tienen estas creaciones excepcionales llevan a pensar que la creatividad pretende sobre todo mejorar o salvar el mundo. Ciertamente, algunos inventos lo consiguen. O, por lo menos, es posible que provoquen cambios en tu familia, tu comunidad o tu región.

De esta forma, la creatividad define nuestro mundo y reclama para sí el más extraordinario de los nichos: es el lugar donde la expresión y la satisfacción personales se dan la mano con el interés y el avance de la sociedad. La creatividad guarda la clave de la salvación, tanto personal como colectiva. Muchas veces nos vemos obligados a elegir entre el bien social y el individual, pero la creatividad nos permite alimentar nuestra chispa personal al mismo tiempo que intentamos cambiar el mundo.

«La mejor manera de predecir el futuro es inventarlo», es una frase que se atribuye a Alan Kay, quien colaboró en el invento del ordenador personal.

Es una bonita manera de ver la creatividad, como si fuera un bálsamo social. Es una idea especialmente equivocada.

Como individuos, no creamos para salvar el mundo. No al principio.

La creatividad es algo personal. Brota en primer lugar de la emoción que nos provoca la inspiración.

Siempre se ha dicho que la necesidad es la madre de los inventos. No es totalmente falso, pero solo es cierto en parte.

Lo cierto es que la necesidad está incluida en un concepto más amplio: la autenticidad.

La auténtica madre de la creatividad humana es la chispa individual. A menudo, los creadores no empiezan su labor porque tengan deseos de encontrar solución a un problema, sino llevados por una inspiración mucho más personal, similar a la mutación celular. Una idea brota en su cerebro. ¡Ajá! La idea inspira al individuo —como lo haría una musa— con una nueva propuesta fantástica y emocionante. Es posible que el creador resuelva un problema porque le ha dedicado tiempo y energía hasta encontrar la solución. Pero, como reconocen algunas de las personas más creativas del mundo entrevistadas para este libro, la mente abierta produce emocionantes ideas que pueden o no tener relación con el tema que les ocupa en ese momento.

El descubrimiento y la creación pueden ser experiencias emocionantes y hondamente satisfactorias. Y las razones son simples.

Razón primera: el proceso de la creatividad permite a las personas sentirse más liberadas. Los estudios muestran que los creadores tienen la oportunidad de dar algo de sí mismos al mundo. Y eso sin necesidad de exponer aspectos delicados o demasiado íntimos de su personalidad. El estudio sugiere que, cuando las personas piensan y crean de forma innovadora, se liberan de sentimientos de vergüenza sin tener que revelar la naturaleza de un secreto. Ese estudio apunta a que la creatividad puede mejorar la salud física, ya que ayuda al creador a desembarazarse de un peso psicológico que lastraría sus acciones.

Asimismo, en ocasiones el pensamiento creativo sirve al espíritu inquieto porque ofrece una actividad a la mente: le da simplemente algo que hacer. Un amigo mío, escritor y uno de los mejores jefes de sección que ha tenido el *New York Times,* me describió su mente como una «trituradora de madera». Era necesario alimentarla. De modo que él se imponía regularmente proyectos creativos para que su mente no «se triturara» a sí misma. La creatividad puede ser lo contrario de la destrucción en tu mundo personal.

Cuando la inspiración es auténtica y sincera, permite al creador conectar con los demás y constituye una fuente de alivio. Esto puede ocurrir en el campo del arte, los negocios o las leyes. De hecho, hay ocasiones en que la sinceridad de un creador puede afectar profundamente a otras personas, aunque no fuera esa su intención.

Durante la época de la crisis de los misiles en Cuba, Bob Dylan lanzó una canción muy inspiradora que te titulaba *Hard Rain.* El estribillo decía «es fuerte, es fuerte, la lluvia que va a caer», y muchos de entre el público dieron por sentado que Dylan se refería al terror de una inminente destrucción nuclear. El famoso periodista Studs Terkel le preguntó a Dylan sobre este punto en la televisión.

—No se refiere a lluvia atómica —dijo Dylan— solo a una lluvia fuerte.

Años más tarde, en el umbral de la pandemia, Dylan escribió y lanzó una canción que se llamaba *I contain multitudes* (Contengo multitudes).

«Me preocupo demasiado de mi pelo, me enzarzo en *vendettas* familiares», cantaba. Un vanidoso y un camorrista, perspectivas contrapuestas, estilos complementarios que chocan entre sí. «Soy como Ana Frank, como Indiana Jones, y como esos chicos malos británicos, los Rolling Stones».

Lo que me lleva a una característica central y esencial de la creatividad que a menudo se pasa por alto.

La creatividad no surge de un lugar especial, no se da en un entorno particular ni en una circunstancia determinada. *Los creadores no están hechos de una pieza.* Dentro de nosotros hay multitudes, la semilla de la variedad, la novedad, la creación: canciones, cuentos, murales, discursos y políticas, medicinas, tecnologías, recetas, giros idiomáticos. Son momentos marcados, creados por individuos, una creación tan inmensa como la vida, tan natural como el instinto de supervivencia.

La idea de que tenemos dentro de nosotros tanto material que extraer debería resultar liberadora para los futuros creadores. Debería otorgarnos la posibilidad de seleccionar de entre esa mezcolanza de humanidad para crear arte, negocios y nuevas ideas. Sin embargo, la gente se queda atrapada en identidades, limitada por miedos que interfieren con sus impulsos creativos y obstaculizan el acceso a sus capacidades naturales. En cierto modo es comprensible, todos tenemos tendencia a limitar y a estrechar, y además las respuestas fáciles ayudan a aplacar nuestra sensación de que vivimos en el caos. La seguridad y la rigidez ofrecen un refugio en medio del eufórico torbellino del siglo veintiuno. Lo sé por propia experiencia, ya que estuve años resistiéndome al impulso creativo, temeroso de las multitudes en mi interior, sin ceder a ellas; una resistencia que me llevó a sufrir una crisis emocional antes de encontrar mi propia voz.

También he entendido el valor de las multitudes que llevamos dentro escuchando a los distintos creadores que presento en este libro. Una de estas notables creadoras aparece varias veces a lo largo de estas páginas.

Rhiannon Giddens es una estrella del pop con una voz que podría rivalizar con la de Whitney Houston y sensibilidad folk. Su genial álbum *Freedom Highway* hunde sus raíces en la mezcla indisoluble de esperanza y desesperación amasada por una estirpe de esclavos. Pero también escribió una canción para un videojuego estilo *spaghetti-western* que se llama *Red Dead Redemption*. Está considerada como una de las mejores intérpretes de banjo del mundo.

En el momento de escribir este libro, Rhiannon trabajaba en un musical con el famoso rockero Elvis Costello. Al mismo tiempo, preparaba su debut como compositora de ópera con *Omar*, que cuenta la historia de un africano musulmán que fue llevado a Charleston como esclavo en 1807. Su pareja es un pianista de jazz italiano que se ha formado en La Haya. Como lugar de encuentro han elegido Irlanda, donde residen.

En 2016, cuando Rhiannon Giddens recibió un Grammy, se detuvo en la alfombra roja para conceder una entrevista y explicó que su trabajo pretendía rendir tributo a las mujeres que la antecedieron. Nina Simone, Dolly Parton, Sister Rosetta Tharpe. Espirituales, soul, country. «No quería que me encarcelaran en un género», declaró al equipo de TV. «Me dije: 'La música norteamericana es más que un género. Grabé el disco para mostrar lo que pienso de esa música».

Giddens es hija de una madre negra y un padre blanco que contrajeron matrimonio en Carolina del Norte poco después de que estuviera permitido el matrimonio interracial. Se divorciaron más tarde, cuando la madre de Rihannon se declaró lesbiana. Hasta los ocho años, ella y su hermana vivieron con los abuelos, cuya visión del mundo estaba marcada por la herencia de la esclavitud. Eran dos personas muy protectoras y amorosas, pero con episodios de furia y violencia. A pesar de ello, Giddens asegura que el mejor recuerdo de su infancia son las interminables horas que pasaba jugando con su hermana junto al gigantesco y viejo roble del patio de la casa de sus abuelos, a ratos aburrida y a ratos imaginando aventuras.

La vida de esta creadora ha transcurrido entre contradicciones: amor y enfado, licencia y disciplina, sobriedad y adicción, la ciudad y el campo, las calles plagadas de delincuencia y las escuelas de élite. Blanco y negro. Heterosexual y homosexual.

Todo esto la llevó a la inspiración en 2020, durante la pandemia de la COVID-19 y el hecho coincidente de las traumáticas muertes de hombres y mujeres de raza negra a manos de policías. En un principio, sintió mucho miedo por la vida de su sobrino, un artista de Carolina del Norte que estaba en la primera línea de las protestas. En este libro les mostraré cómo la inspiración hizo que las multitudes de Rihannon Giddens dieran frutos de honda creatividad. Su historia narra el nacimiento de una auténtica creadora, pero también la forma en que ese nacimiento puede llevar a una persona más allá de la creación, más allá del enganche con la fama y el dinero, para alcanzar la autoaceptación y la felicidad.

Cuando hablé de creatividad con otro gran creador, Carlos Santana, el legendario guitarrista, me pidió que intentara entender la felicidad, la satisfacción y el éxito que le proporciona el hecho de acceder a este talento. «El principal cáncer de este planeta es que la gente no cree en su propia luz», dijo. Es lo que él llama la chispa creativa individual: tu luz. «Estamos en la edad de la iluminación, y ya podemos dejar a un lado todas esas tonterías», añadió Santana. «Las llaves del reino vienen de tu imaginación».

El lenguaje de los creadores puede sonar místico, y el del ámbito académico demasiado clínico. Espero poder hacer de intérprete entre ambos, ya que como periodista del *New York Times* he entrevistado a científicos, y, por otra parte, soy también escritor y músico. Entiendo lo que es sentirse abrumado por la inspiración, entiendo lo que es el éxito y el fracaso, sentir vocación, pasar por la traición de la fama y la aceptación del público, y llegar una y otra vez a una verdad muy simple: la creación es un fin en sí mismo, el acto en sí nos proporciona más felicidad que las creaciones resultantes.

Ahora tenemos una vida más larga y nuestras necesidades materiales no habían estado nunca tan resueltas. Pero la felicidad no ha alcanzado el mismo nivel. Es posible que el secreto no esté en los productos de nuestra creatividad, sino en el proceso en sí.

«Demasiada gente cree firmemente que no es creativa», dijo la Dra. Lynne Vincent, profesora auxiliar de dirección de empresas en la Universidad de Siracusa. Forma parte del número creciente de académicos que intentan, como ella misma expresa, «normalizar y entender qué significa ser creativo».

Un primer paso es «aceptar el hecho de que eres una persona creativa, y comprender qué significa la creatividad».

Pese a sus denodados esfuerzos por distraerse, el taxista de Jerusalén me depositó sano y salvo en el apartamento de Airbnb que había reservado para mi familia y para mí mediante el mismo invento maravilloso de internet que había permitido al taxista conducir y comprar a la vez. Mi familia y yo haríamos pronto las maletas para viajar al norte, donde queríamos pasar el Día de Acción de Gracias.

Allí conocí a un creador fascinante, el Hombre Canguro.

Esta es la primera de otras muchas historias que conforman la trama de este libro, desde los académicos a Giddens y Bono; Albert Einstein; el entrenador de los Golden State Warriors, Steve Kerr; el realizador de películas cómicas Judd Apatow; estrellas de las redes sociales de las que nunca habréis oído hablar, pero que vuestros hijos adoran; empresarios tecnológicos que han ganado centenares de millones de dólares con sus inspiraciones, un Premio Nobel que ha descubierto nuevos tratamientos para el cáncer... estos y otros más aparecerán y reaparecerán para dar testimonio de cómo funciona la creatividad. Entre todos nos ayudarán a tener una visión general de la capacidad creativa, una de las más relevantes del ser humano, en los tiempos tan especiales que estamos viviendo.

Veamos: a finales de 2019, un espantoso virus empezó a propagarse en Wuhan, China. Acabaría con la vida de cientos de miles de personas, y crearía un remolino que engulliría empleos y medios de vida a la manera de un agujero negro. En esos momentos de gran inestabilidad social, se vivió además un endurecimiento de la lucha contra las desigualdades raciales.

La biología, la economía y la sociología agitadas por un huracán, un virus producto de una mutación fortuita, y un racismo sistémico que hunde sus raíces en los orígenes de la esclavitud. Todo a punto de explotar.

¿He mencionado los incendios? En otoño de 2020, el oeste de Estados Unidos estalló en llamas, y más tarde fue Australia la que sufrió incendios que arrasaron millones de acres, como si la naturaleza protestara contra el calor de nuestras creaciones. El cielo se oscureció con una mezcla de cenizas y de productos contaminantes que convirtieron las regiones más tecnológicamente adelantadas que se han visto en el mundo en las más tóxicas.

Esta no era la primera vez que nuestra especie se enfrentaba a un gran reto. De hecho, son muchas las ocasiones en que los seres humanos han encontrado la forma de escapar de amenazas, ya fueran diminutas o existenciales. Ha habido ya tanto progreso a partir de la creación humana: desde los medicamentos hasta las ideas de justicia e igualdad o las leyes que las llevan a efecto. La historia nos da una buena noticia: volveremos a encontrar un camino.

En el momento de calma anterior al estallido de ese momento histórico extraordinario, el Hombre Canguro se encontraba rodeado de su creación, cubierto de polvo, un hombre satisfecho con una historia emocionante y reveladora sobre la innovación.

Acto de fe

La creatividad, lo mismo que la vida, encuentra siempre una salida, incluso en lugares donde no se dan las condiciones ni la cultura necesarias para brotar.

A la mañana siguiente del Día de Acción de Gracias, visité con mi familia un kibutz llamado Nir David, a dos horas en coche al norte de Jerusalén. Unos primos míos habían ayudado a fundarlo durante la formación del estado de Israel. Esta nación es una creación del mundo, en parte como respuesta al antisemitismo. La creación de Israel no fue bien recibida por los palestinos que vivían en la región. La creación de unos es el trastorno de otros, o incluso su destrucción.

Los palestinos atacaron el kibutz el 20 de abril de 1936. Algunos árabes palestinos, furiosos con el crecimiento de la población judía en un país entonces bajo control británico, irrumpieron en los campos de Nir David, todavía en construcción, y quemaron los cultivos. Las mujeres y los niños se escondieron en un refugio. Los hombres lucharon —en lo que parecía un combate a muerte— hasta que llegaron los efectivos británicos. El kibutz logró rehacerse por los pelos, y en las décadas siguientes ese colectivo agrícola destacaría por su capacidad de supervivencia. La situación no dejaba mucho lugar a la creatividad, más allá de la necesaria para sobrevivir.

De hecho, un kibutz típico tenía en aquellos tiempos el encanto y la personalidad del estado soviético. Era un colectivo basado en el socialismo. Todos recibían aproximadamente el mismo salario. Los residentes comían la misma comida en el mustio comedor colectivo: tomates y pepinos en el desayuno, mucho hummus y pita en las demás comidas. Las viviendas eran espartanas, con una zona de dormitorios, un cuarto de baño y una modesta zona de estar. Todo se compartía, y ni siquiera los abuelos podían colar unos dulces para llevárselos a sus nietos. En cuanto al trabajo, cada uno tenía una tarea asignada, ya fuera en el campo, en la cocina, en la fábrica o en la oficina. Los niños eran educados con igual uniformidad. Por la noche dormían en su casa, pero los criaban colectivamente en el colegio y en la guardería, como si fueran hermanos a cargo de un grupo de niñeras, y solo volvían a casa para pasar la noche. Los padres no tenían tiempo de criar a sus hijos ni de jugar a la pelota con ellos; trabajaban todo el día en el campo por la supervivencia y por la seguridad del colectivo.

Sería simplista atribuir esa situación a una ideología extremista, como el fallido comunismo. Era algo distinto, nacido de la necesidad de unas familias que tenían que combatir el hambre por una parte y los ataques por otra. La situación se intensificó tras el holocausto, cuando algunos miembros del kibutz viajaron a Polonia para recoger a los supervivientes e integrarlos en la colectividad, mientras se recrudecían los ataques y la hostilidad de las naciones árabes y los palestinos, ofendidos por la forma en que se creó el estado de Israel al acabar la Segunda Guerra Mundial.

Era un lugar miserable. No era un terreno fértil para un pianista, un pintor, un emprendedor original o un político que quisiera hacer algo más allá de un decreto de supervivencia. No parecía el lugar para un creador. No se daban las condiciones ideales para que apareciera el Hombre Canguro.

Se llama Yehuda Gat.

—La gente no me creía capaz de hacerlo —me dijo cuando nos vimos frente a las jaulas repletas de canguros que habíamos venido a ver para que nuestros hijos pudieran acariciarlos.

A Gat le chispearon los ojos cuando saqué el iPhone para grabar su historia.

—Se rieron de mí.

Ahora tiene más de ochenta años. Ha crecido en el kibutz. Durante muchos años vivió de acuerdo con su cultura, de joven cumplió con su deber de ir a la escuela para aprender agricultura. Colaboró en la cría de pavo en el kibutz. En el ejército, donde los israelíes están obligados a servir una temporada, estuvo en una unidad de paracaidistas. Vivió un tiempo en Chicago como representante del gobierno para los americanos que deseaban regresar a Israel. Allí adquirió una gran afición por los Chicago Bears. En 1990, regresó al kibutz, donde intentaron encontrarle un empleo. Se les ocurrió entregarle dos cabras y dos ovejas para que las cuidara, a fin de que los niños pudieran visitarlas.

Para entonces Gat tenía cincuenta años y su barba empezaba a encanecer. No le atraía cuidar de las cabras, pero le dio una idea. Se le metió en la cabeza que, si creaba un parque temático de Winnie the Pooh y un zoo con animales para que los acariciaran los niños, atraería a centenares de visitantes. Lo describió como «algo diferente de lo que he hecho y diferente de lo que hace otra gente, un zoo que conecte a las personas con los animales, no a través de las jaulas, sino de la educación».

Tal vez ahora la idea no suene tan novedosa ni tan absurda, pero desde luego sonaba estrafalaria para el lugar y la época.

Cuantas más vueltas le daba, más difícil le resultaba quitarse la idea de la cabeza.

—No pensaba en *otra* cosa. Solamente en el zoo. Me volví loco; bueno, no loco, pero no podía hablar de otra cosa.

Los miembros del kibutz imaginaron que la locura se iría desvaneciendo con el tiempo.

—Había tenido una ocurrencia estrafalaria, y todo el mundo decía que se le pasaría —dijo Yael Ziv, una prima mía que había crecido en un kibutz cercano, y cuyo marido era de Nir David.

Como nadie sabía qué hacer con ese miembro del kibutz Nir David que parecía tan obsesionado, lo apuntaron en un seminario para personas que querían poner un proyecto en marcha. Tal vez la idea de Gat acabaría por difuminarse. Según me explicó Gat, tras seis meses de seminario «mi tutor me dijo que era imposible —IMPOSIBLE— que yo pusiera en marcha un parque temático de Winnie the Pooh».

Un amigo le sugirió limitar el parque temático a animales australianos, como los canguros. ¿Canguros? ¡Canguros!

Sí, sí, sí. Gat se sentó y empezó a enviar faxes a más de ochenta zoos de Europa, preguntándoles si podían venderle un canguro. Uno de los zoos respondió que podían proporcionarle un canguro, uno grande, pero que —le advirtieron— era arisco. Finalmente, el zoo envió dos canguros. «Eran muy, muy agresivos».

Gat no era el hazmerreír de su comunidad, pero hubo risitas. En un momento dado, plantó eucaliptus para alimentar a los koalas. «En medio del campo», dijo Oron Ziv, el marido de Yael, que en aquel entonces era el responsable de la granja y había sido comandante de tanques en el ejército israelí. «Este hombre debe de estar totalmente chalado», añadió, expresando en voz alta la opinión general.

Gat insistió en que encontraría la manera de crear una industria turística que atraería cada año 20.000 visitantes a Nir David. La primera reacción que hubo fue la que contempló un día al entrar en el comedor donde los miembros del kibutz comían.

—Estaban todos saltando como canguros —recordó Gat.

¿Qué es la creatividad?

Las posibilidades son muchas.

«La creatividad es un término paraguas que agrupa distintas definiciones y perspectivas teóricas», dice un estudio publicado en el *Journal of Neuroimage*. «Puede definirse como un producto, un proceso, una identidad o un tipo de personalidad».

De acuerdo con mi experiencia, los conceptos que más comúnmente se asocian a la creatividad son la novedad, la invención y la originalidad. Otro concepto que a menudo va vinculado a la creatividad es la idea de que tenga «sentido». Dicho de otra forma, que la creación suponga un cambio significativo.

Por esta razón, numerosas definiciones de la creatividad resuelven finalmente una interpretación que incluye tanto el concepto de novedad como el de valor. El concepto de valor es importante «porque nos permite distinguir los pensamientos y comportamientos creativos de aquellos que son meramente raros o excéntricos», señala el *Cambridge Handbook of Creativity and Personality Research.*

Para ser creativo, un concepto no puede limitarse a ser nuevo, debe tener algún significado, aunque sea en teoría.

Algunos investigadores añaden un tercer componente: ¡la sorpresa! ¡Novedad, valor sorpresa!

Otros argumentan que la sorpresa no es más que la novedad con un signo de exclamación al final. Como proclamó enérgicamente un reputado investigador de la creatividad: «Vaya tontería. No es más que una ampliación de la novedad».

Bienvenidos al ancho mundo de la investigación sobre creatividad, un mundo que ha florecido en los últimos años, pero que conserva recovecos de inseguridad e incluso de incoherencia. Una versión más incisiva, si lo prefieren, es la descripción que hace Arne Dietrich sobre la falta de coherencia: «Dada la probada habilidad de los psicólogos pop y los gurús de la autoayuda para expandirse en el vacío, la creatividad se ha convertido en un semillero de banalidades, paparruchas sin sentido y —por decirlo con las atinadas palabras del filósofo Harry Frankfurt— de auténticas sandeces», escribió Dietrich en su libro *How Creativity*

Happens in the Brain. (Oiremos más de Dietrich en un capítulo posterior sobre la creatividad y el cerebro).

De modo que empezaré por la propuesta más aceptada y elemental de que la creatividad requiere novedad y valor o influencia. Hay que aclarar que no estamos hablando de una influencia «positiva». Por ejemplo, Hitler. O Pol Pot. Lo que estos cretinos hicieron cumple en cierta medida con los conceptos de novedad y de valor, porque lo que le llevaron a su comunidad fue una estructura temporal, o valor, a una escala novedosa: no cabe duda de que sorprendieron a la humanidad con su firme intención genocida y la novedosa combinación de herramientas y tácticas que emplearon.

De eso se desprende que la creatividad no debería verse como mala o buena en sí misma. Es un proceso. Y los resultados son subjetivos.

Harold Cohen desarrolló un programa informático llamado AARON que pintaba cuadros. Eran bastante buenos, de los que se exponen en las galerías de arte. Su hija es pintora, tiene mucha menos fama y hace dibujos «por los que la mayoría de la gente no pagaría». Pero Cohen considera que su hija «es mucho más creativa que el programa informático», de acuerdo con un importante artículo sobre las raíces evolucionistas de la creatividad que publicó la Royal Society of London.

El artículo en cuestión señala lo variadas que son las definiciones de la auténtica creatividad. Hay quienes piensan que el término debería aplicarse solamente a «los grandes creadores que han dejado huella en la historia».

Sin embargo, como leeréis más adelante, no habría habido ninguna bombilla, ninguna vacuna contra la viruela, ningún Martin Luther King ni inmunoterapia contra el cáncer sin las pequeñas creaciones precedentes.

En pocas palabras, un creador puede cambiar el mundo, pero, de acuerdo con numerosos estudiosos del tema, para que una persona sea considerada creativa no es indispensable que cambie el mundo.

Hay otro concepto clave asociado a la creatividad que no guarda relación tanto con el resultado como con la experiencia personal del creador. Este concepto conlleva la idea de autenticidad. Algunos estudiosos opinan que la creatividad suele brotar a partir de una serie de ideas que derivan de una experiencia y una emoción auténticas. Parece una conclusión sensata. Una creación originada en la autenticidad tendrá seguramente más probabilidades de resonar con otras —y adquirir valor, por tanto— que si tuviera un origen simulado o poco sincero.

Cuando las experiencias son auténticas pueden resultar agradables, sinceras, verdaderas. Ello significa que, a menudo, la creatividad lleva consigo un gran placer.

Albert Einstein dijo que la creatividad era «la inteligencia divirtiéndose». Había firmado más de trescientas publicaciones con su nombre, muchas de las cuales abordaban los grandes misterios sobre el funcionamiento del universo, de modo que Einstein sabía de lo que hablaba.

También dijo que «la lógica te llevará de A a B. La imaginación te llevará a todas partes», con lo que parece sugerir que la parte de la inteligencia no es tan importante como la del disfrute.

«La imaginación es más importante que el conocimiento», afirmó. Y también: «No se puede resolver un problema en el mismo nivel en el que fue creado». Es evidente que Einstein creía que la creatividad era un rasgo esencial del ser humano.

Muchos estudiosos con los que he hablado están de acuerdo. Esta línea de pensamiento considera que la creatividad es el *sine qua non* de la existencia. Significa que la creatividad es esencial para la vida cotidiana, para el lenguaje, para seguir adelante, y no podría haber salto creativo sin los avances universales cotidianos.

Añadiré algo a la definición: la creatividad es de una importancia extrema, total, vital.

Novedad, valor, sorpresa, autenticidad, diversión. Pero no necesariamente bueno o malo.

Todos estos conceptos y matices sobre la creatividad son válidos.

Explico la historia del Hombre Canguro por varias razones. Nos demuestra que las personas pueden volverse creativas a una edad tardía y en entornos que no parecen propicios a la originalidad. Esta historia subraya uno de los aspectos más importantes de la creatividad: para ser de utilidad, una idea o invento no tiene necesariamente que poner el mundo patas arriba, no tiene que reformar una religión, curar una enfermedad ni nada por el estilo. En este libro aparecen personas que han hecho cosas así. La historia del ganador del premio Nobel que colaboró en la creación de una novedosa terapia contra el cáncer es impresionante, por ejemplo, pero, incluso para él, el resultado fue el subproducto de un proceso. No fue el objetivo por sí mismo. Los resultados de la creatividad pueden ser muy variados. En ocasiones, como demuestra la historia del Hombre Canguro, resultan sorprendentes.

La última y principal razón para contar esta historia es que quiero arrojar luz sobre un aspecto de la creatividad del que casi nadie habla y que casi nunca se incluye en las definiciones.

Y, sin embargo, es el primer aspecto que hay que entender, porque ningún proceso creativo puede ir adelante sin tener en cuenta esta faceta de la creatividad.

Puede ser *aterradora.*

La historia de Gat es un ejemplo de cómo una persona se encontró a sí misma a través de la creatividad y cambió su rincón del mundo, y nos muestra por qué es difícil medir el impacto que tendrá.

Su historia ilustra todo el recorrido del proceso que sigue un creador, que incluye superar las dudas, no separarse de lo auténtico y dejar que la inspiración se enfrente a los obstáculos, tanto internos como externos. También nos muestra con ejemplos y datos científicos que la creatividad inspira un miedo inconsciente que empieza temprano en la vida, y solamente se supera teniendo fe en uno mismo, un paso detrás de otro. Pero la coletilla es muy cruel: el miedo es razonable, porque nunca se sabe a dónde nos lleva un proceso creativo.

El Hombre Canguro se enfrentó a todos esos retos, y valió la pena.

Gat, que a pesar de las burlas no se deprimió ni abandonó su proyecto, escribió a Australia. Convenció al kibutz de que le subvencionaran el vuelo. Viajó seis veces a Australia y visitó más de veinte zoológicos, donde aprendió cómo cuidar de canguros, koalas, emúes y wombats. En 1996 se reunió con las autoridades australianas en el sexto piso de un edificio de Camberra. Durante dos horas, les explicó su proyecto. Al acabar la reunión, le dijeron que se los podía llevar todos, todo el recinto de animales exóticos, a su zoo para niños en el kibutz. Era la primera vez que esos animales salían de Australia. Gat recuerda que, mientras bajaban en el ascensor, su mentor australiano le dijo que había recibido ayuda del cielo.

—«El ángel Gabriel te tocó en la frente cuando saliste del vientre de tu madre» —citó Gal, recordando que su amigo era cristiano devoto.

—No creo en el ángel Gabriel —dijo—, pero no puedo explicar por qué los australianos creyeron en mí. La verdad es que no tengo NI IDEA. Si fuera un hombre religioso, que no lo soy —añadió—, supongo que diría que Dios o el rabino me ayudaron.

No mucho después, en el kibutz Nir David se abrió el primer zoo de canguros para niños fuera de Australia. Tenía todo tipo de animales y pájaros y se convirtió en un éxito, un éxito tremendo. Antes de la pandemia, el parque acogía anualmente a 140.000 visitantes de todo el mundo, unas cifras superiores a las que Gat había prometido. Cuando está totalmente operativo, el zoo genera 6 millones de séquels al año, casi 2 millones de dólares, de los cuales un 25 % son beneficios.

Las autoridades australianas han llegado a apreciar tanto a Gat que, en el momento de escribir este libro, están pensando en enviarle tres ejemplares de canguros arborícolas, unos marsupiales que viven en los árboles y que se encuentran en peligro de extinción. Es más, el zoo de Gat se ha convertido en un aprovisionador de canguros para otros zoológicos del mundo entero: Letonia, Polonia, Jordania, Bélgica, Canadá o China. En 2021, con los incendios de Australia, en los que murieron millones de animales, el zoo adquirió todavía mayor importancia. Lo que parecía una locura del Hombre Canguro se ha convertido en un hogar lejos de Australia para algunos animales.

Ahora Gat es un personaje habitual muy querido, todavía algo especial en su mundo. Cuando hablé con él, al otro lado de la valla de madera del zoo infantil de canguros, llevaba en la mano derecha una cubeta con un pájaro muerto que la serpiente no había querido comer, y en la izquierda parte de un ratón muerto que tampoco había sido del agrado de la serpiente. Detrás de Gat, en el zoo de canguros, se oían los chillidos de alegría de un grupo de niños árabes que habían venido en autobús para pasar el día acariciando y alimentando a las decenas de animales traídos de Australia.

Ziv, la anterior jefa de las granjas en el kibutz, es ahora una seguidora del proyecto de Gat.

—Tuvo una visión. Se enfrentó a los demás y logró su objetivo. A veces se necesitan personas así para llevar a cabo un proyecto.

Le pregunté a Gat cuál era su secreto. Se quedó pensativo, pero se mostró muy convencido al decir lo que le movía a actuar.

—Creo que tengo mucha confianza en lo que hago. Soy un apicultor, un apicultor aficionado. Cuando hago de apicultor, no pienso en otra cosa. Hace cuatro años decidí que quería tocar el saxo, y he aprendido a tocarlo.

Sin embargo, llegó a estas inspiraciones tarde en la vida. ¿Es algo al alcance de todo el mundo?

No, insistió.

—Tienes que ser un soñador, pero con los pies en la tierra. No todo el mundo puede hacerlo —dijo—. Tienes que mantener la ilusión. Tienes que creer que lograrás tu objetivo.

Gat describió así su experiencia: «Estaba viviendo al límite».

¿Tiene razón Gat? ¿Pertenecen los creadores a un club exclusivo?

Obviamente, no. Pero entender por qué requiere ver paso a paso los retos a menudo silenciosos, subliminales, a los que debe enfrentarse un creador en su camino.

Duda

¿De modo que quieres ser un creador?

Se te ocurren ideas. Piensas en ellas cuando te vas a la cama. Las has comentado en eventos sociales, se lo has dicho a tu cónyuge, a tus amigos emprendedores, a tus colegas ingenieros, a personas que tocan la guitarra o que hacen monólogos cómicos. Tienes un familiar que es guionista. Te has oído a veces murmurar con pesadumbre: «Tenía una idea», o «¿Puedo explicarte mi idea...?» Y luego, tu voz se apaga.

O tal vez no estás seguro de tener ideas. Sientes que podrías tener un par de inventos al alcance de la mano.

¿Pero qué sabes de la creatividad? ¿Qué te importan las palabras con C mayúscula o minúscula? ¿Tienen algo que ver contigo?

Antes de decirte que sabes más de lo que te imaginas y que los pasos a dar están más a tu alcance de lo que crees, debo hablarte de la barrera oculta. Me refiero a las palabras que empiezan con D. La que empieza con D mayúscula es la Duda. Y luego está la que empieza con D minúscula: el desagrado.

Sí, la creatividad puede desagradarte, reconócelo. Puede ser aterradora. Puede provocar náuseas, como un veneno.

Veamos qué dice la ciencia al respecto.

Una investigación muy interesante es la de Jack Goncalo, un investigador muy original sobre la creatividad. Él y otros dos colaboradores se plantearon la siguiente pregunta: ¿A la gente le gusta la creatividad y los creadores?

Parece una pregunta estúpida. ¿En serio? ¿Le gusta a la gente la creatividad? ¿Nos gustan los helados, los cachorros, el arcoíris?

En realidad, la pregunta era muy buena. En los ambientes periodísticos solemos referirnos a este tipo de preguntas como «pregunta absurda con sentido». La idea es tomar una pregunta cuya respuesta creemos conocer y plantearnos si realmente la conocemos, si estamos totalmente seguros. ¿No será que hemos dado la respuesta por sentada sin pensarla siquiera?

En mi opinión, Goncalo es uno de los investigadores más interesantes en el ámbito de la creatividad, y siempre se plantea preguntas de este tipo. Ha aportado muchas perspectivas nuevas que contienen valiosos datos sobre el proceso y la psicología de los creadores. Goncalo es profesor en el College of Business de la Universidad de Illinois, en Urbana Champaign, pero, cuando llevó a cabo el estudio acerca de la creatividad y el temor, daba clases en la Universidad de Cornell y colaboraba con investigadores del Wharton School en la Universidad de Pennsylvania y en la de Carolina del Norte. En ocasiones se necesitan personas muy listas para plantear preguntas absurdas con sentido.

La pregunta que él y sus colegas científicos plantearon en 2010 dio como resultado la publicación de un estudio en 2012. En el primer párrafo exponen su premisa: «¿Quiere la gente ideas creativas? La mayoría de los académicos responderían con un rotundo *sí*, con el argumento de que la creatividad es el motor de los descubrimientos científicos y la principal fuerza impulsora del cambio positivo. Además, se asocia a la inteligencia, la sabiduría y la bondad moral».

No obstante, continúa la premisa, la investigación muestra también que las empresas, los centros de investigación y los líderes, entre otros, «acostumbran a rechazar las ideas creativas», y que a los profesores «les desagradan los estudiantes que muestran curiosidad y un pensamiento creativo».

A lo mejor, a ti te pasa lo mismo.

«Ofrecemos una nueva perspectiva para encajar las piezas de este rompecabezas», dice el estudio.

Mi primer encuentro con Goncalo tuvo lugar el 13 de enero de 2020. Para entonces había empezado a extenderse una enfermedad llamada simplemente COVID-19, lo que provocó cierta alarma, pero nada muy grave. El 15 de enero, el *New York Times* informó de que habían fallecido dos personas en China a causa de la enfermedad, y otros cuarenta estaban enfermos. Habían aparecido unos cuantos casos de esa «misteriosa enfermedad, similar a la neumonía» en Tailandia y Japón. El artículo conjeturaba que la enfermedad había brotado en un «mercado de pescado en Wuhan donde se venden también pájaros y otros animales».

Un organismo que probablemente había evolucionado tiempo atrás —una creación de la naturaleza de edad desconocida— había encontrado un nicho entre los humanos. Curiosamente, tendría mucho que enseñarnos acerca de la forma en que actúa y progresa la creatividad. Pero en aquellos momentos la amenaza nos parecía lejana. Incluso sabiendo que la enfermedad estaba por allí, en alguna parte, mi familia y yo regresamos en avión desde Israel; la mayor amenaza para nuestra seguridad, pensé entonces, era que nuestro hijo de once años estuvo veinticuatro horas despierto para aprovechar las películas gratuitas (sí, 24 horas sin dormir). Durante las fiestas de invierno también fuimos y volvimos de Denver y esquiamos en Steamboeat Springs, donde recuerdo que charlé con turistas procedentes de Italia, que, con aquel virus tan contagioso, no tardaría en convertirse en un foco de infecciones.

Entretanto, nos acechaba una creación biológica que acabaría por corroborar lo que Goncalo, hoy profesor de administración de empresa en la Universidad de Illinois, tuvo la amabilidad de explicarme: la creatividad es aterradora por razones que ni siquiera nos atrevemos a admitir.

Goncalo y sus colegas científicos llevaron a cabo dos experimentos. Para el primero, dividieron a los participantes en dos grupos. A un grupo le explicaron que iban a recibir un dinero extra que repartiría un juego de azar. Recibirían dinero pero no podrían controlar el resultado. El otro grupo no obtendría ninguna gratificación.

Esta condición hizo que los miembros del grupo de la lotería se sintieran inseguros.

Para evaluar qué sentía cada grupo hacia la creatividad —no lo que decía sentir a un nivel consciente, sino también lo que sentía inconscientemente— los investigadores utilizaron una herramienta de probada eficacia. Es el mismo tipo de investigación, más o menos, que se emplea para averiguar qué sentimientos tiene la gente hacia personas de distinta raza. Una cosa es lo que decimos sobre la creatividad, pero a un nivel más profundo podemos sentir rechazo.

Los investigadores constataron con un cuestionario que los participantes en el estudio expresaban en general sentimientos positivos hacia la creatividad. Este era su sistema de creencias «explícito» o declarado.

A continuación, quisieron averiguar los sentimientos que se ocultan bajo la superficie. Utilizando un programa informático, pidieron a los participantes en el estudio que reaccionaran tan rápido a la información que les daban que no tendrían tiempo de pensar, solo de reaccionar.

Los participantes debían reaccionar a conceptos como «novedoso» y «original», así como a otros poco relacionados con la creatividad, como «práctico» o «funcional».

El experimento consistía en hacer aparecer estas palabras y otras similares en una pantalla de ordenador y aparejarlas con dos categorías de imágenes. Una categoría estaba formada por imágenes que asociamos con ideas positivas, como el cielo, un arcoíris o un pastel. La segunda categoría de imágenes tenía asociaciones negativas, como vómito, infierno y veneno. Cuando los sujetos del estudio respondían de inmediato, sin pensar, emergía su visión inconsciente, oculta, acerca de la creatividad.

Lo que el estudio reveló es que, a un nivel visceral, la creatividad nos parece tóxica. «En realidad, la gente asocia la creatividad con conceptos negativos, como veneno, vómito y agonía», me dijo Goncalo.

Los sujetos del subconjunto en la categoría de «incertidumbre» —los que no sabían si recibirían o no dinero— era más probable que asociaran la creatividad con ideas negativas que el grupo de control.

Los investigadores dedujeron que, aunque las personas decían que les gustaba la creatividad, también les gustaba la estabilidad. Y cuando el panorama es inestable o inseguro, la probabilidad de que rechacen la creatividad aumenta, porque les sugiere un caos mayor.

—La gente quiere creatividad y estabilidad —dijo Goncalo.

Y es difícil tener ambas.

La creatividad es disruptiva, implica cambiar la forma en que nos relacionamos con el mundo, en que vivimos el día a día, lo que comemos, lo que escuchamos o miramos, nuestra forma de relacionarnos. La creatividad cambia comportamientos largamente aceptados, la tecnología y los contratos sociales que establecemos. Puede resultar desgarradora.

No hace falta mucha reflexión para ver que esa es una conclusión evidente, pero no es lo que nos decimos a nosotros mismos. «Decir que no te gusta la creatividad es como decir que no te gusta la esperanza», observó Goncalo.

En un mundo en el que imperan el cambio y el caos, la conclusión del estudio es de primera importancia. A decir verdad, es incluso posible que la subida al poder de algunos gobiernos o líderes autoritarios se deba en parte a una reacción contra este cambio rápido incesante. Los cambios y adelantos que aseguramos desear —un deseo sincero en muchos casos— pueden correr parejos a nuestra necesidad de estabilidad.

Desde una perspectiva biológica, el origen de la tensión proviene de una asociación de ideas más profunda: la creatividad es la muerte.

Las nuevas ideas plantean la amenaza de la extinción de dos maneras. Y no en sentido metafórico, sino más bien biológico. Lo explicaré en detalle más adelante, cuando presente a eminentes biólogos. Por ahora, diremos que las nuevas formas de vida y las nuevas ideas casi siempre están destinadas a fracasar. Cuando los virus o las bacterias mutan por accidente, o cuando de nuestro cuerpo emergen nuevas combinaciones de células, esas células casi siempre mueren, porque no encajan tan bien en el entorno como las formas de vida que había antes que ellas. Pasa lo mismo con muchas ideas. La mayoría no funcionan y mueren.

Y hay también otra forma en que el cambio iguala a la muerte. Cuando las nuevas formas de vida o las nuevas ideas tienen éxito, desplazan a las anteriores… aniquilan el pasado. Las nuevas ideas matan costumbres, negocios, estructuras de poder, empleos.

Cuando tenía poco más de veinte años tuve un empleo en un pequeño periódico. Ganaba 16.000 $ al año. Para completar el sueldo, trabajaba en el turno de las seis de la mañana en una gasolinera de Chevron, en lo que entonces se conocía como «isla de servicios completos». Mi trabajo consistía en llenar depósitos de gasolina y limpiar las ventanillas de los vehículos. Más tarde llegaron las tarjetas de crédito y otros avances tecnológicos que acabaron con los empleos en las islas de servicios completos. Y llegó internet, que se llevó muchos empleos en los periódicos, y que obligó incluso a cerrar el primer periódico donde trabajé.

En el mundo biológico, las nuevas formas de vida pueden ganar terreno a las viejas formas de vida, que no están tan bien adaptadas a los cambios en el entorno.

Es indudable que la creatividad da miedo.

Al igual que la inspiración.

De hecho, una de mis historias favoritas acerca de lo aterradora que puede ser la inspiración viene de la Biblia. Es una historia que tuvo lugar cercano a la tierra del Hombre Canguro. Fue cuando, como cuenta la Biblia, a Moisés se le apareció una zarza ardiente que no se consumía.

«Y Moisés dijo: "Me acercaré para ver esta gran visión"», dice la Biblia del Rey Jacobo.

Si os gustan las metáforas tanto como a mí, la zarza ardiendo puede representar la poderosa llama de la inspiración. Era como la bombilla que se enciende. ¡Una idea! Libera a los esclavos. Moisés se acercó.

Ese no es el final de la historia. Dios le dijo a Moisés que debía ayudar a liberar a los esclavos. Moisés le respondió: «¿Quién soy yo, para ir hasta el faraón, y liberar y sacar de Egipto a los hijos de Israel?»

Un estudioso de la Biblia me dijo que este episodio era casi gracioso, porque Moisés se atrevía, aunque con modestia, a replicar a Dios.

¿Lo dices en serio*?* *¿He de ser yo el que se atreva a liberar a los eslavos? No soy más que un pobre pastor. Encárgaselo a otra persona.*

Dios demostró capacidad de persuasión. Moisés aceptó y los esclavos fueron liberados.

No es poca cosa recordar que el mismo nombre de Israel significa «el que lucha con Dios».

Esta idea permite muchas interpretaciones posibles, y una de ellas es que la gente pelea con un creador, con la creación, el máximo poder.

Una generación tras otra tuvieron que sentir la inspiración, oírla, ceder a ella y luchar contra la esclavitud propia y la de otros. El tema resurgiría una y otra vez. En 2020 resurge con ferocidad en Estados

Unidos en el combate contra el racismo sistémico, que hunde sus raíces en los pecados de una esclavitud no tan lejana.

Mientras tanto, Goncalo ha descubierto otras cosas que ayudan a explicar por qué la gente prefiere mantener la creatividad a distancia.

Tras concluir que la gente suele tener un cierto prejuicio contra la creatividad, Goncalo y sus colegas investigadores plantearon una segunda pregunta: ¿Significa que la gente no reconoce la creatividad cuando la ve? En otras palabras, si la gente asocia el proceso de creatividad con el vómito, es posible que la confundan con la revulsión.

Es justo lo que descubrieron los investigadores cuando mostraron una nueva zapatilla de carreras a dos grupos diferentes de personas: las que decían tener bastante tolerancia a la incertidumbre, y las que decían tener menos.

Los investigadores explicaron a los participantes que las nuevas zapatillas utilizaban nanotecnología para «ajustar el grosor de la tela a fin de enfriar el pie y disminuir el riesgo de ampollas».

El grupo con mayor tolerancia a la incertidumbre vio el invento como creativo, y el otro grupo no tanto. Aunque el resultado no sorprende demasiado, dado el ya conocido prejuicio contra la creatividad, refuerza las conclusiones de que un cierto tipo de condiciones y de personas son más proclives a la creatividad. La incertidumbre y la inestabilidad son un terreno baldío para las nuevas ideas.

En la historia abundan los ejemplos en que una nueva idea, aunque fuera brillante, fue inicialmente recibida como nociva.

En 1872, Claude Monet exhibió una pintura titulada *Impression, Sunrise.* Es una mañana neblinosa en el puerto. Un naciente sol rojizo se refleja en el agua y los pescadores reman en su barca hacia el mar abierto.

Los críticos lo destrozaron.

«Un esbozo para el dibujo del papel pintado estaría más acabado que este paisaje marino», escribió un crítico en 1874 en un ensayo publicado en París. Esta feroz crítica extrajo del título del cuadro el nombre para el nuevo estilo de pintura: «Impresionismo». Pretendía ser un nombre sarcástico, como diciendo: Monet, ¿serías capaz de pintar un maldito amanecer?

Ahora el cuadro está expuesto en el Musée Marmottan Monet, en París, uno de los museos de arte más importantes del mundo, que lleva el nombre del pintor, considerado como uno de los grandes innovadores de la pintura. Ese papel pintado, si estuviera a la venta, costaría hoy billones de dólares.

Unos siglos antes, Galileo dio tantas náuseas a la gente que lo condenaron por herejía por haber declarado que la Tierra giraba alrededor de ese mismo sol que Monet pintaría de forma tan creativa. Nada más que añadir.

En otros casos, es normal que la creatividad y la inspiración resulten amedrentadoras, ya que pueden dar como resultado obras inesperadas.

Para poner un ejemplo, volveré brevemente a la historia del Hombre Canguro.

En 2010, cuando el parque de los canguros llevaba tiempo en marcha y Gat tenía más de cincuenta canguros, los animales enfermaron de una afección denominada actinomicosis, que suele afectar a la mandíbula. Los canguros tenían las mandíbulas tan inflamadas e infectadas que no podían comer. Morían o tenían que ser sacrificados para evitarles sufrimientos. Es una afección que ocurre solamente cuando viven en cautividad, y los australianos la conocían muy bien. No tenía cura.

Gat y el veterinario de Nir David se pusieron en contacto con científicos de la Universidad Hebrea. Uno de los científicos era Doron Steinberg, microbiólogo y farmacólogo que solo unos años atrás había participado en la invención de una nueva tecnología para evitar la periontoditis (infección de las encías) en los humanos. Se llama PerioChip. Se inserta en las encías, donde se biodegrada un antiséptico para impedir la proliferación de las bacterias. Steinberg recuerda que cuando a él y a su colega Michael Feldman, profesor también de la Universidad Hebrea se les ocurrió la idea, se sintió abrumado.

«Nos pareció que estábamos haciendo un descubrimiento de alcance mundial», me dijo Steinberg. Pensó en el dolor físico que se podía evitar y en el dinero que se ahorraría al sustituir la cirugía por esta nueva tecnología. No estaban equivocados. La tecnología se vende hoy en gran parte del mundo y tiene la aprobación de la Agencia del Medicamento de Estados Unidos.

Cuando los canguros empezaron a enfermar, Steinberg y Feldman tomaron parte de sus ideas, trabajaron con los veterinarios y desarrollaron un esmalte que se puede aplicar a los canguros y que, a todos los efectos, ha erradicado las consecuencias mortíferas de la actinomicosis.

Cuando oí esta historia, me impactaron las tres enseñanzas de la historia del Hombre Canguro.

La primera enseñanza es la forma en que las ideas se influyen unas a otras gracias a la cooperación, a la comunicación, al intercambio, a la fusión de las mentes trabajando en una dirección. Steinberg y su colega en el invento tuvieron la idea del PerioChip en una iluminadora conversación de ascensor. «En el tiempo que tardamos en subir de un piso a otro. ¡Fue tan rápido!», me dijo Doron. Esos momentos *ajá* se han convertido en objeto de cada vez más estudios que exploraré en estas páginas.

La segunda enseñanza es en realidad una lección. ¿Era tan buena idea el zoológico, en realidad? Consiguió ingresos para un colectivo necesitado, llevó alegría a las familias visitantes y ayudó a encontrar una cura para otros animales en cautividad, pero a costa de mantener animales en cautividad en primer lugar. Aunque este no es el lugar adecuado, quiero señalar la necesidad de debatir sobre este tema, sobre si esta idea y otras son objetivamente buenas o malas.

La última enseñanza tiene relación con un tema del que ya hemos hablado: muchas personas, entre ellas algunos creadores, consideran que la creatividad no está al alcance de la mayoría.

Esto me quedó confirmado cuando le hice a Steinberg la misma pregunta que le había hecho a Gat: ¿Puede cualquiera ser creativo?

—¡No, no, no! No quiero parecer arrogante, pero para eso necesitas un don de Dios.

—¿Qué quiere decir?

—Necesitas tener en tus genes una forma de pensar, no temer a lo desconocido. Cuando la gente te dice «¿Pero qué haces? ¡Estás loco!», debes ser valiente y no asustarte. Sin embargo —continuó—, tengo colegas que, si oyen esto, vuelven a su cueva y no salen más.

Cuando regresé de Israel, puse a prueba esa idea hablando con varios creadores fantásticos que tuve el privilegio de conocer. Lo que me sorprendió fue la vehemencia de sus respuestas.

Una de esas respuestas fue de un autor de éxito mundial, que es también uno de los seres humanos más amables y considerados que he tenido el honor de conocer. Cuando le pregunté si cualquiera puede ser creativo, su respuesta fue rápida y tajante, precedida de una petición: «No me cites dando mi nombre», me dijo.

A continuación, se expresó con total franqueza.

—El 99 por ciento de la gente no tiene un pensamiento original. No saben. Viven toda su vida de una forma eficiente y maravillosa sin tener una sola idea creativa —afirmó—. Digamos que no creo que la creatividad sea accesible a todo el mundo.

A lo largo de mis conversaciones también descubrí que incluso personas a las que considero muy creativas no se consideran tales y no se creen capaces de llevar a cabo actividades que estiman creativas.

Sobre este tema mantuve varias conversaciones inolvidables con un fantástico periodista y escritor llamado David Streitfeld, articulista veterano de la sección de negocios del *New York Times*. Empezamos hablando de escribir libros y le pregunté si había pensado en escribir alguno. Me miró con expresión de espanto.

—¿Por qué iba a escribir algo cuando ya se ha escrito todo lo que merecía la pena escribir? —preguntó Streitfeld.

Es un hombre alto, de pelo rizado, al que le gusta pasar desapercibido. Es inteligente y divertido. Tuvimos esa conversación hace unos años, y nunca la he olvidado. Cuando hacía el reportaje para este libro, volví a contactar con él y le dije que quería preguntarle sobre aquel comentario.

—Está empezando a producirme cierta inquietud que me entrevistes para el libro, salvo que sea para ponerme como ejemplo de una de las personas menos creativas que conoces. Y en tal caso, no entiendo que eso le importe a nadie.

Solté una carcajada ante la alarma que le producía la idea de la entrevista. Este hombre formaba parte de un equipo ganador del Premio Pulitzer.

Streitfeld siguió hablando.

—En esencia, es un tema que me interesa porque, por la razón que sea, carezco de esa capacidad —de esa cualidad— que tú posees y que has cultivado, y sin la cual no es posible escribir nada que valga la pena, y con la cual todo es posible.

Creo que podemos extraer dos conclusiones de las palabras de Streitfeld. La primera puede resumirse con una pregunta: ¿Por qué molestarse? Si una persona no se siente inspirada, ¿para qué va a intentar crear? Esto lo veo razonable. Una persona que no se sienta inspirada no debería verse obligada a sentirse de otra manera.

Pero la segunda conclusión de la opinión de Streitfeld es un poco más científica. Sugiere que la resistencia que siente una persona proviene de un estado de ánimo que no está labrado en piedra. La inspiración se puede aprender.

Streitfeld utilizó una palabra clave: dijo que no había «cultivado» la cualidad que nos permite dar rienda suelta a la inspiración. Es una buena palabra. La creatividad puede cultivarse, y el primer paso —seguramente el más importante— implica tener en cuenta las dudas, las inseguridades y las expectativas exteriores que a menudo bloquean el impulso creativo.

Para que lo tengamos bien claro: la duda es inherente al viaje de la creatividad. Hay que contar con ella. Es importante entender dónde empieza.

En la infancia, por supuesto.

Las semillas de la duda

Los investigadores pueden señalar el momento exacto en que aparece la duda.

En cuarto curso.

En 1959, un científico que fue pionero en su campo llamado E. Paul Torrance, quiso medir la creatividad de 350 escolares de entre cinco y diez años. Les entregó una serie de test cognitivos que evaluaban aptitudes que se consideran esenciales para la creatividad, como la flexibilidad de pensamiento, hasta qué punto profundizaban en los conceptos y si se les ocurrían muchas ideas diferentes. En los estudios sobre creatividad, esta última categoría recibe el nombre de *soltura*.

Torrance se basaba en estos test para clasificar a los alumnos por su grado de creatividad. En los primeros cursos parecían máquinas de producir ideas: decían una locura tras otra y saltaban de un pensamiento a otro, algunos lógicos y otros descabellados.

Luego Torrance comprobó lo que ocurría a medida que los escolares cumplían años. Una vez al año, desde septiembre de 1959 hasta mayo de 1964, les entregó el mismo juego de test.

En este periodo comprobó que las aptitudes que permitían la creatividad descendían bruscamente, en especial en lo referente a su soltura o capacidad para generar cantidad de ideas. Esta caída en picado se daba en el cuarto curso.

«Muchos niños acaban en quinto curso con peores notas que las que tenían en tercero», dice el influyente estudio científico de Torrance, publicado en 1968 en *Gifted Child Quarterly*. Las evaluaciones de los alumnos cayeron un 52 por ciento en soltura de ideas, aunque subieron un 21 por ciento en capacidad para trabajar con las ideas que generaban. «En general», escribió Torrance, «se tiende a aumentar en la elaboración de las ideas y a disminuir en soltura».

Los niños parecían competentes a la hora de trabajar sobre algunas ideas, pero disminuían en soltura. Se volvían menos ágiles en la generación de ideas.

Uno de los aspectos que más se recuerdan del estudio de Torrance fue el nombre que le dio a su descubrimiento: «El bajón del cuarto curso». Tenía el sello de los buenos publicitarios de Madison Avenue. Además, el propio Torrance estaba considerado uno de los pensadores más originales y pioneros en el campo de la creatividad, de modo que su nombre añadía credibilidad al estudio.

—El título cuajó. La gente se refería al bajón del cuarto curso como si fuera un concepto universal —dice Mark Runco, un pensador contemporáneo líder en creatividad. Mark publica el *Creativity Research Journal*, enseña creatividad en la Universidad Southern Oregon y ha desarrollado test para ayudar a medir el potencial creativo.

Torrance tenía una opinión muy clara y formada acerca de por qué los estudiantes parecían perder creatividad con los años.

—Torrance dijo que el problema está en la educación —explicó Runco—. Se les inculca una serie de normas: levanta la mano, siéntate en la silla que te corresponde. En su opinión, cuando llegan a cuarto curso, los niños han interiorizado el pensamiento convencional y la necesidad de seguir unas normas, lo que inhibe su tendencia al pensamiento original.

La presión para adaptarse al pensamiento convencional no viene solamente de sus profesores, sino también de sus compañeros. Las ideas que en segundo curso parecían divertidas, inocentes o poco perfiladas, ahora pueden llevar a los profesores a exclamar «¿En serio? ¡Venga ya!», o a sus compañeros a burlarse. Según esta teoría, poco a poco los niños hacen suyas las voces de quienes los critican o se burlan de ellos, y desarrollan una censura preventiva. Si se les ocurre una idea, es posible que se disuelva rápidamente antes de que llegue a la boca o se plasme en un papel. ¿Y si el profesor piensa que soy un idiota? ¿Y si mis compañeros opinan que digo bobadas?

Así va tomando forma un pensamiento más convencional.

Para demostrar cómo cambia el pensamiento de los niños a lo largo del tiempo, Runco cita un ejemplo sencillo. Cuando se le pide a un niño de los primeros cursos que dibuje un árbol, es posible que se le ocurra pintar topos en las hojas. «Eso no ocurre en los cursos superiores: los árboles tienen el tronco marrón y las hojas verdes», dice.

Una metáfora bíblica viene a decirnos lo mismo. Está relacionada con el árbol del conocimiento del bien y del mal. El hombre y la mujer del jardín del Edén tenían prohibido comer de él. Al comer el fruto perdieron la inocencia, se dieron cuenta de que estaban desnudos y sintieron vergüenza. Es como cuando los niños aprenden, en algún momento, a avergonzarse de sí mismos. (Esta metáfora se puede malinterpretar, de modo que ruego humildemente a los lectores que se atengan a la interpretación más evidente).

La idea de que el cambio de pensamiento tiene lugar en cuarto curso se ha estado testeando desde que apareció el libro de Torrance. Algunos estudios han confirmado sus tesis, otros la han rechazado. La cuestión no es si el cambio tiene lugar exactamente en el cuarto curso. Pero tiene lugar durante los años formativos del niño.

Otros estudios han corroborado esta idea.

Kyung Hee *Kay* Kim, profesora de Psicología de la Educación en el William & Mary Graduate School of Education, ganó el premio E. Paul Torrance en 2018. El galardón lo concede la Asociación Nacional para Estudiantes con Talento (National Association for Gifted Students) al trabajo que contribuya a impulsar la creatividad, especialmente la de los niños.

Un año antes, en 2017, Kim había criticado el sistema educativo en general por mostrarse cada vez más reacio a la creatividad. Kim atribuía el problema al aumento de los exámenes. Se refería al «infierno de los exámenes» y dijo que se habían incrementado en gran manera en Estados Unidos, donde desde los años noventa se copiaban sistemas de otros países. En su opinión, el incremento de exámenes aumentaba y hacía más explícito el pensamiento basado en normas que Torrance había identificado como propio del sistema educativo unas décadas atrás.

Antes de convertirse en investigadora y profesora en Estados Unidos, Kim trabajó diez años como profesora de inglés en Corea. Asegura que, pese a la tendencia de las generaciones anteriores a imponer normas, gran parte de la enseñanza en Estados Unidos giraba en torno a la curiosidad y la independencia de pensamiento como herramientas para alcanzar soluciones interesantes. En términos generales, había un clima que «apoyaba una actitud emocional, compasiva, soñadora, reflexiva, autónoma, inconformista, libre de orientación sexual y desafiante» de los jóvenes.

Sospecho que los estudiosos podrían discutir ampliamente sobre hasta qué punto consideran cierta esta afirmación, aunque Kim goza de bastante prestigio entre ellos. No cabe duda de que el grado de libertad con el que los estudiantes aprendan a pensar dependerá de la escuela a la que hayan asistido.

En términos generales, el argumento más convincente de Kim es que el clima educativo ha cambiado radicalmente debido a los exámenes tipo test. En su trabajo de 2017 (actualización de la investigación que publicó en 2011 con el título *La crisis creativa*) explicaba que los test parecían ser útiles a varias comunidades: los políticos que querían datos objetivos del éxito escolar; los institutos que buscaban una forma fácil de diferenciar unos alumnos de otros; los padres que necesitaban una forma clara e inequívoca de comprobar en qué punto estaban sus hijos, y los que deseaban, en un plano social, ver cómo se clasificaban los jóvenes del país frente a los de otros países.

Kim explica que los exámenes tipo test con respuestas concretas hacen que los niños pierdan curiosidad e imaginación, que pierdan interés y gusto por el riesgo, y que, en definitiva, se conformen con «ajustarse al control de otros».

El sistema «fomenta cada vez más la conformidad, asfixia el individualismo y la originalidad, tanto en los educadores como en los estudiantes», escribe Kim. En una entrevista que le hice, afirma: «Si desde tan pronto empiezas a pensar en la respuesta correcta en lugar de pensar en posibilidades, tu cerebro pierde flexibilidad».

Parte de la incipiente neurociencia le da la razón. La investigación con técnicas de neuroimagen muestra que, cuando respondemos a las preguntas empleando siempre la misma metodología, se atrofia la parte de nuestro cerebro asociada con el pensamiento flexible. Profundizaré en este tema en la sección del libro dedicada a la neurociencia.

Entretanto, uno de los estudios más influyentes que se han publicado sobre la relación entre el intelecto y la creatividad muestra que los niños que obtienen un buen resultado en test de inteligencia no siempre están destinados a ser destacados creadores.

En 1921, un psicólogo de Stanford llamado Lewis Terman emprendió una investigación interesantísima. Reunió a unos 1.500 jóvenes con excelentes resultados en los test que miden el coeficiente intelectual. De momento, dejamos a un lado la cuestión de si esos test son adecuados para medir la inteligencia y aceptamos que representan un determinado tipo de inteligencia encaminado a la resolución de problemas y al pensamiento abstracto. Los estudiantes de Terman tenían de media un coeficiente intelectual de 147, lo que los situaba por encima del percentil 99.

El estudio de Terman hizo un seguimiento a estos alumnos hasta el año 1986. El resultado era claro: su alta calificación no se reflejaba en futuros logros creativos. «En general, el grupo de Terman resultó sorprendentemente poco creativo en su vida profesional», afirma un agudo análisis de las relaciones entre intelecto y creatividad que se publicó en 2003 en el *Journal of Research in Personality*. «De este grupo de genios en coeficiente intelectual no salieron grandes escritores, científicos o artistas». Hay un corolario. Dos chicos inteligentes que no llegaron al nivel de 140 CI requerido para entrar en el estudio ganaron un Premio Nobel. Uno era William Shockley, quien inventó el transistor.

No quiero decir con esto que el intelecto no sea importante para tener éxito. Pero no tanto como la creatividad… Sin embargo, los exámenes tipo test siguen siendo la vara que mide el rendimiento de los alumnos.

Una de las razones clave para el incremento de los test es el uso cada vez más extendido de los PC. Estos aparatos han permitido que todo el mundo pueda someterse a unos mismos exámenes con las mismas preguntas y sistema de puntos.

Es cierto que nos permiten creaciones que no hubieran sido posibles antes, pero la forma en que han impuesto la cultura del test nos demuestra, una vez más, que nuestras mejores creaciones pueden tener efectos secundarios que no hemos previsto y que ni siquiera deseamos.

Sin embargo, los seres humanos pueden responder al ataque con nuevas ideas.

Desde hace un tiempo existe una reacción contra los exámenes tipo test que podría revertir las tres décadas de obligar a los niños a marcar la casilla correcta. No es extraño que muchos grandes pensadores adviertan que la naturaleza rápidamente cambiante de una economía cada vez más compleja requiere un pensamiento más flexible.

Mientras tanto, las escuelas pueden emplear un número limitado de herramientas para fomentar la creatividad, pero no hay herramientas capaces de medir tan fácilmente los resultados.

Existe una técnica narrativa muy sencilla llamada *Y si...* No es más que un ejemplo, pero el juego del *Y si...* nos sirve para explicar un concepto más amplio.

Hace unos años escribí un cuento para niños titulado *El moco que se escapó*. Va de una familia donde se metían demasiado el dedo en la nariz, hasta que crearon un monstruo gigante de moco. Ya sé, es asqueroso.

Poco después, los colegios y algunos grupos locales empezaron a invitarme a dar charlas a los niños sobre el libro, y sobre creatividad. Investigué un poco y utilicé el saber de los expertos para improvisar el juego de *Y si...*

Normalmente lo empezamos cuando ya les he leído el libro a los niños y uno de ellos me pregunta:

—¿Por qué has escrito un libro sobre un moco gigante?

—Bueno —respondo—. Un día me pregunté: ¿qué pasaría si te metieras demasiado el dedo en la nariz y acabaras con un montón de mocos secos?

En este punto me convierto en el rey del parvulario (probablemente todavía sigo allí).

—¿Por qué no lo probáis? —les sugiero—. Solo tenéis que preguntaros ¿Y si...? —Inmediatamente los niños empiezan a corretear, a construir frases y a inventarse historias. Uno de los niños me planteó en una ocasión:

—¿Y si al tirar dos veces de la cadena del váter te encontraras en el espacio?

—¿Y si tiraras dos veces de la cadena y te encontraras en otro lugar? —añadió otro.

Los niños empezaron a hacer carambolas en el espacio y en su imaginación. No les dije que hablar del váter es hablar de orinales y que eso es poco fino. No les dije que no es posible romper el continuo espacio/tiempo solamente tirando de la cadena. Lo que les dije fue que igual les «robaba» sus fantásticas ideas.

Entonces sucedió algo muy interesante.

Una niña propuso que para volver a casa tenías que tirar una vez más de la cadena del váter. De esta forma, le estaba dando una especie de conclusión a la historia, un regreso a casa que era coherente con la forma en que acababan las historias tradicionales. Lo que me pareció fascinante es que, aunque habían dejado volar la imaginación, los niños entendían perfectamente lo que era una historia convencional y las normas en las que se basaba.

Es un detalle a destacar, porque demuestra hasta qué punto tenemos integradas las normas que gobiernan el mundo y sus diversos géneros narrativos: artístico, científico, tecnológico. Absorbemos estructuras. A medida que los creadores saben más sobre su especialidad, se familiarizan con los dogmas básicos de su estructura. Esto debería animar a padres, niños de cualquier edad y educadores a dar un campo más amplio a imaginación, ya que no hay riesgo de que la gente se descontrole.

Si comento este ejercicio de *Y si...* no es para ofrecer una solución definitiva sobre cómo educar a un niño creativo. Este no es uno de esos libros de autoayuda. Lo comento para mostrar que hay pasos muy sencillos a la hora de tratar con los jóvenes que pueden ayudar a estimular su creatividad, además de otros tipos de capacidades.

Ejercicios de este tipo pretenden crear un espacio seguro para pensar libremente. Puede ser un placer compartir la imaginación con los profesores o con los padres. Estos ejercicios no pretenden sustituir a los test ni a otras medidas, pero pueden complementarlos.

Dicho esto, sería simplista, incluso descaradamente injusto, culpar solamente a los colegios por el bajón del cuarto curso. Los colegios reflejan el clima político y la voluntad de la gente que lo crea. En otras palabras, reflejan a los padres.

Las semillas de la duda también crecen en casa.

—No te metas el dedo en la nariz.

«¡No cruces la calle sin mirar, no cojas la comida del suelo, no levantes la voz, no encorves la espalda, no pintes en las paredes, no digas esas palabras!».

Una gran parte de la educación de un niño consiste en poner límites. Los límites son necesarios para la supervivencia. Si no conoces las reglas, puedes morir. Un niño al que no le prohiben claramente que cruce la carretera sin mirar puede morir atropellado. Es un mensaje que ha de estar clarísimo. No. Cruces. La. Calle. Sin. Mirar.

El problema surge cuando los padres incrementan tanto los límites y las prohibiciones que resulta asfixiante. Cuando hay demasiadas normas, los niños se acostumbran a esperar la norma y a cumplirla al pie de la letra. Desarrollan una especie de filtro automático que no solo filtra las ideas peligrosas, sino cualquier idea que sobrepase algún límite. Los niños adoptan el *no* como acto reflejo.

A finales de los años noventa, John Dacey, un catedrático de educación en el Boston College (hoy profesor emérito), decidió estudiar los hogares de los niños que habían demostrado creatividad. Los colegios los habían señalado a los investigadores como niños con potencial creativo porque habían escrito una columna para el diario de la escuela o creado un programa de radio.

Dacey decidió comparar la familia y la atmósfera en sus hogares con las de los niños que no habían mostrado una especial creatividad.

Los investigadores visitaron muchos hogares armados con doscientas preguntas acerca de varias facetas de la vida. Una de las áreas de investigación tenía especial significado. Los padres de hijos creativos les imponían menos normas en el día a día que las familias con niños que no mostraban creatividad.

En las familias con niños creativos, me contó Dacey, parecía haber una sola norma: «Sé un *mensch*[1]».

Traducción del yiddish: sé amable.

Por el contrario, los investigadores descubrieron que, en las familias con niños menos creativos, había una media de diez normas. Cuándo ir a la cama, cuándo llegar a casa, cómo comportarse en distintas situaciones.

—No querían que los niños se metieran en líos o cometieran algún error —señaló Dacey—. Las familias con niños creativos estaban siempre arriesgando, dejaban que los niños cometieran errores.

Las diferencias en normas y en cultura eran evidentes en ocasiones en el propio aspecto de las casas: más tradicionales las de las familias menos creativas, menos tradicionales las que educaban a niños creativos. Una de las casas impresionó a Dacey porque ya desde fuera parecía de otra época. En el comedor había muebles y objetos que parecían tener siglos de antigüedad, y en los dormitorios muebles modernos. Otra familia con un niño especialmente creativo tenía una colección de 47 pájaros (curiosamente, observó Dacey, los investigadores detectaron que muchas familias con niños creativos coleccionaban algo. Pensó que tal vez indicaba que los niños aprenden a encajar las ideas en diferentes tipos de categorías, que es como establecer relaciones entre hechos o ideas).

---

1. Como nota curiosa, «Mensch» es una palabra alemana que quiere decir «persona». N. de la T.

Lo que Dacey extrajo de este estudio fue que muchos padres, en su esfuerzo para proteger a los niños los «acartonan» al lograr que hagan suya la idea de los límites, las normas, las fronteras.

Eso no significa que haya que acabar con todas las normas. La idea, más bien, es entender que las normas pueden establecer una especie de actitud. Mientras dan forma a la red neuronal de sus hijos, los padres deben ser conscientes de que, además de normas, puede haber preguntas y explicaciones, que se puede dar espacio a la curiosidad de los niños para que averigüen por sí mismos las razones de las reglas, cuándo hay que aplicarlas y en qué circunstancias se puede ser flexible.

Una forma que tienen los padres de reprimir la creatividad sin darse cuenta es a través de un lenguaje sutil que no parece tan malo, pero que resulta disuasorio. Pensemos, por ejemplo, en esas preguntas que se hacen, como «Nosotros no hacemos así las cosas, ¿no?», o «Esas cosas no las decimos, ¿verdad?» Este tipo de frases nos disuaden de comportarnos de una cierta manera, y también de pensar por nosotros mismos. Porque ponemos el énfasis en lo que *nosotros* hacemos y no hacemos, y por lo tanto en lo que está bien o mal.

Hablando de la palabra *bien*, es otra técnica retórica muy potente para encerrar a los niños en un pensamiento con límites. Es una palabra que se usa para confirmar una premisa concreta que sugiere que no se puede pensar de otra manera. Por ejemplo: «Estos dos colores no quedan bien juntos, ¿no te parece? Mejor que pintemos la casa de amarillo».

La razón psicológica que subyace a este acompañamiento parental es algo más compleja que el simple temor a que el niño se haga daño si no obedece. En ocasiones las normas reflejan el propio temor de los padres a que los perciban como meros servidores de sus hijos, o como fracasados. Este miedo puede agrandarse en la era de internet —dice Dacey— cuando un error del niño puede convertirse en *viral*. La cultura de los medios de comunicación implica también mayor presencia de algunas amenazas como que te secuestren (Secuestran a un adolescente. ¡Más información en las Noticias de las 11!). No es algo que ocurra con frecuencia, pero sí lo bastante a menudo como para aumentar la sensación de peligro de los padres. Esto les lleva a establecer reglas rígidas y a pedir que se cumplan.

Mark Runco, el investigador que he mencionado en este capítulo, me señaló que, a medida que los hijos crecen, aumenta el rechazo de los padres a las ideas poco convencionales, porque temen que puedan resultar peligrosas, malintencionadas o nocivas.

Vale, no exactamente nocivas, aunque es la palabra que utilizó Runco. Dijo *nocivas* en un sentido amplio, refiriéndose a que podían hacer aparecer al niño como amoral, con lo que los padres quedarían en mal lugar.

—Converso a menudo con padres y profesores y, esencialmente, el mensaje que les doy es que lo mejor para fomentar la creatividad es ser tolerantes —dijo Runco—. No es tan fácil como parece —continuó—. Les digo que deben estar preparados para que los niños vengan con alguna idea buena, pero también con todo lo contrario, con algo horrible, malvado... porque algunas ideas pueden ser malvadas. Como padre, te dices: «No, este no es mi hijo. No puede ser mi hijo».

Es posible que los niños no capten mensajes tan explícitos, pero lo que puede ocurrir es que abriguen un miedo terrible y secreto a no cumplir con las expectativas de los mayores. Y esto puede limitar su deseo de correr riesgos.

Esta reflexión nos conduce a una de las conclusiones más importantes de este libro: el principal enemigo de la creatividad es el perfeccionismo.

Si no te permites cometer un error, no puedes correr con un riesgo creativo. Así que lo opuesto al perfeccionismo es el permiso. Es uno de los conceptos más importantes en creatividad, y el enemigo mortal del perfeccionismo.

No se trata de cultivar el inconformismo porque sí, sino de permitirse un cierto desvío de la idea de que todo tiene que encajar perfectamente en un modelo concreto. Eso incluye la aterradora posibilidad de que, si las ideas de tu hijo no tienen éxito (o si no obtiene las mejores notas), lo consideres un fracaso.

—Si quieres ser creativo, debes generar un montón de ideas y elegir las buenas —dijo Dean Simonton, un investigador que lleva toda una vida estudiando la genialidad creativa—. Lo importante es que seas capaz de generar ideas sin tener la seguridad de que funcionarán.

Una y otra vez, Simonton distingue un mismo patrón en los grandes creadores: la cantidad de sus ideas supera a la calidad, y no les preocupa ni lo que piensen los demás ni si funcionarán. De acuerdo con Simonton, Thomas Edison tuvo 1.093 patentes, y Picasso «creó más de 20.000 obras, entre pinturas, dibujos y escultura, en tanto que Johann Sebastian Bach compuso más de 1.000 obras». Esto no implica que la alta productividad y la influencia sean lo mismo, pero sugiere que tus probabilidades de crear algo que los demás consideren importante aumentan si tienes el impulso de crear y corres el riesgo que acompaña a la creación.

—Si quieres ser creativo, no puedes garantizar una solución por adelantado —asegura Simonton—. Lo verás en cualquier genio creativo. ¿Sabes cuántas veces llegó Einstein a callejones sin salida? Un número astronómico de veces. En ocasiones cometes terribles errores.

Simonton señala un punto que es vital: aunque no estén seguros de alcanzar una solución, los creadores perseveran. Para muchas personas muy creativas, el acto de la creatividad es un fin en sí mismo, porque se trata de aventurarse en terreno desconocido.

El niño que solamente aprende a marcar las casillas, en cambio —y le preocupa no hacerlo correctamente— puede sentirse confundido más tarde, cuando la vida se vuelva más compleja.

Cuando un niño hace suya esta forma de pensar, es posible que se convierta en una persona poco flexible, y que de adulto tenga dificultades para manejarse en situaciones complejas que requieran un pensamiento flexible o creativo. Antes de retirarse y convertirse en un profesor emérito, Dacey impartió la asignatura de creatividad a estudiantes de grado. Para el trabajo final, les dijo: «Haced un proyecto donde se demuestre que habéis aprendido mucho».

Algunos estudiantes no sabían cómo enfocar el trabajo. «Ya sabemos que no hay normas», decían, «pero, por favor... *¡Denos alguna indicación, Dr. Dacey!*» Algunos entraron en mi oficina, cuenta Dacey, diciendo: «Por favor, denos algunos parámetros».

A medida que la economía se vuelve más abierta y variable —menos trabajo de manufactura en línea, más trabajo con ideas y cooperación, mayor necesidad de encontrar soluciones en lugar de limitarse a juntar las piezas predeterminadas—, es difícil trabajar según parámetros.

Puede parecer que este análisis dice que los padres deberían dejar que sus hijos corretearan libremente de aquí para allá. No hago una afirmación tan simplista. Es importante dar cierta libertad. También tiene que haber normas. Después de escribir este libro, como padre puedo equiparar este necesario equilibrio al hecho de comer con cubiertos. El tenedor, por ejemplo. Quiero que mis hijos sepan usarlo para comer, pero también quiero que sepan otras quince maneras de usarlo. Como pala. Como rascador de espalda. Como ganzúa.

No quiero decir que pretenda que utilicen su tenedor para rascar la tierra en busca de gusanos (en un pícnic, tal vez, pero no en una comida de verdad). Sin embargo, si mi hija empezara a jugar con su tenedor de forma creativa, tampoco le diría: «Vamos, Mirabel, el tenedor no es para eso, ¿no?».

Si un día mi hija comiera la carne con una cuchara, me preguntaría si está tramando algo.

Una cosa más: procuro ser consciente de que no todas las ideas, observaciones y curiosidades que expresan mis hijos tienen algo que ver conmigo. He visto que algunos padres se molestan cuando su hijo dice *una inconveniencia*. Claro que no tienen que llamar vieja bruja a la tía

Jane. Sin embargo, pueden hacer libres asociaciones de ideas, aunque yo no esté de acuerdo con ellas. Que lo hagan no significa que no les haya educado bien. Simplemente les permito asociar unas cosas con otras.

Estoy convencido que la mejor manera de mostrar lo complicados que son estos asuntos en la vida real es poner un ejemplo auténtico. Lo que sigue son historias que muestran cómo aparecen los creadores. Sus principios pueden ser un poco caóticos.

Nace una creadora

En el primer capítulo de este libro presenté a Rhiannon Giddens, una cantautora que se crió en Carolina del Norte. Su caso nos ofrece un clarísimo ejemplo de cómo surgen los creadores y de cómo los mensajes confusos de los adultos contribuyen a la complejidad.

Giddens y su hermana mayor, Lalenja Harrington, crecieron en un mundo habitado por una variada mezcla de influencias y puntos de vista: un padre blanco, una madre afroamericana que más tarde se descubrió lesbiana, y la intensa influencia del pasado de esclavitud de la familia materna. Esa influencia se tradujo en unas reglas severas, aparentemente con razón. A causa de su pasado de esclavitud y racismo, a los abuelos maternos les aterraba pensar que si las chicas no eran obedientes, si se pasaban de la raya, tuvieran que enfrentarse a consecuencias peligrosas, incluso mortales. Eran unos abuelos cariñosos, divertidos, amables y ferozmente protectores.

Vivían en un pueblo de Carolina del Norte, en una clásica casita de madera con su pequeño porche, al que se accedía por dos o tres escalones.

Cuando Harrington tenía siete años, fue testigo de una terrible discusión. El abuelo estaba provocando a la abuela.

—Era una de esas casas de los años setenta, con las paredes de madera —recuerda Harrington—. Vi que mi abuela se metía en su habitación. Había escopetas en todos los armarios, y recuerdo el cañón de la escopeta asomando por la puerta.

La niña soltó un grito de advertencia que «hizo entrar en razón a su abuela» y permitió que el abuelo se pusiera a salvo. «Estoy convencida de que mi grito salvó la vida a mi abuelo en esa ocasión», dice Harrington.

Tanto la abuela como el abuelo eran alcohólicos y tenían mal genio. Habían padecido mucho a causa de las heridas que les dejó la esclavitud y el racismo sistémico que le siguió. Lo que las heridas les enseñaron fue que a las personas de color que se rebelaban les esperaba el látigo o, peor aún, la horca.

Por ejemplo, cuando la madre de las niñas era una jovencita y desobedecía las normas familiares, su padre la colgaba de las vigas del granero por los brazos y le pegaba. Solo estaba a una generación de la esclavitud, y en ocasiones se sentaba en el porche de la casa con una escopeta en el regazo para ahuyentar a los negros de piel más oscura que querían cortejar a su hija.

Cuando Giddens y Harrington eran niñas, su abuela trabajaba en la escuela. Era la única profesora negra. Les explicaba a sus nietas que los niños se tatuaban *KKK* en la parte interna del antebrazo y dejaban que cicatrizara. «Luego se lo enseñaban y se la quedaban mirando», me contó Giddens.

—Si le decías algo a la persona equivocada, podías acabar muerta —me explicó—. En los hogares afroamericanos había una disciplina férrea, y era consecuencia directa del trauma.

Lo entendería mejor más tarde, por supuesto. ¿Qué niña podía entenderlo? En aquel momento era al mismo tiempo normal y aterrador. El mensaje estaba claro: chicas, tenéis que obedecer las normas. Nada le gustaba más a la abuela que mostrar a sus nietas, perfectamente vestidas y peinadas tras horas de preparativos, cuando sus amigas venían a jugar al bridge.

En una ocasión, Harrington se cortó el pelo corto. A su abuela no le gustó. «Estuvo un mes sin hablarme», recuerda Harrington. Tenía entonces once años.

Giddens era todavía más niña cuando cometió el grave error de sacarle la lengua a su abuela. El caso es que la abuela le dijo a su hermana que sacara a Giddens de casa y la cambiara por otra niña. Pero era preferible eso a que el abuelo se quitara el cinturón.

No es que los abuelos no fueran cariñosos, pero eran rígidos en muchos aspectos y creían en lo acertado de sus normas.

Si esas hubieran sido las únicas influencias en sus vidas, no está claro que hubieran desarrollado la creatividad de la que hacen gala. (Harrington es una investigadora muy creativa que ha desarrollado técnicas de enseñanza para educar a niños con discapacidades intelectuales).

Lo que ayudó a que las niñas desarrollaran capacidades más allá del bajón del cuarto curso fueron unas cuantas influencias que las animaron a pensar libremente.

Incluso en la casita de madera de sus abuelos había libertad, aunque venía de la imaginación, más allá de las paredes de su hogar. En el patio trasero crecía un inmenso roble con enormes raíces que sobresalían de la tierra como venas o pequeñas islas. Las hermanas pasaban horas inventando juegos, como el de fingir que alrededor del roble había agua con tiburones. Su abuela les gritaba: «Fuera, fuera de la casa. No podéis volver hasta la hora de cenar».

—Estábamos aburridas y construíamos plataformas de aterrizaje con las hojas muertas. Eso era todo. Teníamos ese tipo de aburrimiento, un aburrimiento total y absoluto —recordó Giddens.

Tanto ella como su hermana creen que el aburrimiento les empujó a desarrollar el poder vibrante de la imaginación.

También recibieron los ánimos para pensar por sí mismas de sus padres —una madre negra y un padre blanco— que a su manera fueron rebeldes, una pareja de valientes en tiempos muy peligrosos.

Cuando el padre de las niñas, David, contrajo matrimonio, su propio padre renegó de él y le privó de la tierra, que heredaron otros miembros de la familia. El profesor de canto de David, un alemán, se negó a seguir dándole clase.

—Mi madre lo llamaba «el viejo nazi» —explicó Giddens—. Mi padre tenía una bonita voz de barítono, una voz seria. Le rompió el corazón perder a su profesor de canto.

Los padres de las niñas estaban convencidos, siguiendo el espíritu de su época, de que la verdad personal y el avance del mundo irían a la par, *tenían* que ir juntos.

—Tanto mi padre como mi madre enfocaron las cosas siempre con libertad y alegría, y eso se agradece —dijo Harrington—. De mi familia he heredado el empuje para intentar nuevas cosas, arriesgarme y lanzarme, aunque resulte difícil.

Su madre, al contrario que la abuela, no quería que sus hijas se limitaran a asistir a las puestas de largo y a los clubs femeninos.

Las hermanas también tomaron ejemplo de la abuela paterna. Era una mujer blanca de un mundo blanco, pero que no parecía dar importancia al color de la piel.

—La abuela Giddens era la mujer más amable que te puedas imaginar —recuerda Giddens.

Esa abuela no rechazó a su hijo ni a sus nietas, y los quería a todos con locura. De manera, concluye Giddens, que «ella sola cambió a toda una familia».

En resumen, las hermanas recibieron una mezcla de influencias: rigidez y disciplina, tolerancia y alegría, el miedo de ser distinto y el sentimiento de pertenencia. También vivieron en algunos momentos al límite de la pobreza mientras sacaban brillantes notas y se preparaban para entrar en escuelas de prestigio. Entraban y salían de diferentes ambientes.

—Era como cambiar de planeta —dice Giddens.

Y tuvo que cambiar muchas veces. Recuerda que en primaria se pasó la mitad del año comiendo en la mesa de las chicas blancas y la otra mitad en la de las chicas negras. Le gustaba más estar con los chicos que con las chicas. Pero también pasaba mucho tiempo sola, y leía libros de ciencia ficción mientras caminaba por el pasillo. Se pasaba horas dibujando, sobre todo caballos. Abrigaba la fantasía de convertirse en animadora de Disney. «Incluso hoy soy capaz de hacer un buen dibujo de un caballo», asegura.

Nuestra conversación derivó a los años de secundaria, y de repente Giddens rompió a llorar.

—Estaba muy deprimida, fue una época muy dura. No me gusta recordarla. No es que ocurriera nada importante, quiero decir que no es que mi casa se quemara. Pero no fue una época fácil para mí —explica. Era la época en que su hermana, siete años mayor, que era su ángel de la guarda, la que la peinaba y la abrazaba, estaba en la universidad—. Mi hermana era mi amortiguador en muchos aspectos. Mi madre estaba muy enfadada, muy histérica, y se deprimía.

Su madre se descubrió lesbiana y trabajaba como terapeuta de drogadictos. Era una artista frustrada y asistía a las reuniones de Alcohólicos Anónimos. En ocasiones podía mostrar auténtica ira. Rhiannon recuerda que un día arrojó un vaso contra el árbol del patio trasero. El barrio en el que vivían no era siempre seguro. A veces había borrachos durmiendo la mona delante de la casa. Gracias a su talento, sin embargo, Rhiannon pudo ingresar en un internado reputado por su buena enseñanza en ciencias y en matemáticas. Allí conoció a empollones como ella. Conoció otro segmento de la sociedad.

Cuánta información y qué diversa. ¿Tenía idea Rhiannon de que todas estas experiencias ejercitaban su creatividad al obligarla a ver las ricas texturas del mundo?

No exactamente.

Seguía refugiándose en los libros y en sus dibujos mientras echaba de menos a su hermana.

Pero la vida siempre se abre paso. Para Giddens llegó en forma de una serie de experiencias. Una de ellas relacionada con la música. Antes del último año del instituto, asistió a un campamento de verano dedicado al canto coral. Por primera vez, estaba rodeada de personas que amaban la música. Allí cantó su primer solo y no cabe duda de que sabía cantar. Fue estupendo. Vio la voz como una herramienta, no como algo creativo. Cuando cantaba, tanto ella como los que la oían se sentían bien.

Más tarde empezó a leer libros de historia. Empezó a entender las experiencias de su madre y de sus abuelos. Entendió que sus comportamientos no eran estrafalarios, que tenían una explicación. Tal vez eran incluso habituales. Entendió que no podía rechazar ese aspecto de su vida, que debía entenderlo, aprovecharlo de alguna manera.

—Cuanta más historia aprendía, mejor podía entender de dónde venía el comportamiento de mi familia, y el valor que se requería para superarlo todo —dijo—. Dejé de enfadarme con mi madre, dejé de desear tener una madre diferente a la que tenía. Por otro lado, esta aceptación significaba apreciar todo lo bueno que me había dado y la sabiduría para verla tal como es.

Giddens había empezado a aceptar sus multitudes interiores. A medida que dejaba de luchar contra ellas, esas partes de sí misma iban conformando un todo coherente que le permitiría ser una creadora.

Los años posteriores a su graduación, Giddens cultivó su innato talento musical, tanto vocal como instrumental. La aceptaron en el Oberlin College and Conservatory, una prestigiosa escuela de música. Giddens estaba abrumada, en parte porque no sabía leer música. No tenía formación musical, al contrario que el resto de los alumnos, y tampoco estaba segura de lo que quería. Se había dejado arrastrar por una suerte de impulso, sin pensar. Se esforzó, porque creyó que era su deber, en hacer todos los trabajos relacionados con la música que encontraba. No obstante, sus dudas se manifestaban de diversas maneras. En una ocasión se presentó a una prueba con solo un zapato. Al acabar su formación en la escuela estaba quemada y no sabía qué camino tomar.

—Nunca me sentí como una persona creativa —afirmó.

Años más tarde se hizo amiga de Yo-Yo Ma, uno de los mejores músicos del mundo, quien le confesó que a él le había pasado algo parecido.

—Me dijo que tocaba el violonchelo desde que era un crío, y que, cuando llegó a cierta edad, entre los veinte y los treinta años, comprendió que tenía que elegir ser un violonchelista —explica Giddens—. Y así lo hizo. Hasta entonces había tocado el violonchelo porque *era lo que hacía*. Desde que lo eligió, se siente mucho más feliz con su vida.

Al principio, sin embargo, fue el mundo el que eligió a Giddens, y no a la inversa. Creó un grupo musical llamado Carolina Chocolate Drops. Su primer álbum, producido por un pequeño sello musical, incluía dieciséis canciones versionadas de folk y contradanza, con banjo y violín. Tuvo cierta repercusión. Su tercer álbum, *Genuine Negro Jig*, aparecido en 2010, ganó un Grammy al mejor álbum de folk tradicional. En 2012, el grupo publicó *Leaving Eden,* con Giddens como cantante principal, que además tocaba el violín, el banjo y el banjo de violonchelo.

Se ganaban la vida como músicos, lo que no es poca cosa. Es muy difícil ganarse la vida como músico, «hacer realidad tus sueños», como dice Giddens.

Pero se sentía muy, muy desgraciada.

—Me sentía triste a menudo. Llegaba el momento de ir de gira con el grupo y yo solo tenía ganas de llorar. Me repetía a mí misma: «Soy buena en esto, y es lo que tengo que hacer». Te ves envuelta en los mimos y los halagos de la gente y además ganas dinero, y llega un momento en que te ves atrapada por el sistema.

Empezó a encontrarse mal, literalmente, a estar físicamente mal. Le diagnosticaron síndrome de colon irritable. Cayó en la depresión.

—El cuerpo te lo dice todo —asegura.

Le expliqué que, aunque exteriormente parecía una artista, una auténtica creadora, no estaba creando lo que en el fondo deseaba. En su esfuerzo por mantenerse fiel a la visión comercial de su grupo musical, tenía la sensación de estar enterrando su manera de contar las historias. Sentía que el grupo estaba haciendo algo realmente «importante», pero para ella se asemejaba cada vez más a un deber que tenía escasa relación con sus impulsos artísticos.

Ahora entiende que en aquella época era el símbolo de una tendencia más amplia.

—Nuestra cultura no premia el autoconocimiento. Muchos vagamos por la vida como zombies, y vamos buscando en el exterior lo que necesitamos interiormente. Por eso es tan importante la industria del espectáculo. La gente no encuentra la serenidad por sí misma, necesita que otros le aporten esa serenidad.

Y Giddens era una de esas personas que aportaban serenidad a los demás a base de crear un material que sonaba bien y era bueno, y que parecía provenir de una fuente auténtica.

—Comprendí que lo hacía porque ganaba dinero.

Este es un momento crucial en la historia de Giddens, y clave también para entender cómo surgen los creadores. Tanto los creadores como los investigadores que los estudian me han contado muchas historias así, en las que se establece una distinción entre la persona con herramientas creativas y el auténtico creador. Ambos crean material, y puede ser un material creativo. Sin embargo, no es auténtico. Desde fuera, la diferencia puede parecer mínima. Pero no lo es, especialmente para el creador. Porque cuando el creador no es fiel a sí mismo, puede sentirse triste, incluso desgraciado. Puede sentirse como un imitador, un arribista, alguien que busca la aprobación de los demás. Luego hay una voz más personal que intenta emerger, y el creador debe tomar una decisión. O la aprobación externa o la libertad. En último término —como en el caso de Giddens y de otros muchos creadores— lo que está en juego es la felicidad personal.

En el caso de Giddens, había empezado a sentir en lo más hondo una poderosa motivación personal. Durante los largos trayectos por carretera durante las giras de Carolina Chocolate Drops, Giddens encontró una versión más plena de su voz. Era una voz que provenía de las circunstancias particulares que habían creado a la propia Giddens.

Durante los viajes de gira había estado leyendo y aprendiendo sobre las esclavas. Sus historias le llegaban a lo más profundo, en especial una de ellas. Era la historia de una conversación entre una esclava y su ama cuando las tropas del Norte están a punto de llegar a la plantación.

En un momento dado, la señora de la plantación le dice:

—Cuando vengan los soldados, ¿puedes esconder este plato en tu cabaña? ¿Puedes decir que es tuyo?

Y la esclava dice:

—Vendiste a cuatro de mis hijos para comprarlo, de modo que no sería mentira.

Giddens leyó la historia, «y se me quedó en la memoria, no podía olvidarla. Pensé en las historias de todas esas personas negras anónimas que nunca llegaríamos a conocer».

La canción *Julie* sobre la difícil decisión de una esclava ante la opción de dejar la plantación y todo lo que le resulta conocido la he visto y la he escuchado en vídeo, y me parece uno de los momentos en que Giddens se encontró a sí misma, o por lo menos encontró una versión cercana a lo que es hoy (todavía está en proceso de descubrimiento). Tanto en su voz como en su mirada se detecta una mezcla de empatía y de desafío que es hondamente auténtica.

Para Giddens fue una especie de salida del armario. Estaba empezando a oír su auténtica voz.

—Fue mi primera toma de conciencia —dijo—. No me consideraba una cantautora en absoluto.

Tampoco estaba preparada para aceptarse como tal. Seguía recogiendo éxitos y eso la llenaba de energía.

En el 2015 publicó un álbum en solitario llamado *Tomorrow is My Turn* que contenía sobre todo temas versionados, incluyendo uno de Dolly Parton. La revista *Rolling Stone* lo colocó entre los 50 mejores álbumes del año. Actuó de telonera para Faith Hill y para Tim McGraw. Le dieron un papel habitual en el show televisivo *Nashville*.

En la ceremonia de los Country Music Awards de 2016 actuó con Eric Church en un espectáculo de country-rock especial para televisión. Giddens estaba a punto de cruzar el umbral del éxito. Unos pocos pasitos más y sería famosa de verdad.

Sin embargo, el acceso a la fama chocaba con una vocecita interior que le presentaba otro tipo de opciones. «Estaba viviendo un sueño y me sentía a menudo desgraciada».

Puede ser agotador intentar distinguir nuestra voz interior entre el barullo exterior.

De momento, os presento la historia de otro creador que tuvo que abandonar la seguridad de la infancia. Es una historia que conozco bien, porque es la mía.

Aparece el autor

Este libro no es una biografía, y no pretendo detenerme en mi experiencia personal. En este capítulo mencionaré algunas cosas, porque puedo hablar en primera persona sobre el viaje de un creador. También yo experimenté profundas transformaciones, desde ignorar mi propia voz hasta el momento en que empecé a oírla y por fin a expresarla. Este libro pretende en parte satisfacer mi ávida curiosidad sobre la creatividad.

Quiero encontrar una respuesta a la pregunta que me hizo un director de Hollywood ganador de varios Grammy: «¿Cuál es el objetivo de la creatividad?».

¿De dónde vienen estos accesos de inspiración?

¿Cómo los aplicamos?

Empecé a plantearme estas preguntas tan básicas después de tener yo mismo algunos accesos inspiracionales. ¿En qué consiste esa transformación?

Como os digo, hablo por propia experiencia. Y no siempre fue divertida.

Crecí en Boulder, Colorado, una ciudad relativamente pequeña con su universidad, que en aquel entonces era claramente de clase media y no mucho más. Mi padre, Murray, era un catedrático de Derecho que se hizo juez. Era un hombre grande y exuberante, un intelectual que creía en las Grandes Ideas, ávido lector de libros sobre momentos cruciales de la historia, grandes guerras y pensadores como Churchill, Kennedy y Gandhi. Nos dijo a mi hermana y a mí que podíamos ser lo que quisiéramos, pero yo no oí el mensaje. Lo que oí fue que había una sola cosa que podía ser, una especie de niño prodigio, mezcla de John Fitzgerald Kennedy y Mickey Mantle[2]. Hombres capaces de hacer cosas, exuberantes y muy activos, como mi padre.

Mi padre me contagió su tremenda curiosidad. Posee el entusiasmo del enseñante por animar a los alumnos a opinar, y no es aficionado a hablar ex cátedra. Durante la cena aprovechaba para exponernos sus casos legales y nos preguntaba a mi hermana y a mí qué opinábamos, en una especie de versión casera del método socrático, una herramienta que se utiliza habitualmente para el análisis en la facultad de Derecho y en la profesión. Cuando se presentaba un caso difícil en la facultad, me pedía que lo analizara desde mi punto de vista, no que imitara el suyo.

Mi madre, en cambio, tanto por su personalidad como por sus circunstancias, ocupaba menos espacio en la casa. En parte era porque cedía espacio a mi padre, pero también debido a que se crió con un padre muy rígido y controlador. Tal vez para evitar los duros juicios de su padre, mi madre se acostumbró desde niña a hablar poco. Por una combinación de personalidad y educación, mi madre controlaba mucho sus circunstancias físicas y sus emociones. Para ella, mostrarse vulnerable podía interpretarse como debilidad, o por lo menos eso entendí yo. De modo que tuve una madre que era afectuosa de una forma pasiva, no afirmativa. Mi madre nunca nos dijo «te quiero» ni a mi hermana ni a mí. Más tarde me confesaría que le parecía que esa frase habría sonado poco auténtica.

Al mismo tiempo, mi madre quería darnos algo que ella había echado mucho en falta: la libertad para tomar nuestras propias decisiones.

---

2. Mickey Mantle es una leyenda del béisbol estadounidense.

En este sentido, es una de las personas más abiertas que conozco; quiere que la gente se muestre como es y diga lo que piensa. Esto nos concedió una gran libertad, pero también le permitió a ella un lazo más suelto con sus hijos, un vínculo que no le hiciera daño. Con el resultado de que yo no tenía la seguridad de importarle mucho. Solo estaba seguro de captar toda su atención cuando se reía. Mi madre tenía una risa muy bonita, y cuando la hacía reír yo sabía que tenía toda su atención.

El resultado de estas circunstancias fue que yo estaba sobre todo atento a dos cosas: el cariño de mi madre y las aspiraciones de mi padre. Tal vez tendría que ser como él. Tal vez debería imitar la aparente confianza en sí mismos de los que eran mis amigos y colegas en el colegio. Yo interpretaba un papel de medio machote, medio guasón, una imitación de tipo duro que guardaba silencio la mayor parte del tiempo, en especial cuando se trataba de responder o expresar pensamientos, sentimientos o comentarios sinceros.

Todo esto no tenía nada que ver con lo que vivieron Giddens y su hermana. No tenía relación con la herencia de la esclavitud ni con el trauma del racismo que se experimenta a diario y su impacto en la expresión personal y en la creatividad.

Por otra parte, Giddens tenía una historia de creatividad en su familia. Yo no veía nada parecido en la mía. Lo que sí heredé, al igual que ella, fueron las semillas de la duda y de la creatividad —gracias a la curiosidad y la libertad para ser yo mismo— aunque durante mucho tiempo estas semillas lucharon entre sí y no se permitieron progresar.

Lo que viví, en suma, fue esa lucha tan aburrida de aceptarse a uno mismo, y si la comparto en este libro es precisamente porque es muy común. No es necesario que una persona pase por una experiencia traumática para tener que luchar por encontrar su propia voz. Yo no podía encontrar la mía.

Por eso entré en crisis.

En 1991 trabajaba para un modesto periódico. Un día, mientras hacía *jogging* por una calle arbolada, me sentí mareado. Fue el primero de una serie de episodios de una misteriosa dolencia. Me dieron varias clases de antibióticos, pero no se trataba de una infección. Incapaz de señalar un problema físico concreto, fui a ver a un psiquiatra, porque inconscientemente pensaba que el problema estaría en mi mente. Y algo más.

Dos años más tarde, había llorado hasta quedar seco de lágrimas y me estaba volviendo loco intentando entender por qué me sentía tan desgraciado. Mi vida se había convertido en un lugar triste y oscuro. Acurrucado en posición fetal, le rogaba a mi psiquiatra que me dijera qué me pasaba, porque yo no lo sabía. ¿Quién era? ¿Por qué sollozaba?

Llegó un momento en que dejé de preguntarle. Comprendí por fin que el hombre no tenía más respuestas que yo. Mi voz no era solamente tan válida como las demás, es que era la única que podía servirme de guía.

Tal vez esté exagerando. Tal vez no era más que una crisis de los veinte años. Gracias a Dios eso terminó y me dejó sobrecogido, provisto solamente de un puñado de emociones básicas, elementales. Desde entonces, he comprendido que esas emociones son parte del bagaje de las personas que crean.

Una de esas emociones es la gratitud. Por encima de todo, sentía una inmensa gratitud por no sufrir más. Eso me hacía sentir muy afortunado… por todo. Daba las gracias por tener un techo sobre mi cabeza y un empleo, pero también por cosas nimias, como comerme un delicioso taco, o haber dormido bien la noche anterior. Por mi familia y mis amigos. Todo me parecía estupendo. A ratos me sentía ridículamente optimista simplemente porque estaba vivo, ya no me sentía como un trapo, y casi todo lo demás se daba por añadidura.

Eso tiene mucho que ver con la creatividad, porque me llevó a ver el fracaso de otra manera. Aunque lo que escribía no le gustara a nadie, seguía teniendo los tacos del puesto callejero, que estaban riquísimos.

Emergí de mi nadir, además, con un profundo sentimiento de humildad. Había tenido un encuentro con terribles demonios, había rogado a otras personas que me explicaran y que me aprobaran, me había postrado y había pedido misericordia. Ahora sé que no puedo juzgar a nadie. El reconocimiento de mi propia fragilidad me hizo menos ideológico; empecé a entender que no puedo conocer a una persona o una idea sin escuchar de verdad, lo mismo que nadie hubiera podido conocerme de verdad cuando exteriormente parecía «tener éxito», aunque interiormente me sentía fatal.

También esto conecta directamente con la creatividad. Cuanto menos juzgaba, más capaz era de explorar información y conocimientos de fuentes muy diversas sin ninguna limitación. Las ideas y las pistas podían llegar de cualquier parte, y dejé de ver esas piezas de información como algo amenazador.

Pero lo más importante, lo que me conectaba mejor con la creatividad era que ya no me juzgaba con tanta severidad, y tampoco me importaba tanto el juicio de los demás. Lo que yo decía y pensaba, las ideas que expresaba, no eran más que las ideas de un ser humano como cualquier otro. Y si tomaba una decisión era porque me parecía correcta a mí, y no lo que había que decidir de acuerdo con parámetros externos.

Os pondré un sencillo ejemplo.

En el año 2000, tras una década trabajando en periódicos pequeños, el *New York Times* me ofreció un empleo. Me dijeron que podría seguir viviendo en San Francisco. Al año siguiente, cambiaron de opinión y me dijeron que en octubre de 2001 tenía que vivir en Nueva York. Para entonces ya había conocido a la mujer que se convertiría en mi esposa y estaba empezando a notar brotes de inspiración en lo que escribía para el periódico y en otras cosas que haría después: tiras cómicas, novelas, canciones.

Volé a Nueva York en verano de 2001, poco antes de la fecha límite que me imponían para mudarme. Me senté con un editor de alto nivel y le expliqué las razones por las que creía que debían dejarme seguir en San Francisco.

—Soy feliz allí —le dije—. Y creo que estáis contentos con mi trabajo.

—Muy contentos —me dijo el editor—. Pero no estamos hablando de felicidad, sino de lo que hace cada uno.

Le expliqué lo que pensaba al respecto. Aunque me bastó con oír sus argumentos. No iba a mudarme a Nueva York. Y no simplemente porque fuera feliz en San Francisco, sino porque quería seguir siendo yo mismo, confiar en mi propia voz.

En octubre, cuando estaba previsto que me hubiera mudado a Nueva York, me senté en el despacho de mi casa en San Francisco y esperé la llamada de mi jefe para anunciarme mi despido. Pero no me llamó. Y aquí sigo.

No había heroísmo en mi decisión. Acababa de emerger del abismo y sabía lo que era ser libre. Durante gran parte de mi vida había estado huyendo, con la adrenalina fluyendo sin cesar por mis venas y la respuesta *lucha o huye* activada, como si estuviera escapando de un león. Pero era un león que creaba yo mismo a partir de lo que percibía en el juicio de los demás y la comprensión de que solo debía tener miedo al miedo.

También había empezado a sentir accesos de inspiración que me parecían brotes de euforia. Se me ocurrían ideas que me parecían tan acertadas que se adueñaban de mí. Creía en ellas con una fe tal que las personas de mi entorno empezaban a pensar que no estaba muy bien de la cabeza. Poco antes de que me contratara el *New York Times* le dije a mi padre que quería crear una tira cómica. Hasta el día de hoy, me sigue recordando lo absurda que le pareció la idea, pero yo estaba convencido. Pero yo no sabía dibujar. Encontré un ilustrador. Y él también creyó en el proyecto. En septiembre de 2001, un mes antes de que supuestamente me tuviera que mudar a Nueva York, la tira cómica del periódico, llamada *Rudy Park*, empezó a publicarse diariamente en periódicos de todo el país. Los distribuidores eran United Media, una de las compañías distribuidoras de contenidos más importante del mundo. Que ellos fueran los distribuidores era como tener una película de HBO en tu programa de televisión.

Cada día escribía la tira cómica. Dejaba que los personajes salieran tranquilamente de mi mente, y a menudo tenía la seguridad de estar creando algo bonito, algo significativo, fuera o no así.

En esa época oí una historia que sembró en mi mente la fascinación por la creatividad y el proceso creativo que finalmente dieron como resultado este libro.

La historia va sobre Charles Schulz, el creador de *Charlie Brown*. Resultó que Amy, la editora de la tira cómica que yo escribía, era también la de Schulz. Un día le pedí a Amy que me contara una anécdota sobre Schulz, al que sus amigos conocen como Sparky. Amy me contó algo que Schulz le había contado.

Cada mañana, Sparky se levantaba, se ponía a trabajar y le asaltaba una idea. Una idea absolutamente fantástica. Entonces se decía: «Ya está. ¡Tengo una idea genial para la tira cómica!»

Y se pasaba todo el día trabajando en la tira cómica, dando vida a Charlie Brown, Lucy y Snoopy, plasmando la idea que había tenido. A la mañana siguiente, se levantaba y miraba el trabajo hecho el día anterior. Y se decía: «No está del todo bien». Pensaba un rato y se decía: «Un momento, ya lo tengo. ¡Hoy tengo una idea genial!»

Lo creía con tanta seguridad que no le importaba volver a invertir tiempo y energía en una nueva creación.

He oído cosas parecidas de muchos creadores. «Es un sentimiento de euforia, definitivamente de euforia», me dijo Mark Romanek. Es uno de los directores de vídeos musicales más famosos del mundo. Ha trabajado con Taylor Swift, con Jay-Z, Michael y Janet Jackson, Nine Inch Tails y Johnny Cash. Ha ganado más de diez Video Music Awards de MTV y varios premios Grammy. Casualmente es también un fan de Charles Schulz y *Charlie Brown*, y lleva un tatuaje de Linus en el antebrazo.

Cuando le alcanza la euforia, nace en su mente una idea. Es lo que le pasó con su película *One Hour Photo*.

«Se me ocurrieron tres actos enteros. Fue como si me invadiera una sensación física».

Querido lector, esa sensación, esa certeza, un sentimiento casi de plena euforia que te invade, es lo que empecé a sentir yo. ¿De qué se trata? ¿De dónde viene? ¿Por qué empezaba a sentirlo más a menudo?

Con mi negativa a trasladarme a Nueva York, estaba intentando aferrarme a mi voz personal y a las circunstancias que le habían permitido brotar. No estaba seguro de poder resistirme a las poderosas voces externas y otras influencias que seguramente me tentarían en un lugar como la redacción del *New York Times*. No estaba convencido de poder oír mi voz mucho tiempo más.

Supondría más trabajo.

Cada vez me sentía más ducho en el oficio de la escritura. Es algo que se desarrolla con el tiempo, pero la habilidad o incluso la destreza no es exactamente lo mismo que la creatividad.

Ahora entiendo que muchos creadores tienen que batallar con el reto de la voz propia, incluso los más exitosos de entre nosotros.

Uno de los ejemplos más claros que he conozco es el de Taylor Swift. Un crudo documental sobre ella, *Miss Americana* —que es de por sí una fantástica creación— describe perfectamente el sometimiento de Taylor Swift a la opinión de los demás.

—Desde niña me sometí a ese sistema de creencias —explica en el documental—. «Haz lo que tienes que hacer, haz lo que tienes que hacer». Lo que quería, ante todo, era ser una buena chica. Me habían educado para sentirme feliz cuando recibía muchas alabanzas —dice—. Solo quería esas palmaditas en la espalda.

No es que no fuera creativa. A los dieciséis años había escrito 150 canciones, incluyendo todas y cada una de las que incluyó en su primer álbum, que llegó a ser número 1. Era creativa, y le salía de dentro. Pero todavía no confiaba en su propia voz, y eso le llevó a vivir un periodo muy negro.

—Cuando vives pendiente de la aprobación de los demás, cuando extraes de ahí toda tu felicidad y tu sentimiento de plenitud, una sola cosa mala puede hacer que te derrumbes.

La película indaga en cómo y cuándo le llegó el derrumbe: sufrió un trastorno alimentario y se retiró totalmente de su carrera y su público. La cantante recuerda: «Para conservar mi salud mental tenía que desmontar todo un sistema de creencias».

Lo que, en resumen, nos enseña el documental es que la ambición y la audiencia pueden coexistir con la creatividad —al fin y al cabo, somos multitudes—, pero que, para mantener cierto nivel de paz, pureza y creatividad, una persona tiene que obedecer a su propia voz. Y esa voz puede volverse muy insistente. Ignorarla puede hacernos dudar hasta socavar cualquier éxito externo. Algunos creadores llegan incluso a dudar de que su trabajo creativo tenga sentido, puesto que a ellos no les convence.

Taylor Swift es una combinación muy poco frecuente: tiene una facilidad innata para escribir una historia, ponerle música y cantarla con fantástico sentimiento y una voz divina. Lo que más me llama la atención, al oír cómo explica su proceso, es la forma en que la creatividad se apodera de ella. Sentada ante el piano, se le ocurren ideas, se abre a ellas, las canaliza, las atrapa al instante, las descarta, es como si algo la invadiera, la golpeara y la impulsara a gritar: ¡Sí, sí, es esto, es esto!

Justo cuando empezaba la locura de la pandemia COVID-19, en los primeros meses del año 2020, Taylor Swift grabó sin alharacas, prácticamente en secreto, su octavo álbum de estudio. Se titula *Folklore*. Posee un tono mucho más íntimo y muy distinto al de su trabajo anterior. Es el tipo de creación que lleva a la gente a exclamar que un artista «se ha reinventado a sí mismo». Esa es una frase, por cierto, que deberían borrar del vocabulario de la creatividad, ya que vendría a decir que se ha renovado a sí mismo. Y no es así en absoluto. Lo que ha hecho es prestar atención a otras partes de sí mismo y expresarlas de la forma que le dictaba la inspiración en ese preciso momento.

He oído de primera mano otra bonita historia sobre un creador que aprendió a escuchar su propia voz. David Milch creó las series televisivas *Hill Street Blues (Canción triste de Hill Street* en España) y *Deadwood*, un western ambientado en Dakota del Sur, con unos diálogos abruptos, malhablados, de un ritmo endiablado, que parecían poner la pantalla al rojo vivo. Mi esposa se ponía furiosa cuando me veía detener el vídeo y volver a oír los diálogos, como hacía mi hijo con el vídeo de un surfista en Youtube o las jugadas del magnífico jugador de baloncesto Steph Curry, preguntándome: ¿Cómo han podido hacer algo tan bien hecho? ¡Qué creación!

De acuerdo con una reseña que leí en el magacín del *New York Times*, a Milch le pagaron algo más de 100 millones de dólares. Esa misma reseña decía también que había perdido una fortuna, unos 25 millones de dólares, en apuestas, una adicción en la que caía de vez en cuando, al igual que en la de la heroína. Milch tenía muchas ideas, y no todas funcionaron comercialmente. Algunas de las series que escribió, como *John from Cincinnati* —una historia ambientada en una ciudad surfista, donde la acción transcurre alrededor de un protagonista muy inocente, casi un santo— resultó básicamente un fracaso.

Luego a Milch le detectaron Alzheimer. En el verano de 2019, cuando ya estaba enfermo, tuve varias conversaciones telefónicas con él acerca de la creatividad. Aunque la demencia había empezado a manifestarse, conservaba la lucidez, y yo debía recordar que le fallaban las energías y que no estaría bien aprovecharme de su estado de debilidad planteándole, por ejemplo, preguntas capciosas. Sentía que me encontraba frente a uno de los mejores narradores del mundo, un narrador nato, de pura raza. En nuestra segunda conversación me contó algo digno de pasar a la historia sobre sus inicios y sobre cómo aprendió a escuchar y a confiar en su propia voz.

—Tenía un buen amigo al que llamaban Judgy, porque su abuelo había sido juez del Tribunal Supremo —empezó a explicar Milch—. Judgy era un borrachín, le encantaba beber y emborracharse conmigo.

Milch hablaba un poco a trompicones. Su esposa, Rita Stern, estaba al teléfono con nosotros para apoyarle moralmente mientras él buscaba las palabras siguientes, perdido como estaba «entre matorrales de recuerdos», como decía.

—Ahora acabo de recordar el aspecto que tenía Judgy —continuó Milch—. Era uno de los borrachines más auténticos que he conocido en cincuenta y cinco años, y hablaba con total claridad. Teníamos entonces catorce años y estábamos en el sótano de su casa.

—Yo bebía whisky. Él bebía cualquier cosa que tuviera a mano.

Milch empezó a animarse, brotaban nuevas ideas en su mente —o eso me pareció—, aunque tomaban una dirección que yo no lograba identificar. ¿A dónde quería llegar?

—Comprendí ese arte de contar mentiras, de inventarse historias que normalmente asociamos con el alcohol —dijo.

Los dos amigos empezaron a inventarse historias, como suelen hacer los chicos. A medida que hablaban, David sintió que se desinhibía, como acostumbra a pasar cuando has bebido.

—Es muy satisfactorio, porque te sientes importante, te parece que lo que dices tiene mucho sentido —dice—. La palabra que buscaba es alivio. Sientes alivio al conectar tan perfectamente con tus oyentes. Es la paradoja de estar borracho, que conectas con tus oyentes, lo que en realidad parece contradictorio con la auténtica conexión entre tú y los otros.

De modo que se estuvieron inventando historias y charlando sin inhibiciones, soltando alguna mentira gorda. Milch se sintió aliviado.

—Estar con alguien a quien consideras tu amigo y poder comunicarte con él y sentir alegría y consuelo... bueno, es lo mejor del mundo —dijo.

A medida que hablaba, yo sentía que el narrador nato que era estaba llegando a una conclusión, y no tardó en expresarla. Con el paso del tiempo, había llegado a la conclusión de que la creatividad era un poco como las charlas desinhibidas que había tenido con Judgy cuando se emborrachaban juntos.

—Es cuando no sabes qué vas a decir a continuación, pero te atreves a decirlo de todas formas. Es uno de los elementos esenciales de la amistad, y también de la inspiración. Cuando puedes combinar ambas cosas, es fantástico.

Vale la pena insistir en ese elemento esencial de la inspiración: cuando no sabes lo que vas a decir pero te atreves a decirlo de todas formas.

Esto es, dicho en pocas palabras, la voz. Tu voz.

Lo más importante es que la voz a la que me refiero no es la de un científico, un escritor, un músico, un empresario, un político ni un profesor. Hablo de una voz muy personal, esa que puede oír las ideas que brotan del cerebro sin juzgarlas. Normalmente no se trata tanto de ideas formadas como de retazos de información y de emoción; se trata de palabras y expresiones más que de frases, y ya no digamos párrafos o pensamientos completos. Son semillas. Pero son tus propias semillas, vienen de tu persona.

No he oído a nadie que exprese tan bien la capacidad de aunar libertad y personalidad como Bruce Springsteen, un reconocido poeta de la autenticidad y la emoción descarnada.

En un show televisivo en directo que estuvo varios años en las pantallas de Nueva York, Springsteen recuerda un especial momento «en una noche de domingo cualquiera» que le ayudó en su camino por descubrir su propia voz. Narra el descubrimiento de su creatividad con un lenguaje bíblico, con humildad y sentido del humor.

—Al principio había una gran oscuridad en las aguas —explica al público del pequeño teatro—. Había un agujero negro que todo lo engullía: deberes, iglesia, escuela, deberes, iglesia, escuela, judías verdes, judías verdes, malditas judías verdes. Luego —añade— llegó un estallido cegador de luz bendita, y un nuevo tipo de hombre que dividió el mundo en dos mitades.

Springsteen, que entonces era un niño de New Jersey, había visto a Elvis Presley en *The Ed Sullivan Show*.

—De repente, existía un nuevo mundo —dice Springsteen, tras hacer una pausa—. El que está por debajo del cinturón —dijo, e hizo otra pausa—, y el que está por encima del corazón. En una noche de domingo cualquiera —continuó—, en los hogares de Estados Unidos había estallado, de forma inesperada, una vida más libre. El mundo había cambiado en un maldito instante, y lo único que necesitabas para experimentarlo era atreverte a ser tú mismo.

Este es el anaquel de las especias, esa parte que es solamente tuya y no está tan accesible como puede parecer. Es más fácil alcanzarlo si desde pequeño te han animado a hacerlo. Y, por favor, no nos equivoquemos con la lección que nos enseña la historia de Springsteen. Para oír su propia voz, él también tuvo que luchar contra la voz censora de su padre, tal como explica con elocuencia en una autobiografía. En una entrevista que le hicieron en *Vanity Fair*, le preguntaron si su padre le había dicho en alguna ocasión que lo quería. «No», dijo Springsteen. Pero si Springsteen hubiera dicho: «Te quiero, pa», tal vez el padre habría respondido: «Eh, yo también».

Springsteen aprendió a apreciar su propia voz, así como a reconocer las multitudes que lo habitaban.

—No importa quién hayas sido ni en cuántos lugares hayas estado, eso siempre va contigo —dijo en una entrevista para *Vanity Fair*—. Lo imagino como un coche. Todas nuestras personalidades están dentro. Puede subir al coche una personalidad nueva, pero las viejas nunca se bajan. Lo importante es cuál de ellas está al volante en un momento determinado.

Su variada obra nos habla de un ser humano que ha aprendido a escuchar las diferentes facetas que lo habitan, y que permite que cada una de ellas se ponga al volante cuando es preciso.

Tanto los testimonios de estos grandes creadores como mi propia y humilde experiencia, y también el acervo popular, coinciden en decir que la lucha es un alto necesario en el camino hacia uno mismo y, por fin, a la creatividad. En un mundo que nos insta a conformarnos, es normal que nos cueste esfuerzo oír nuestra voz.

He de decir que son muchas las personas que luchan, sean o no creadoras, aunque los creadores son más proclives a narrar su viaje. Ya que vas a pasarlo mal, por lo menos que alguien extraiga algo bueno de ello es un razonamiento acorde con tu estantería de las especias.

Hay una pregunta más importante, sin embargo: ¿Es necesaria tanta lucha para oír tu voz interior? ¿Es cierto eso que se dice de que el camino hacia la creatividad tiene que atravesar el bosque del dolor?

En realidad, no.

No es necesario sufrir tanto como algunos creadores han sufrido para encontrar nuestra voz. No es necesario que la lucha sea a muerte. No quiere decir que para acallar tus miedos debas enfrentarte a tu alma, desarrollar un trastorno alimentario o caer en una depresión.

Porque a menudo no hay ningún león contra el que luchar.

El surgimiento de la voz

Las amenazas son muchas. Recordémoslas: la muerte, el desamor, las oportunidades perdidas y las severas dificultades económicas. También la pandemia y el racismo sistémico. Pero hay gran diferencia entre las amenazas auténticas a nuestra supervivencia y aquellas de menor importancia, esas que imaginamos, evocamos y exageramos. Son nuestros leones de siempre, los miedos imaginarios de los que huimos, los que hacen que nos pongamos tensos, que vivamos aterrados. Son los que obstaculizan nuestra creatividad.

Lo que muchos creadores descubren, a medida que aprenden a oír sus voces, es que deben escuchar su voz y sus impulsos sin juzgarlos y sin temor a amenazas que son más imaginarias que reales.

Para entender el proceso, me dirigí a uno de los expertos mundiales en este campo, una investigadora llamada Emma Seppälä. Al mirar el calendario, compruebo que nuestra conversación tuvo lugar a finales de enero de 2020. En aquel entonces, la amenaza de la COVID-19 parecía importante pero se mantenía a distancia. Un estudio publicado a principios de febrero en *The Lancet* informaba de 41 personas hospitalizadas en Wuhan. En *U.S. News & World Report* aparecía el titular LA TRANSMISIÓN DE HUMANO A HUMANO DE UN NUEVO CORONAVIRUS PARECE POSIBLE, AFIRMAN FUNCIONARIOS CHINOS.

Cuando, a finales de invierno, volví a charlar con Seppälä, hablamos menos de las amenazas reales y más de los leones habituales, esos peligros imaginarios que nos obsesionan y pueden dificultar nuestra creatividad. La investigadora estudió ese tema después de trabajar con veteranos de las guerras del Golfo Pérsico. Curiosamente, su experiencia con veteranos que sufrían de trastorno por estrés postraumático nos ofrece una perfecta manera de explicar lo que les ocurre emocional y psicológicamente a los creadores cuando empiezan a escuchar la voz de la musa.

Seppälä empezó por explicarme una historia.

Hace unos años, me dijo, habló con un veterano de la guerra de Afganistán que había servido en una unidad de inteligencia, sacando información a los prisioneros.

—Yo era muy bueno en mi trabajo —le contó el hombre a Seppälä—. Hice que uno de los interrogados se cagara en los pantalones.

Es posible que su labor fuera importante, pero ahora no es esa la cuestión. El veterano regresó a su hogar y, como les ocurrió a otros muchos, su experiencia le dejó en un permanente estado de terror. Le provocaba gran confusión que le felicitaran por lo que había hecho, cuando él se sentía deprimido, hundido bajo el peso de sus acciones que, aunque en aquel momento le parecieron necesarias, seguían siendo inhumanas.

—Por la noche no duermo. Me tumbo en el sofá y espero a que amanezca —le explicó a Seppälä—. Cuando tomo algo para dormir, es peor.

El veterano había dado con la persona adecuada. Seppälä es una especialista que trabaja en las universidades de Stanford y de Yale ayudando a veteranos con trastorno de estrés postraumático. Su experiencia la ha llevado a trabajar con algunas de las empresas más grandes del mundo: Google, Apple, Facebook, Erns & Young... Su trabajo ayuda a las personas a ponerse en paz consigo mismas, a ser más productivas y, por ende, más creativas. Esas ideas —superar los temores imaginarios y aumentar la capacidad creativa— van estrechamente unidas. Seppälä lo explica tanto a través de anécdotas como de la ciencia del cerebro.

En el caso del militar de inteligencia que había servido en Afganistán, Seppälä quiso que aprendiera a respirar. Por supuesto, ya sabía respirar, igual que todos, pero no según el método que estudia Seppälä, que ayuda a cambiar el modo en que nuestro cerebro procesa la información.

El método de respiración que Seppälä enseñaba a los investigadores consistía en inspiraciones a un ritmo determinado que permite que el cerebro entre rápidamente en estado meditativo. Tras unas cuantas sesiones, el soldado experimentó un cambio significativo. Podía abordar sus recuerdos de otra manera. En concreto, los recuerdos ya no desencadenaban en su cuerpo la reacción que conocemos como *respuesta simpática*.

La respuesta simpática es una reacción primaria del cuerpo ante la amenaza de un peligro o de lo que *percibimos* como un peligro. Sin duda, no se puede comparar el riesgo de saltar por los aires mientras comprobamos que no haya bombas junto a la carretera con el acceso de terror que siente un veterano de Afganistán cuando, al oír la bocina de un coche, se esconde debajo de la mesa, aterrado por la posibilidad de que haya estallado una bomba.

En tiempos remotos, cuando nuestros antepasados se veían amenazados por un león, su cuerpo ponía inmediatamente en marcha la reacción de ataque-o-huida, la respuesta simpática. En términos estrictamente biológicos, significa que segregamos hormonas que nos proporcionan momentáneamente una fuerza extraordinaria. Aumenta la adrenalina, se incrementa la concentración, se acelera el corazón y sube la tensión arterial. No pasa nada si es por un momento, pero si ese estado se prolonga, resulta peligroso y hasta fatal, como podéis imaginar. Las sustancias que segregamos nos dificultan el sueño, debilitan el sistema inmunológico y ponen el énfasis en la amenaza externa, ya sea real o imaginaria.

Esta reacción es adecuada cuando nos enfrentamos a un león de verdad, pero no cuando la amenaza es imaginaria, o cuando se trata de una reacción exagerada frente a un peligro pequeño. Digamos, por ejemplo, que tu jefe te llama al móvil, y antes de saber qué quiere, sientes un bombardeo de hormonas. Percibes la conversación como una amenaza más grande de lo que es, y la respuesta ataque-o-huida se agudiza. Lo mismo puede ocurrir en una discusión con tu cónyuge, cuando tu hijo suspende, cuando enfermas y tienes que dejar de ir a trabajar o cuando la policía te para por exceso de velocidad.

Estas situaciones pueden tener consecuencias, pero es posible que las agrandemos y las percibamos como más serias de lo que son. No hay ningún león, a lo mejor ni siquiera un cachorro de león. Sin embargo, el sistema primario de defensa o ataque se pone en marcha. En parte, porque las amenazas han cambiado en tanto que nuestros mecanismos de respuesta siguen más o menos igual. Nuestro cuerpo no ha tenido tiempo de adaptarse a un medio de amenazas mucho más leves que normalmente no suponen peligro. La preocupación puede de hecho estresarnos muchísimo, porque incrementa la respuesta simpática de una forma desproporcionada.

Esto nos lleva a perder el sentido de las proporciones. Quiero decir que la persona que experimenta la respuesta simpática percibe la amenaza como mucho peor de lo que es, o incluso puede ver amenaza donde no hay nada.

Seppälä y otros investigadores plantearon una hipótesis. ¿Y si se pudiera cortocircuitar esta respuesta primaria cuando no resulta de utilidad? En otras palabras, querían desvincular la *percepción* de la amenaza de la respuesta simpática. ¿Y si fuera posible que un veterano oyera el sonido de un claxon y lo identificara como lo que era —un claxon— y no como una bomba? ¿Y si fuera posible dejar de activar la respuesta al león cuando no hay león ni bomba junto a la carretera?

Seppälä y otros investigadores enseñaron cómo lograrlo con la respiración y otras técnicas *mindfulness.*

En cuestión de pocas semanas, con esa sencilla técnica de respiración, los veteranos empezaron a alterar tanto su percepción del peligro como su respuesta psicológica. Lo que hacían era interrumpir la respuesta simpática. Respirar de una forma concreta les permitía enlentecer la segregación hormonal, y detener la activación de la respuesta ataque-o-huida.

A continuación, los soldados traumatizados pudieron valorar las circunstancias reales y calibrar el peligro real. El ulular de la alarma de un coche o una puerta que se cerraba de golpe ya no activaban de inmediato una respuesta simpática en su cuerpo. Ahora el soldado podía ver la presunta amenaza como lo que era en realidad: un ruido sin peligro alguno.

La investigación demuestra que esta práctica es acumulativa, y llega un momento en que el cuerpo y la mente se mantienen en calma aunque el soldado no esté practicando la respiración. Esto no significa que los soldados pudieran borrar los terribles recuerdos que los acosaban, sino que eran capaces de separar el pasado del presente.

El soldado que había torturado a prisioneros para sacarles información le dijo a Seppälä: «Lo recuerdo todo, pero puedo seguir adelante». También empezó a poder dormir. «Me dormí sin la medicación. ¡Me fui a la cama sin acordarme de las pastillas!», le dijo emocionado. Seppälä asegura que esta investigación tiene muchas aplicaciones.

Esos conceptos están estrechamente vinculados a la creatividad.

—Para innovar necesitas seguridad psicológica —dijo—. Tienes que sentirte seguro, ya estés en casa o en tu lugar de trabajo.

¿Y qué significa seguridad?

Seguridad significa, entre otras cosas, que una persona no se sienta amenazada desde el exterior. Que no tenga miedo del león, del cónyuge, del jefe. Que no tema a la opinión de los demás. Ese es un punto crucial. Aunque la mayoría de nosotros tenemos la suerte de no vivir el trauma de una guerra, todos hemos vivido el trauma de una opinión negativa. Empieza a una edad temprana, para algunos de nosotros constituye la esencia misma de los años de adolescencia, y tiene en nuestro cerebro el mismo efecto que en el de los soldados. Desarrollamos instintivamente una respuesta de huida-o-ataque, incluso a las ideas que se nos ocurren.

—Hey, que te parece si...

—Una estupidez.

—Oye, y si...

—Una estupidez.

—Tengo una idea para un libro...

—No gustará a nadie.

—Tengo una idea para un negocio...

—Mejor que lo cierres antes de quedar como un tonto.

Estas reacciones instantáneas son incluso más exageradas cuando las ideas son hondamente personales. Esto puede ocurrir aunque se trate de arte, ciencia o negocios si se trata de una idea que expresa *tus* esperanzas, deseos, temores, amores o pasiones, porque sentirás la crítica o el rechazo a tu idea como un rechazo a *tu persona.*

Y sin embargo, que sea personal es precisamente lo que hace que tu idea resulte singular, original. Es una idea de la persona, sin el ruido exterior.

—Tienes que desprenderte de tus inhibiciones —dijo Kay Kim, la investigadora de William & Mary que presenté en un capítulo anterior.

Kay Kim ha hecho una investigación creativa sobre un tema del que confieso que no sé bien qué pensar, aunque ella lo defiende con empeño. Se trata de la conexión entre la sexualidad y la creatividad.

Kim ha recogido datos en su investigación que señalan una correlación entre los premios Nobel y una mayor aceptación de la libertad sexual. Países como Israel, Suiza y Estados Unidos, que tienen una cantidad desproporcionada de premios Nobel, muestran también una mayor aceptación de la homosexualidad y la experimentación sexual. En lugar de hacer comentarios acerca de esta investigación, diré que las conclusiones de Kim sobre la ausencia de inhibición concuerdan con las del resto de investigaciones que presento en este libro. Esto demuestra que la creatividad y la euforia creativa se sustentan en la aceptación de lo que es auténtico.

Y ya que hablamos de sexo y de inhibiciones, mencionaré brevemente el papel de las drogas en el fomento de la creatividad. Muchas personas aseguran que las drogas les ayudan a oír su propia voz y a avivar la imaginación. ¿Es así?

¿Quién mejor para hablar sobre este tema que Carlos Santana, el legendario músico que menciono en el prólogo? También es famoso por el consumo de drogas. Qué demonios, si hasta lanzó su propia marca de cannabis. Conversé con él en enero de 2020, justo cuando se preparaba la crisis de la COVID-19. Me habló de la capacidad de la marihuana para expandir la mente, y de lo importante que había sido para él y para una generación de creadores, como los Beatles, Eric Clapton, Jimi Hendrix y muchos más.

—La marihuana te ayuda a abrir las ventanas de la percepción y a entender que la imaginación es la entrada al futuro —me dijo. Y añadió que, en su caso, le ayudó a creer en sí mismo—. Te transporta más allá del «pobrecito yo, si soy una víctima, ¿qué puedo hacer?». Me fumé un porro y entendí que podía ganarme la vida con la música que compongo.

Pero cuando seguí preguntando, Santana admitió que de 1972 a 1982 había dejado la marihuana por completo, y que esa década había sido muy creativa. Me dijo que había encontrado otro método: la meditación. «Me colocaba más que cualquier otra hierba», aseguró. «La meditación te permite ver con claridad quién eres».

Más adelante volvió a consumir marihuana como un atajo a la *disciplina de la meditación.*

Es la opinión de un hombre.

La ciencia no apoya demasiado la idea de que las drogas estén vinculadas a la creatividad. Un estudio publicado en 2016 en el *International Journal of Mental Health and Addiction* estudiaba las conclusiones de las investigaciones más importantes sobre el tema. Y esta era su conclusión: «Las investigaciones no pudieron establecer que el consumo de drogas contribuya al incremento de la creatividad ni que facilite el proceso artístico y creativo».

En el caso del creador que está empezando, el consumo de drogas, lo mismo que la desinhibición sexual, puede indicar que se siente a gusto con la disconformidad. Pero eso no significa que sea una puerta de acceso a los mecanismos psicológicos y fisiológicos que promueven una mente creativa.

La investigación de Seppälä, por su parte, indica que la sensación de seguridad de la que surge la creatividad requiere eliminar la molesta experiencia del trastorno de estrés postraumático cotidiano: esto es, el miedo a las críticas de los demás. Por eso las ideas nos llegan cuando estamos en la ducha o mientras conducimos, cuando nos sentimos desarmados, relajados, no amenazados. La investigación neurológica, explica Seppälä, mantiene desde hace tiempo que las grandes ideas aparecen cuando «estamos despiertos pero muy relajados, cuando dejamos que nuestra mente vague sin rumbo». En ese estado se generan ondas alfa en el cerebro, entre el estado durmiente y la vigilia. Aquí no sentimos la crítica exterior. No estamos en guardia.

—Innovación, creatividad, intuición… todo viene de un lugar más allá del intelecto —dice Seppälä—. El intelecto es útil cuando ya has tenido la idea creativa, entonces te ayuda a ponerla en práctica. Pero primero tu cerebro debe estar preparado para tener la idea.

¿Recordáis el bajón del cuarto curso?

Una forma de preparar el cerebro para que sea creativo es despojarlo de las lecciones rígidas y las voces críticas que recibimos en esa época de nuestra vida. Después, a lo largo de los años adquirimos habilidades en diversas áreas, ya se trate de aficiones o de trabajos. Sin embargo, para que estas habilidades se pongan al servicio de la creación, necesitamos una inspiración lo más pura posible. Seppälä está convencida de que preparar el cerebro consiste en dar una oportunidad de iluminación a las ondas alfa, las que aparecen en el intervalo entre la vigilia y el sueño.

Hay muchas maneras de lograrlo. Ya he dicho que este libro no pretende explicarlas, de modo que no voy a entrar en detalles.

Existen apps para una meditación guiada, y otras que te ofrecen el sonido de la lluvia. Algunas personas se concentran en su respiración. Cuando hago ese tipo de ejercicios, que practico regularmente, pienso en las palabras «inhala despacio» cuando inhalo, y cuando exhalo me repito «exhala el estrés» o «exhala el miedo».

A veces cuento el número de respiraciones. Puedo contar hasta cuatro y volver a empezar. Otras veces, cuando mi mente está especialmente alterada y me viene un pensamiento detrás de otro, intento contar hasta veinte respiraciones. Cada vez que me desconcentro y dejo de pensar en los números, vuelvo a empezar. Al cabo de un tiempo, que normalmente es corto, puedo contar hasta veinte respiraciones sin desconcentrarme.

Estas prácticas no atontan ni adormecen a nadie. No te apartarán de tu verdadero yo ni eliminarán tus sentimientos. Te ayudarán a conectar los sentimientos, las experiencias, las ideas y la inspiración sin sentirte paralizado por las posibles críticas.

Hay otra razón para practicar estas técnicas. Ayudan a enlentecer las percepciones, de modo que el futuro creador es capaz de evaluar si la información es válida.

Se dice continuamente: «La vida pasa tan rápido». La gente lo dice con pena, pero en realidad no estoy seguro de que les importe tanto. Cuanto más rápido corra el tiempo, cuanto más agitados y distraídos estemos, más fácil nos resulta ignorar las experiencias y emociones auténticas, las ideas que podrían incomodarnos, el temor a las afiladas garras de un león imaginario. No lo digo por decir. He escrito largo y tendido sobre cómo esa avalancha de información a una velocidad supersónica, en especial a través de los móviles, crea distracciones cautivadoras y a menudo bienvenidas.

El león no es real. Lo que es real es el inmenso valor de experimentar una calma que nos permite oír nuestros auténticos sentimientos y emociones sin temor a lo que signifiquen.

Bajar el ritmo para oír nuestra propia voz no solo es beneficioso para las emociones o para los ingredientes que normalmente asociamos con el arte en cualquiera de sus formas. También es beneficioso en la ciencia, la lógica, la guerra.

Una mente más lenta concede al creador espacio para acceder a una información más pura, a los ingredientes que le permitirán encontrar soluciones más creativas, más auténticas y novedosas. Una entrada más lenta de información no solo permite a una persona crear, también facilita que otras personas aprecien la creación.

¿Por qué?

Porque una creación que se sustente en el mundo real establecerá conexiones a un nivel más profundo. Y eso es cierto tanto en los negocios como en el arte, la política o la guerra.

Comprendí la importancia de este punto gracias al general Walter Piatt, director del personal de las Fuerzas Armadas con base en el Pentágono. Es un militar galardonado que dirigió las fuerzas de coalición en Irak y estuvo al frente de la 10ª División de Montaña. Pero esos títulos no le definen totalmente. Es inconformista, poeta y escritor.

—Hace poco me preguntaron si mis soldados me llamaban lunático —me dijo, tras leer un artículo que había escrito para el *New York Times*. El artículo trataba de la respiración profunda, la meditación y otras técnicas de *mindfulness* que se practicaban en el ejército—. La gente suele creer que esas prácticas te ablandan. Pero no, lo que hacen es centrarte.

El artículo se publicó en abril de 2019. Poco menos de un año más tarde, justo antes de que se declarara la pandemia de COVID-19, me puse en contacto con el general Piatt. Le dije que estaba trabajando en un libro sobre creatividad, y quería saber si él veía relación entre la creatividad y su práctica de *mindfulness.*

—Hay una relación muy estrecha —dijo—, porque te permite ver las cosas como son, y no como te han enseñado que deben ser. Lo compruebo continuamente en el Pentágono.

Añadió que había muchas personas brillantes en el Pentágono, algunas con ideas preconcebidas muy firmes, con miedos profundamente implantados.

—Una persona puede expresar una idea estupenda, pero a lo mejor no le hacen ningún caso —dijo—. Para ser creativo hay que tener una mente abierta.

A estas alturas del libro ya he explicado el surgimiento de varios pensadores creativos en una variedad de campos. He intentado mostrar los obstáculos a los que se enfrentan y algunas de las maneras en que aprenden a oír la voz que les parece más auténtica, la que surge de su ser, y cómo logran aceptar sus multitudes interiores.

Hay personas que tienen esa facilidad de nacimiento. Han sido educadas con esa rara mezcla de confianza y humildad y creen en sí mismos sin ser arrogantes. El general Piatt me pareció una de esas personas. Pero incluso él aprendió a servirse de técnicas que mejoran la creatividad a fin de aumentar su capacidad creativa, atender a su voz interior y llegar a conclusiones sin temor a las críticas. Y todo lo hizo en medio del fragor de la guerra. Buscaba ideas e inspiración que le permitieran, como les dijo en una ocasión a los soldados de su unidad «ganar esta guerra sin matar a nadie más».

Lo que quería decir, explicó a sus soldados, era que les animaba a «buscar maneras de ganar a base de resolver las auténticas raíces del conflicto».

—La guerra es la peor creación del hombre —me dijo—. Y si te pones un escudo emocional, te pierdes a ti mismo.

Si explico esta historia es porque demuestra que la ciencia de la que ya hemos hablado y la que seguiré exponiendo en el libro se aplican tanto al creador futuro como al que ya está emergiendo o al que ya ha florecido.

Piatt nació en 1961 en Pittsburgh, Pennsylvania, y se alistó en el ejército «porque quería saltar de los aviones en paracaídas». En 2003, cuando estaba al mando de un batallón en Afganistán, tuvo una conversación con un sargento que estaba a sus órdenes. Acababan de vivir un combate muy duro para llegar a un poblado, y el sargento estaba angustiado, de modo que se sinceró.

—Sentía odio y estaba deshumanizando al enemigo —dijo Piatt—. Era un buen soldado, un buen tipo, un cristiano que creía en Dios. Pero me dijo: «No siento nada más que odio». Yo iba a ofrecerle un consejo —explicó Piatt—. Antes de que pudiera hablar, sin embargo, el soldado me dijo: «Pero a ti te caen bien, ¿verdad?» Eso desató en mi interior una serie de emociones y pensamientos, porque en parte era cierto. Tal vez no odiaba lo suficiente para ser su jefe y ordenar la muerte de mi enemigo.

Piatt decidió escribir lo que pensaba. Intentó no juzgar sus pensamientos.

—La verdad es que sentía esas cosas. No las ocultaba. No intentaba explicarlas. Me limitaba a aceptarlas.

La libreta de notas fue parte de su lucha por no ponerse el escudo emocional. Temía que, si bloqueaba sus emociones, perdería su profundo amor a la vida en los dos lados del conflicto.

A esto le siguieron algunas acciones creativas.

Un tiempo después, Piatt y otros soldados viajaban en coche por una carretera cuando un niño llegó corriendo y les arrojó una granada. Nadie resultó herido. El chico desapareció. Pero cuando ordenaron a la tribu local que les trajeran al responsable, trajeron al chico y a su padre ante los soldados. Los miembros de la tribu le dijeron a Piatt: «El chico es demasiado joven. Te entregaremos al padre».

—Pero aquel hombre me recordó a mi propio padre —dijo Piatt.

En lugar de ordenar que lo arrestaran o le castigaran, Piatt llevó al chico ante el soldado que había estado más cerca de sufrir el estallido de la granada. La familia del chico y los soldados estuvieron conversando. Resultó que el chico había arrojado la granada porque los extremistas habían amenazado a los niños del pueblo con llevárselos lejos e internarlos en escuelas religiosas si no les obedecían.

Más tarde, durante un despliegue, Piatt y su compañía estaban en un campamento base cercano a un pueblo, en un territorio muy hostil. Para mantener una distancia prudencial del pueblo, habían protegido el campamento con alambre de espino. Un día les llegó una noticia: una oveja que estaba pastando se había quedado enredada en el alambre. Siguiendo el procedimiento habitual, los soldados detuvieron al pastor del animal, un chiquillo. Cuando Piatt recibió la noticia, fue a ver lo ocurrido.

—Habíamos arrestado al pequeño tamborilero —me dijo Piatt, ahora ascendido a general—. El chico estaba muerto de miedo, y la oveja se había enredado en el alambre de espino.

El problema subyacente se fue aclarando. Los lugareños estaban acostumbrados a dejar que las ovejas pastaran libremente. Sin embargo, las normas no permitían que se acercaran al campamento. El jefe Piatt dejó que su mente vagara libremente y que el problema se filtrara, hasta que tuvo una idea. El ejército compró ovejas, burros y camellos a los vecinos, y llegó a un acuerdo con ellos para que pastaran un poco más lejos. Los afganos entendieron que el ejército estaba usando el terreno para que pastaran unos animales «que finalmente les serían devueltos». Con esta sencilla solución se alcanzó la paz.

Mientras tanto, Piatt escribía cuentos y poemas, intentando procesar lo que sentía. Era un creador en medio de la guerra, y tenía que luchar con ideas complejas. Pronto descubrió una herramienta que, según dice, le ayudó a escuchar su propia voz, y también a distinguir la de los otros.

En 2010, conoció las herramientas de *mindfulness* a través de unos investigadores que estaban estudiando la posibilidad de que pudieran ser de ayuda para los soldados. Tal vez, si aprendían esas técnicas, podrían evaluar mejor la información en situaciones de vida o muerte, cuando había que decidir si disparar o esperar.

Piatt, que ya estaba predispuesto a probar cosas nuevas y es creativo por naturaleza, descubrió en el *mindfulness* una herramienta capaz de cambiarnos la vida. «Te permite prestar atención y distinguir lo que es real y lo que ocurre en este momento sin juzgarlo».

Empezó a practicar la respiración consciente —ocho minutos y medio cada día— y pronto vio resultados. A modo de ejemplo, recuerda lo que le ocurrió cuando era general de división en Irak. Tenía previsto reunirse con una importante mandataria de un grupo local y sabía que sería una conversación delicada. Antes de salir en helicóptero hacia el lugar de la reunión, se sentó bajo una palmera para hacer sus ejercicios de respiración, el tipo de ejercicios que describe Seppälä. Los ejercicios despejaron su mente, le liberaron de expectativas y de posibles críticas y le permitieron prepararse para escuchar sin ideas preconcebidas.

Durante la reunión, sintió que respondía con sinceridad, y que la jefa apreciaba su actitud.

—No tomé notas. Recuerdo cada una de las palabras que ella pronunció. No estaba anticipando una respuesta. Me limité a escuchar —explicó. Cuando la jefa acabó, Piatt fue capaz de responderle a cada punto concreto, y cedió en alguno—. Recuerdo la expresión de su rostro, como si pensara: con esta persona podemos llegar a acuerdos.

Pocos años más tarde, Piatt fue destinado al Pentágono, donde ejerció un importante cargo como director de personal del ejército de Estados Unidos. Ocupaba este cargo cuando el malestar social se apoderó de la capital, y Piatt escribió algunos poemas sobre aquel difícil periodo.

Quiero subrayar la idea de la que Piatt es un ejemplo más: los creadores necesitan tiempo para surgir. No sucede de un momento a otro. Incluso en el caso de personas con disposición a lanzarse a la aventura de descubrir su creatividad y la multiplicidad de voces que albergan, hay técnicas y circunstancias que pueden acelerar su creatividad. El general es también un ejemplo para entender este principio: para oír tu voz debes aquietar el rumor que suena a tu alrededor. El grito de internet, la rigidez de las ideas preconcebidas, las normas del partidismo y la idea anticuada y superada de que no se pueden tener ciertos sentimientos. Respirar y vaciar tu cerebro de estas voces puede ayudar a que tu propia voz se abra paso, junto con la armonía de tus multitudes.

Esta no es la única técnica ni el final del camino. Tu voz y tus ideas no son lo mismo. Las ideas te llegarán. Una forma de descubrirlas —de descubrir lo que ya está en tu interior— es dejar vagar la mente. Y no es tan fácil como parece.

Dejar vagar la mente

Años después de aprender a oír la inspiración, rememoré mi infancia y me di cuenta de que siempre había escrito historias. Seguro que a muchos de los lectores les ocurre algo parecido. Normalmente, lo hacemos antes de acostarnos por la noche.

Dejamos vagar la imaginación y nos contamos historias. Cuando tenía unos diez años, por ejemplo, a la hora de dormir solía fantasear con que estaba en una tienda de artículos de deporte y tenía 500 dólares en el bolsillo. En mi fantasía, me decían que tenía que gastar todo el dinero en una hora. Yo recorría los pasillos con mi carrito y cogía pelotas, guantes de béisbol, canastas de básquet y otros artículos que mi familia no hubiera podido comprar con tanta alegría.

Más tarde, en la adolescencia, tenía a menudo una fantasía de guerra. Me encontraba en una cabaña, armado hasta los dientes, y tenía que defenderme de una horda de enemigos disparando a través de unos agujeros que astutamente había hecho en las paredes, como parte de mi hazaña en solitario para salvar el mundo.

En cierta manera, estaba empezando a captar ideas aparentemente aleatorias que pululaban por los recovecos de mi mente, que es como nos llegan las ideas si permitimos que surjan sin miedos ni críticas. En mi caso, estaba tan relajado que me dormía de inmediato, así que, por definición, era yo sin filtros.

Menciono esta historia porque muchos lectores se identificarán con la experiencia de soñar despiertos antes de dormirse por la noche. No me refiero a estar obsesionados con una preocupación, sino a dejar vagar la imaginación, como si viajáramos sobre una alfombra mágica que pudiéramos dirigir a cualquier parte.

Esta experiencia o ejercicio mental va un paso más allá del ejercicio para aclarar la mente que describo en el capítulo anterior. El estado meditativo, carente de juicios, puede dar paso a dejar vagar la mente.

Y eso es bueno para la creatividad. Lo dice la ciencia.

Un estudio muy interesante publicado en 2017 demuestra que el simple acto de dejar vagar la mente puede hacer que surjan ideas. El estudio se hizo con 53 escritores profesionales y 45 médicos. Todos participaron en una encuesta por email que pretendía averiguar cuándo les llegaban las ideas más creativas. Cada noche, los participantes completaban el formulario en el que explicaban la idea más creativa que habían tenido ese día y respondían a algunas preguntas.

«¿En qué pensaba cuando se le ocurrió esa idea?», era la primera pregunta. Tenían las siguientes opciones: «Estaba pensando en algo que no tenía que ver con la idea o el problema» o bien «Estaba absorto en la idea general o en el problema».

Una segunda pregunta iba un poco más allá: «¿Qué estaba usted *haciendo* cuando tuvo la idea?» (las itálicas son para enfatizar). Las opciones eran: «Me dedicaba activamente al proyecto», o «me dedicaba a otro proyecto, problema o idea», o bien «hacía algo que no tenía nada que ver con el trabajo (pagar una factura, por ejemplo)».

El estudio pedía también a los participantes que evaluaran su grado de inspiración. ¿Había sido un momento *ajá*? Podían contestar sí o no. También debían evaluar la importancia de la idea en una escala de 1 a 7, desde «poco importante» hasta «tremendamente importante», y hay una escala similar para evaluar si la idea era poco o muy creativa.

Conclusión: un 20 por ciento de las ideas aparecían cuando los participantes dejaban vagar sus pensamientos y no estaban inmersos en el trabajo. Hay que señalar que ese dejar vagar la mente llevaba a un porcentaje significativo —26 por ciento— de ideas con una evaluación alta, ya que aportaban una solución creativa a un problema en el que el sujeto se había sentido «atascado».

«Estos resultados son la primera evidencia de que un porcentaje significativo de las ideas altamente creativas surgen cuando la persona en cuestión no está pensando en nada concreto, sino que está dejando vagar la mente».

El estudio concluye, además, que los participantes describieron la mayoría de las ideas que se les ocurrieron mientras dejaban vagar la mente como un *ajá*. Es decir, como revelaciones instantáneas.

Esto significa también que una parte importante de las ideas llegaron cuando los sujetos del estudio estaban inmersos en la tarea que tenían entre manos: alrededor del 80 por ciento de las ideas llegaron a través de ese esfuerzo dirigido. Uno de los autores del estudio es Jonathan Schooler, un destacado pensador sobre la relación entre la creatividad y el dejar vagar la mente. Todavía le sorprenden las conclusiones del estudio.

Los sujetos eran creativos «cuando no buscaban ideas activamente, sino que estaban en la ducha, trabajando en el jardín o pagando las facturas. Entonces eran tan creativos como cuando estaban trabajando, lo que resulta sorprendente», dice. «¿En qué tareas te ocurre que seas tan bueno cuando intentas hacerlo bien como cuando no lo intentas?»

Le pedí a Schooler que me diera un ejemplo concreto del fenómeno de dejar vagar la mente y la solución creativa.

—El ejemplo clásico es la sensación de tener algo en la punta de la lengua —dijo. Se refiere a cuando intentamos recordar el nombre de alguien, y, cuanto más lo intentamos, menos lo logramos—. Si dejas de esforzarte, te vendrá a la memoria.

Para los que prefieren un ejemplo del mundo de los grandes creadores, Schooler cuenta una anécdota sobre Salvador Dalí y Thomas Edison, quienes, según dice «descubrieron una técnica similar» para encontrar soluciones creativas. Era la siguiente: tomaban un objeto en la mano —en el caso de Dalí era una cuchara (¿qué otra cosa, si no?), y en el de Edison una bola de metal— y se dormían así. Cuando empezaban a cabecear, el objeto que tenían en la mano caía al suelo y los despertaba, y tanto uno como otro «encontraban la idea que buscaban».

Schooler lo califica de «estado hipnagógico», un espacio mental entre el sueño y la vigilia, y lo define también como «el espacio entre el consciente y el inconsciente».

Es aquí donde se produce la conexión al divagar de la mente, o soñar despierto, por llamarlo de otra manera. Despiertos y dormidos, conscientes y no conscientes.

Es interesante oír de boca de un genio contemporáneo cómo funciona esto en el mundo real.

Gerry Trudeau, premio Pulitzer y creador de la tira cómica *Doonesbury* (y otras cosas fantásticas), me habló de su creatividad y su mente divagadora, casi ausente. Lo mismo le ocurre a su esposa, Jane Pauley, famosa presentadora de televisión y escritora.

«Mi producción de ideas parece funcionar a pleno rendimiento en la ducha que me doy nada más levantarme. En una ocasión escribí toda una semana de tiras cómicas mientras me duchaba, de modo que siempre tengo un bloc de notas cerca. Se me ocurren estructuras dramáticas y retazos de diálogos sin ningún esfuerzo, pero no creo que eso sea raro. Muchos escritores con una rutina prefieren la mañana. Cuando Jane estaba trabajando en sus libros, corría nada más levantarse al ordenador "para ver qué saben mis dedos". En una ocasión empleó la analogía del cuento del zapatero que se pasaba el día recortando piezas de cuero y, cuando al día siguiente se levantaba, los duendes le habían completado el trabajo. Seguro que conoces el estudio sobre el sueño que explica los procesos del cerebro durante la noche. Al parecer, el cerebro no descansa, sino que trabaja en turno de noche recogiendo los retazos esparcidos de experiencias y, en el caso del humor, juntando informaciones en forma novedosa. El soporte del humor es la sorpresa: no hay nada más decepcionante que un chiste cuyo desenlace adivinas, y no hay nada más fantástico que el que te coge por sorpresa. Mi ejemplo favorito, de Sarah Silverman: "Mi mejor amigo es negro... en esta historia". En mi caso, mi cerebro se restaura por la noche, y después está preparado para detectar dónde hay algo irónico y prestárselo a un personaje».

Trudeau no desdeñaba el valor de la presión en la creatividad, y creo que debemos reconocer que la amenaza de la fecha de entrega puede tener efecto en algunas personas a la hora de concretar las ideas. Personalmente, no me gusta trabajar así, y encuentro que la segregación de adrenalina da como resultado unas ideas menos auténticas y más forzadas; en ocasiones funcionan, y es preciso que funcionen dada la presión que supone la fecha de entrega. Pero a menudo pienso que esas ideas forzadas por los plazos se parecen a los aprobados por los pelos. Se lo comenté a Trudeau.

> «Para mí, la adrenalina es un acelerador de la creatividad. Me obliga a concentrarme y a ordenar mis pensamientos. Cuando estaba haciendo una tira cómica diaria, sabía exactamente en qué punto debía estar en cada momento para entregar el trabajo a tiempo. Al principio era estresante (sobre todo porque también era un estudiante a tiempo completo), pero más tarde aprecié que hubiera un orden, porque me ayudaba a planificar el día. Tal como dices, la presión puede estar vinculada al control de calidad. Tienes que comprobar sobre la marcha que tus ideas son buenas. Es complicado, porque tiendo a crear las tiras

cómicas de forma desordenada. Si sabía la estructura narrativa, conectaba con las ideas a medida que me llegaban, lo que a menudo requería repensar la anterior. Si la primera que se me ocurría era la idea del jueves, la desarrollaba, porque nunca hay tiempo suficiente para descartar una buena ocurrencia. Ya me preocuparía más adelante de la tira precedente.

Construir el avión en pleno vuelo ha sido una táctica adecuada en el mundo de la televisión. La miniserie *Tanner '88* se escribió sobre la marcha. Llegué a enviarle páginas por fax al productor la noche antes de que rodaran la escena. Y los guiones de *Alpha House* se enviaban una semana o dos antes de la producción. La tira cómica me preparó para este trabajo bajo presión, y, al cabo de un tiempo, tanto los actores como el equipo técnico confiaban en que entregaría el guión a tiempo. Y yo, con razón o sin ella, confiaba en que mis ideas funcionaran. Hacía muy pocos cambios o reescrituras, porque no me parece que reescribir mejore las cosas. Es una forma de funcionar, el resultado de años haciendo tiras cómicas, cuando sabes que no puedes volver atrás para mejorar las cosas, que solo tienes una oportunidad. Mi amigo Roger Rosenblatt describió en una ocasión el trabajo basado en plazos cortos de entrega como una "exigencia de calidad constante". Para mí, esta calidad constante es más una aspiración que una realidad; por necesidad, intento que el trabajo sea por lo menos correcto».

Bueno, parece fácil, ¿no?

Por desgracia, no lo es.

Lo que nos enseña la divagación mental es que no nos gusta dejar que nuestro cerebro vagabundee sin barreras. Y la razón es el miedo. Es la misma razón que aparece una y otra vez en la historia de la creatividad y, de nuevo, cedemos la palabra a la ciencia.

En 2010, dos investigadores de la Universidad de Harvard quisieron saber qué sentía la gente con respecto a la divagación mental. Lo que hicieron con las personas que tomaban parte en el estudio fue interrumpirlas aleatoriamente varias veces al día enviándoles mensajes al móvil. Recibieron respuesta de 2.250 adultos.

Los mensajes planteaban una serie de preguntas como «¿Qué haces en este momento?», y a eso tenían que elegir entre una serie de hasta veintidós respuestas que correspondían a diversas actividades cotidianas: dar un paseo, trabajar, asearse/ponerse guapa/o, limpiar la casa, cuidar de los niños, hacer el amor. (Antes que nada, evitemos la broma de que para muchas personas, hacer el amor no es una actividad tan cotidiana como les gustaría. De todas formas, este no es un libro de autoayuda). Lo que podemos decir sobre hacer el amor es que es la actividad menos adecuada para dejar que la mente divague. Digamos que, en esos momentos, la gente está a lo que está.

No pasaba lo mismo con muchas de las demás actividades. Un hallazgo clave del estudio fue que, con excepción del sexo, la gente dejaba divagar la mente el 47 por ciento del tiempo durante las demás actividades.

«La frecuencia con la que se divaga en esta muestra del mundo real es muy superior a la observada en los experimentos de laboratorio», dice el estudio. «Curiosamente, la naturaleza de las actividades tenían poco impacto en el hecho de que se divagara o no».

La divagación mental es una actividad natural. Nos ayuda a conectar ideas y nos permite hacer lo que a veces llamamos *viajes en el tiempo*, porque reconstruimos hechos pasados e imaginamos otros futuros. Es una actividad muy humana que, por lo que sabemos, no se da en otras criaturas menos evolucionadas.

El estudio concluyó también que esa actividad, aunque es muy natural, nos hace infelices.

Y he aquí el porqué.

La primera pregunta de los investigadores de Harvard no versaba sobre la divagación mental, sino sobre el estado de ánimo. Era esta: «¿Cómo se siente ahora?» Los encuestados debían responder en una escala del 0 al 100, desde «muy mal» hasta «¡Genial!».

Después de preguntarles qué estaban haciendo y si estaban divagando, les preguntaban por el tema en el que estaban pensando. ¿Pensaban en temas «agradables», «neutros» o «desagradables»?

Los investigadores descubrieron que la mitad de las veces, la gente dejaba vagar la mente por temas agradables. Y sin embargo, los encuestados aseguraban no sentirse más ni menos felices que cuando no dejaban vagar la imaginación. En otras palabras, soñar despierto con algo agradable no nos hace necesariamente más felices.

La segunda mitad del tiempo (de promedio) los sujetos del estudio decían que dejaban vagar la mente por temas neutrales o desagradables. En los dos casos decían sentirse infelices.

«En conclusión», dice el estudio, «una mente humana es una mente que divaga, y una mente que divaga es una mente infeliz. La capacidad humana de pensar en lo que no ocurre es un logro cognitivo que tiene un coste».

En resumidas cuentas: la gente, cuando divaga, está también preocupada. Cuando dejan que su pensamiento vuele, están reflexionando.

Para reforzar esta idea, Schooler señaló una fascinante investigación de 2014, y en este caso podríamos cambiar el adjetivo *fascinante* por *dolorosa*. El estudio pretendía determinar hasta qué punto estamos cómodos a solas con nuestros pensamientos. La respuesta: no estamos cómodos. De hecho, estamos tan incómodos que preferiríamos una descarga eléctrica antes que sentarnos quince minutos en un cuarto sin hacer nada. Varios participantes en el estudio probaron quedarse a solas en una habitación, con un botón que podían apretar para recibir una descarga eléctrica. Esta curiosa prueba se hizo después de que en una serie de cuestionarios sobre este tema, la gente dijera que prefería pagar dinero a recibir una descarga. Sin embargo, un 67 por ciento de los hombres y un 25 por ciento de las mujeres se dieron una descarga antes que sentarse en silencio durante quince minutos.

Pero hay formas menos dolorosas de dejar vagar la imaginación. Nos distraemos. Vemos series o enviamos y recibimos mensajes en nuestros móviles y ordenadores, creando así un estímulo constante, de modo que nuestra atención quede un poco por encima del punto donde se produce la autoconciencia y el descubrimiento, de donde tomamos la energía para la creatividad.

¿Qué implica eso?

Las personas creativas aprenden a dejar vagar la imaginación sin ponerle cortapisas. Dejan que las ideas acudan a su mente, y en ocasiones, lo que llega desde los rincones más ocultos puede ser una semilla o una solución creativa. Tienen que poder divagar sin temor a si las ideas serán buenas o malas. El temor no es bueno para la creatividad.

Esta es la idea que quiero subrayar, pero tiene una fisura que describiré en el último capítulo de esta sección. El capítulo, por cierto, se titula: Miedo.

En ocasiones es un gran acelerador de la creatividad, un amplificador de la inventiva como ningún otro.

Miedo

Hasta aquí he intentado explicar que los creadores nacen cuando se libran de los temores para confiar en las ideas y emociones que les llegan.

Sin embargo, en algunas ocasiones el miedo es el mejor amigo del creador.

En algunas ocasiones, hay un león.

Reconoceremos, por ejemplo, que la viruela es una detestable y mortífera creación de la naturaleza. Y fue también la fuerza que impulsó una respuesta más creativa todavía.

La viruela causó un millón de víctimas solamente en el siglo XX, y muchos más millones en siglos anteriores. Acechaba en cada interacción humana, en cada tos o estornudo, en las conversaciones, de modo que la gente vivía sumida en el terror.

Durante siglos, las ideas para acabar con esa enfermedad contagiosa brotaron como setas: en el siglo XVIII, un médico intentó detenerla dando a la gente «diez botellines de cerveza cada diez minutos» como tratamiento, según recogen las crónicas. Otra idea menos original consistía en mantener las ventanas abiertas para impedir el contagio. La mejor idea, llamada *variolización* era un sistema de profilaxis consistente en exponer a una persona sana a un poco de la enfermedad a través del polvo de las costras de viruela, para que así pudiera fabricar defensas.

Ese sistema no siempre funcionaba, y con razón. Como ahora sabemos, la vacunación consiste en exponer a una persona a una versión debilitada de la enfermedad. Así puede desarrollar defensas sin enfermar.

Esto lo sabemos gracias a la Creación (con C mayúscula) del Dr. Edward Jenner, quien observó que las vaqueras que habían estado expuestas a la viruela del ganado no contraían la enfermedad. Resulta que el virus del ganado es lo bastante parecido al de la viruela humana —y lo bastante diferente— como para que se pueda inocular a las personas. Había nacido la primera vacuna. Inspirada por el miedo.

Pero tan importante como la inspiración era la persona que la tenía, y que poseía unas cualidades esenciales para la creatividad.

El Dr. Jenner tenía una inmensa curiosidad. Construía globos de hidrógeno, escribía poemas, componía música, tocaba el violín en locales, llevó a cabo estudios muy novedosos sobre el cucú (el pájaro) y colaboró en la clasificación de animales llegados en uno de los viajes del capitán Cook (información que hay que agradecer al Dr. Stefan Riedel, un patólogo de Boston, autor de una biografía del Dr. Jensen en una publicación médica).

El Dr. Jenner se quedó además huérfano a los cinco años. La investigación demuestra que este tipo de trauma de infancia —lo explico más adelante— puede llevar a las personas a pensar y a ver el mundo de forma diferente a la de otras personas de su edad.

Volviendo a la viruela, el caso es que el Dr. Jenner tenía miedo a que la gente muriera, pero no tenía miedo de probar cosas. Observó, prestó atención a sus ideas, y finalmente se le ocurrió algo novedoso y sorprendente. Un medicamento a partir de una vaca.

En 2020, cuando llegó la pandemia, se había multiplicado el número de vacunas fabricadas sobre el trabajo de gigantes como Jenner. La humanidad podía ya combatir la varicela, la difteria, el sarampión, las paperas, la gripe y la polio, entre otras enfermedades. Gracias a Jenner y al miedo a la muerte, se sentaron las bases para que se diera una explosión creativa tras la aparición de la COVID-19, y los laboratorios del mundo entero consiguieron crear vacunas en un tiempo récord.

El miedo a fuerzas realmente peligrosas no inhibe la creatividad. El problema es otro tipo de miedo: el de expresar las ideas, en especial las que nos han venido de forma natural. Esa es la distinción más importante: la que existe entre el miedo y la duda.

La duda puede matar la creatividad, o por lo menos dificultarla. En cambio, el miedo puede servir de acicate a la creatividad: el miedo a no tener suficiente, a perder oportunidades, a un ataque posible o inminente, a que a tus hijos les pase algo. Son miedos auténticos. Son muy diferentes al miedo a expresar lo que somos, a pensar por nosotros mismos, al silencio que nos lleva a pensar.

«El miedo puede ser una motivación inicial, pero cuando creas no puedes estar totalmente sumergido en ese estado». Es una frase del respetado investigador sobre creatividad, Gregory Feist, que resume con brillantez el papel del miedo en el proceso creativo.

Por esta razón tengo algunas objeciones hacia el famoso dicho de que «la necesidad es la madre de la invención». Porque parecería que la principal fuerza inspiradora de la creatividad y la innovación es la necesidad, o incluso la desesperación. De hecho, muchas personas que se encuentran en situaciones extremas, desesperadas, no imaginan ninguna salida. Las que encuentran una solución creativa son las que pueden oír sus ideas y son capaces de ponerlas en práctica. El miedo tiene un papel, por supuesto, pero es más un amplificador o un acelerador del impulso creativo. Es la razón o la excusa para crear.

Podría decirse que es la mejor razón de todas para que un auténtico creador se ponga en marcha. El miedo nos acerca de hecho a nuestros antepasados genéticos, los animales y hasta los organismos celulares con los que compartíamos el planeta. No quiero decir que las células puedan sentir miedo (así que, por favor, no enviéis mensajes furibundos, como me temo que haréis). Lo que digo es que el miedo a la extinción —el más básico— impulsa al cambio a las personas con capacidad para crear.

Los creadores toman este miedo como un ingrediente más del estante de las especias, uno de entre los muchos que tienen. Utilizan el miedo como una emoción, un estado subyacente que hay que reconocer y cultivar, del que se pueden extraer frutos.

Una de las mejores historias que he oído acerca de la utilización del miedo para crear es la de un ingeniero de General Electric llamado Doug Dietz.

Dietz tenía el encargo de diseñar una máquina para la Imagen por Resonancia Magnética (IRM) que fuera fácil de usar con los niños. La máquina IRM es un tubo gigante, donde una persona tiene que tumbarse y quedarse encerrada mientras las ondas electromagnéticas recorren su cuerpo para permitir al médico *ver* lo que hay dentro. Es un invento fantástico para descubrir y diagnosticar hernias, desgarros, tumores y otros problemas. Sin embargo, la persona que está dentro del tubo puede sentir claustrofobia hasta el punto de angustiarse y ponerse nerviosa. Otro aspecto del IRM que da miedo a los niños: los ruidos de golpes y estallidos que produce la máquina.

Cuando Dietz, el ingeniero, describió cuál era su misión, rompió a llorar.

—Siempre me he acordado del niño asustado que tenía cáncer o algún otro problema grave —dijo en una entrevista grabada en vídeo—. Es una experiencia muy dura para un niño y para su familia.

Para solucionarlo, Dietz no podía cambiar el funcionamiento de la máquina IRM, que solamente funciona en ese espacio cerrado y estrecho. De modo que se puso a pensar sobre lo que podía cambiar: la percepción de la máquina. El miedo.

Decidió pensar en cómo lograr que la experiencia en la máquina IRM fuera divertida.

Divertida.

¡Divertida!

Dietz lo logró, y sin hacer ningún cambio en la máquina, que sigue siendo un tubo monolítico. Pero ahora parece muy diferente, porque Dietz cambió la historia y les dio a los niños una sensación de control. Ahora, cuando tienen que hacerse una resonancia magnética, pueden elegir qué tipo de experiencia quieren. ¿Les gustaría ser un pirata, una princesa, el capitán de un submarino? Pueden ponerse un disfraz que parece diseñado por Walt Disney. ¿Oirán sonidos metálicos y zumbidos? Claro que sí. Los piratas se enfrentan a pruebas que requieren mucho valor.

—No necesitaban una nueva máquina —me comentó un experto en creatividad—. Solo una nueva historia.

Los emprendedores con espíritu innovador tienen una relación fascinante con el miedo, porque suelen ser optimistas por naturaleza. Pero pueden entender el miedo y sacarle rendimiento.

Algunos estudiosos distinguen claramente dos maneras de abordar el miedo: la de los emprendedores y científicos y la de los artistas.

En general, los artistas interiorizan las emociones y luchan por encontrarles un sentido a través de su trabajo, afirma el estudioso que mencioné antes, Gregory Feist. En cambio, explica, los científicos y los emprendedores pueden sentir el aguijón del miedo pero se muestran menos emocionales.

—Lidian con problemas externos —dice.

Lo que los dos grupos tienen en común es «una extraordinaria e irracional confianza en su punto de vista». Son capaces de seguir adelante incluso aunque les digan «eres idiota, esto es una estupidez, una tontería», explica. Los que dudan suelen tener razón, por otra parte, y muchas de las ideas creativas no funcionan.

—Es lo que distingue a las personas creativas —dijo Gregory Feist—. Los fracasos no las desaniman.

Un ejemplo interesante del poder del miedo para motivar a una persona sin por ello superarla es el de un emprendedor llamado Michael Monsky. Es uno de los muchos creadores que no es famoso, pero cuyos inventos afectan a millones de personas.

Hace unos años, a Monsky le preocupó uno de los objetos más sucios que se pueden tener entre las manos: el control remoto de una habitación de hotel. Y decidió hacer algo al respecto.

Monsky creció en Nueva Jersey. Su padre era un asiduo lector de noticias que compraba cada día el *New York Times*. De niño, Monsky leía el diario, y se acostumbró a seguir las noticias. Le encantaba la electrónica, y acabó trabajando en una empresa que reparaba controles remotos. No era un trabajo especialmente creativo, pero era un negocio respetable y un buen trabajo, porque hay millones de televisores con control remoto, y si el aparato se estropeaba había que repararlo o comprar uno nuevo.

—Ya no recuerdo cuánto tiempo llevo en esto de los controles remotos —explica Monsky—. Desde antes de internet.

Entonces llegó internet. Un amigo le diseñó a Monsky una página web.

—El primer sitio web que vi fue el mío. Era un folleto online de una página que informaba de los controles remotos originales que teníamos y de un teléfono donde llamar. Nada más. Y ya lo creo que llamaron —recuerda Monsky.

En cuanto se puso al timón del barco, empezó a entender hacia dónde tenía que dirigirlo. Sacaba ideas de las noticias. Nada más empezar el nuevo siglo leyó una noticia que le fascinó, y a partir de ahí empezó a encontrar noticias sobre un nuevo tipo de bacteria. Las bacterias del mundo entero habían empezado a desarrollar resistencia a los antibióticos. Podría decirse que, en un esfuerzo por sobrevivir, las bacterias se habían vuelto creativas.

—Estaba leyendo esas noticias que decían que era la cuarta causa de muerte —más que los accidentes y el cáncer de mama— y me dije: ¿qué hacen en Sanidad? Yo sabía lo difícil que era limpiar a fondo un control remoto —dijo. Como por ejemplo en los hospitales, en las consultas o en los hoteles—. Me puse a pensar.

—Pero lo que me dio la idea fue que mi hijo manchó todo el control remoto de mantequilla de cacahuete y era imposible limpiarla.

Ocurrió en 2005. La familia se había trasladado a Tampa, en Florida. Monsky vio que su hijo dejaba el control remoto pegajoso de mantequilla y pensó en la bacteria resistente. La idea le llegó como un fogonazo.

—¡En aquel momento, las dos ideas se unieron!

¡La mantequilla de cacahuete y la bacteria resistente a los antibióticos! Empezó por desarrollar lo que denominó un Control Remoto Limpio. Le llevó casi dos años. «No entiendo que me llevara tanto tiempo acabar el prototipo», dijo, y en 2007 sacó un control remoto con una especie de capa externa de un material plástico, fácil de limpiar, que cubría también los mandos. Así sería fácil limpiarlo de mantequilla de cacahuete o de cualquier porquería, así como de las bacterias resistentes a los antibióticos que hubiera dejado el último usuario.

Casualmente, Monsky tenía un contacto en la compañía Clorox, que ha ganado miles de millones de dólares con inventos que ayudan a mantener nuestro entorno libre de las peligrosas bacterias que nos asustan. Monsky mantuvo una acalorada reunión de una hora con el gerente de la compañía en la central de Oakland, California.

—Una semana más tarde, ya estábamos allí —dice Monsky—. Les encantó la idea.

El invento de Monsky había obtenido el beneplácito de una de las empresas más importantes del mundo. Es como si un músico llegara a un acuerdo con la mayor empresa discográfica, como si un guionista consiguiera un contrato de dos temporadas con Netflix, como si General Motors o BMW le pidiera a un programador informático el programa para el coche autodirigido. Con el apoyo de Clorox, una empresa de prestigio que aseguraba buenas ventas, Monsky podría presentarse en cualquier gran compañía.

—Pero el gerente tuvo un ataque cardiaco grave —dice Monsky— y se marchó de la empresa.

El gerente que le sustituyó no vio el interés de asociarse con el Control Remoto Limpio. Monsky seguía siendo creativo, pero de repente el mundo no iba a reconocérselo. La empresa no logró vender un número suficiente de Controles Remotos Limpios a hospitales. El cambio da miedo, y resulta caro. Los hoteles se resistían a cambiar sus aparatos de control remoto. La empresa no funcionó. Incluso los empleados le pedían que desistiera cuando quedó claro que no había suficiente mercado para unos controles remotos cubiertos con una membrana impermeable y fácil de limpiar.

—¿Por qué nos haces perder en esto nuestro tiempo y nuestro dinero? —le preguntaban.

Impertérrito, al modo de los auténticos creadores, Monsky siguió insistiendo por su cuenta. Descubrió que en el control remoto no se encontraban solamente bacterias resistentes a los medicamentos y comida. «El control remoto es lo peor en una habitación de hotel; más de una cuarta parte están manchados de semen», dijo Charles Gerba, un virólogo ambiental de la Universidad de Arizona, cuya trayectoria creativa lo había llevado a investigar los gérmenes en los hoteles para averiguar cómo llegan y cómo pasan de una habitación a otra.

Cada vez que presentaba su argumentario de ventas, Monsky utilizaba el tema del semen —eso le parecía repugnante a todo el mundo, incluso a las sufridas enfermeras de hospital— y hablaba de los estafilococos, de las infecciones resistentes a la penicilina y de otros gérmenes.

—Cada cierto tiempo le decía a mi equipo: «Es posible que estemos salvando vidas» —explica Monsky—. Me pareció que hacíamos algo valioso, y que ya nos llegaría el momento.

Y suerte que estaba preparado, como explico más tarde, porque Monsky estaba a punto de verse inundado de peticiones. Tuvo el instinto creativo de perseverar, y en la pandemia recogió su recompensa cuando le llegaron multitudes de pedidos de algunas de las principales cadenas de hoteles y sistemas de salud de todo el mundo.

Mientras escribía este libro descubrí otro ejemplo de cómo el miedo impulsó a otro emprendedor de hoy en día. La historia ocurre en Silicon Valley, donde los emprendedores se han hecho ricos descubriendo las necesidades emocionales de las personas y creando la tecnología que necesitan. A veces, los creadores dan en el clavo. Es lo que ocurrió con Michael Lee, que se pegó un atracón de creatividad tras sufrir un miedo muy común: no quería parecer grueso en su esmoquin el día de su boda.

La historia arranca en 2003, unos meses antes de contraer matrimonio con su actual pareja, Amy. Michael es un tipo grande, de 1,90 metros, y entonces pesaba algo más de 100 kilos. Decidió que era demasiado, de modo que él y su actual mujer se apuntaron en un gimnasio del centro de San Francisco.

Un entrenador les entregó un folleto que listaba las calorías de tres mil comidas diferentes. La pareja tenía que anotar sus comidas y sumar las calorías.

—Soy un hombre tecnológico. Ni loco iba a hacer esas sumas sobre el papel. No creo que esa lista saliera del *gym*.

Fue directa a la papelera.

Bastan unos cuantos trazos de la biografía de Lee para que entendamos que es la de un creador. Nació en Providence, Rhode Island, en 1970, en el seno de una familia de inmigrantes coreanos. Su padre estaba haciendo un doctorado en metalurgia en la Universidad Brown y más tarde trabajó en General Electric, en Schenectady, al norte del estado de Nueva York. Tanto la compañía como el emplazamiento son ricos en energía creativa.

—Por casualidad, me crié en un lugar donde abundaban los doctores y los premios Nobel —recuerda Lee—. Pensaba que tener un doctorado era lo normal.

La familia se relacionaba con personas de todas partes del mundo, y en su colegio había alumnos que venían de sitios con nombres exóticos, como Lituania. Además, tenían fácil acceso a los ordenadores, que habían sido donados por General Electric. Lee aprendió a programar los ordenadores, aprendió a ser curioso gracias a los compañeros que tenía, y sus padres le permitieron dedicarse a lo que le gustaba.

En 2004, Lee se había trasladado a San Francisco y estaba casado (estaba más delgado que nunca). Trabajaba en una empresa de telefonía, pero seguía aspirando a desarrollar sus propias ideas. Tal como me lo contaba, no parecía que en aquel momento comprendiera que ya había empezado a trabajar en su contador de calorías. La idea le parecía un hobby, pero le fascinaba y seguía teniendo ideas. Vio, por ejemplo, que muchos contadores de calorías requerían que los usuarios buscaran el día para comprobar las calorías, aunque normalmente comieran siempre lo mismo. Y tenía una auténtica emoción asociada a la experiencia: Soy demasiado perezoso para eso.

—No soy la única persona perezosa —dice riendo—. La gente come lo mismo una y otra vez. Toman cada mañana el mismo desayuno exactamente. Tendría que ser muy fácil registrarlo.

Lee pensaba mucho en lo que la gente hacía, no en lo que debería hacer.

—Perder peso es difícil. Muy difícil. Tienes que cambiar hábitos, leer mucha información. Lo último que necesitas es que las herramientas que te ayudan sean difíciles también.

En 2005, Lee lanzó una página web que se llamaba MyFitnessPal, y que hacía todo lo que necesario para que las cosas fueran lo más fáciles posible. Le dijo a Amy, que ahora era quien llevaba un salario a casa, que la web se convertiría en un «negocio de estilo de vida», y que él podría cuidar de los niños mientras mantenía la web y respondía a algunos emails. Pero tenía cada vez más trabajo. Cada nuevo problema se convertía en una nueva idea para aprender y poner en marcha. El miedo a parecer gordo en su boda —y el reconocimiento de que tanto él como otros eran demasiado perezosos para contar calorías— habían quedado atrás, como los cohetes aceleradores de un cohete espacial que se ha puesto en órbita.

—Amy siempre me hace broma con esto: «Nunca has trabajado tanto en toda tu vida. ¿Qué ha pasado con el negocio del estilo de vida?».

El negocio empezó a prosperar, y algunas cinturas empezaron a estrecharse. Lee empezó a recibir notas. *He perdido 13 kilos. Para que lo sepas.*

Lee no estaba seguro de tener un negocio, en realidad. Lo trataba como si fuera un hobby. Y sabía lo difícil que es que un negocio tenga éxito. Hay una cosa que podemos decir de un nuevo negocio: si el éxito consiste en hacerte millonario, es probable que fracases. Lo mismo ocurre con los libros que se escriben. La mayoría no tienen demasiados lectores, o ni siquiera se venden. Y lo mismo ocurre con todos los científicos cuyo arduo trabajo de investigación no recibe un premio Nobel o ni siquiera llega a citarse como algo que ha cambiado el mundo.

El Instituto de Estadísticas del Trabajo (Bureau of Labor Statistics) mide la supervivencia de las empresas, y en 2005, el año en que Lee publicó su página web, fue un año normal: de las 679.000 empresas que nacieron en 2005, el 20 por ciento se fueron a pique en cuestión de un año, y la mitad en cinco. Fueron creadas por personas creativas, valientes, liberadas. En términos de cifras, fracasaron.

Lee finalmente se lanzó y creó su empresa en colaboración con su hermano Albert, experto en redes. Tras el nacimiento del iPhone, «nuestros clientes nos pedían una app». De modo que crearon una. Y la empresa empezó a crecer.

A principios del 2013, *Consumer Reports* describió la app como «un innovador plan de dieta que puedes hacer tú mismo». Para entonces, cuarenta millones de personas había usado la app desde que Lee se embarcara en lo que imaginó que sería un hobby. Aquel mismo año, el hermano de Lee vendió parte del negocio a dos de los más destacados grupos de capital de riesgo, Kleiner Perkins y Accel Partners. En 2013, esos inversores pusieron 18 millones de dólares en la compañía. Aparte, Lee y su hermano obtuvieron un beneficio de 20 millones de dólares.

—Mi hermano Al y yo nos los repartimos —explica Lee—. Recuerdo el momento en que ingresamos el dinero en nuestra cuenta bancaria. Fui al cajero automático y miré el recibo. Pensé: menuda locura.

Una locura en aumento.

El 4 de febrero de 2015, la marca de ropa de deporte Under Armour anunció que compraba MyFitnessPal, que describió como «la comunidad digital de bienestar y forma física más importante del mundo». Para entonces tenía registrados 80 millones de usuarios y el potencial para contar las calorías de cinco millones de alimentos y combinaciones de alimentos.

Precio de compra: 475 millones de dólares.

He llegado a conocer bien a Lee, y puedo aseguraros que nunca se imaginó un éxito así cuando empezó su negocio. Supongo que no quería parecer gordo el día de su boda, pero tampoco quería trabajar demasiado para adelgazar.

El temor lo catapultó, pero se convirtió pronto en inspiración.

El miedo también ha inspirado gran parte del arte, aunque en este caso el proceso y la creación suelen estar mucho más cercanos al propio miedo. Porque el artista tiene que interiorizar más las emociones para luchar con ellas.

Miedo es el título del primer capítulo de uno de los mejores estudios sobre la raza que se han publicado en Estados Unidos. El libro, publicado en 1940, se titula *Native Son: The Biography of a Young American* (*Hijo nativo: la biografía de un joven norteamericano*). Narra la historia de Bigger Thomas, un afroamericano de veinte años en el barrio sur de Chicago, y es una historia marcada por el miedo a ser negro. Su miedo le encierra entre estrechas paredes, con la necesidad de tener que actuar de una forma determinada para sobrevivir —«sí, señor», «sí señora», responde a los blancos, con la mirada baja—, pero por más humilde y educado que se muestre, no puede ayudar a su familia a salir del apartamento de un dormitorio, infestado de ratas. No puede permitirse odiar a los blancos, porque no le sirve de nada, de modo que se vuelve contra su familia y sus amigos, y en una ocasión le pone un cuchillo en el cuello a su amigo Gus. Un día mata por accidente a una mujer blanca. Se dice a sí mismo que no ha sido un accidente, porque se da cuenta de que ha encontrado la libertad. Se convierte en un hombre nuevo, y ya no se siente ciego como las personas negras a su alrededor. Ahora puede ver la verdad. Es libre para hacer lo que quiera. Para ver el mundo a su antojo, porque resulta invisible para los blancos. Irwin Howe, un crítico literario y socialista, dijo de este libro: «El día en que se publicó *Native Son,* la cultura estadounidense cambió para siempre».

Sin embargo, su novela no empezó con la idea de cambiar el mundo. Empezó con una verdad personal, una experiencia tan profunda que la trama «surgió por sí sola, por así decirlo», escribió Wright. «Había estado muchos años pensando en Bigger, en lo que le hacía ser como era, en lo que significaba».

Curiosamente, el primer libro de Wright no estaba tan centrado en las consecuencias. Se titulaba *Uncle Tom's Children,* y era una recopilación de cuentos cortos, algunos con tintes idealistas. Uno de los relatos acababa con negros y blancos manifestándose juntos contra el racismo.

Los cuentos mostraban un gran talento literario, pero no se vendieron bien.

En *Native Son*, Wright quiso mostrar la verdad desnuda.

Native Son no era una novela bonita, como suele decirse, pero vendió en poco tiempo 250.000 ejemplares.

Esta historia, por una parte, describe a la perfección lo que supone ser un hombre negro en Estados Unidos. Sin embargo, hay una conclusión que va más allá de la raza y que yo encuentro fascinante en cuanto a creatividad. Lo que Bigger siente —un miedo abyecto por ser invisible y estar a merced de los acontecimientos— afecta a muchas personas, más allá de su grupo. «Había literalmente millones de personas como él, en todas partes», escribe Wright.

Esta es la razón por la que, en mi opinión, el libro llega al corazón de mucha gente. Los sentimientos de Bigger vibran en nuestros huesos, al igual que lo haría una buena canción, una confesión o el testimonio de una pena muy grande. Aunque tiene sus fallos (algunos críticos lo encuentran poco literario, y otros señalan su franca hostilidad hacia las mujeres), su lectura nos permite ver la cruda emoción asomando bajo la trama de la novela, como si se tratara de una nueva forma de vida.

Rhiannon Giddens había hecho alguna investigación sobre injusticia racial antes de 2020. Su motivación era el terror que había sentido en algunos momentos.

En 2017, Giddens estaba sentada en un Honda Civic, de camino hacia Nueva Orleans con una amiga. Querían ir a un baile *zydeco,* la danza típica de Louisiana. Estaba charlando con su amiga, con los pies apoyados en el salpicadero, cuando tuvo un acceso de miedo. Temía por su sobrino Justin. Temía que lo mataran.

Justin Harrington, el hijo de su hermana Lalenja, vivía en Greensboro, Carolina del Norte. Tenía veinte años y un alma de artista, con la ambición de convertirse en actor, componer e interpretar música y muy adelantado a su edad en cuestión de introspección y autoafirmación. De adolescente había sido muy normal, un adolescente afroamericano normal. De modo que tuvo algunos problemillas, como cuando a los quince años estaba caminando por la calle con unos amigos y unos policías empezaron a seguirlos.

«Spencer, mi amigo blanco, me dijo que siguiera andando», me contó. Pero uno de los amigos se asustó y salió corriendo. Los policías los detuvieron.

—¿Habéis bebido? ¿Dónde están las drogas? —preguntó uno de los policías.

No habían bebido. No llevaban drogas encima. Su plan para esa noche era caminar unos kilómetros hasta McDonald's para comprarse un *Happy Meal* con un juguete de regalo. Los policías los dejaron ir.

Aquella cálida noche en Nueva Orleans, improvisando con su amiga, con la mente libre para pensar lo que quisiera, a Rhiannon le vino a la mente una canción sobre los riesgos de ser un hombre joven con la piel negra.

Mejor que aciertes a la primera.

Esta fue la frase que le vino a la mente, y alrededor de esta frase compondría la canción del mismo título. Cuando el color de tu piel ya pone a la gente en tu contra, no tienes margen de error. *Mejor que aciertes a la primera.*

Dos años atrás, después de su primer álbum en solitario, *Tomorrow is my Turn*. El propio crítico de la NPR dijo de este álbum que «reinterpreta varios estilos: el country, el soul, el gospel y el blues tradicional. Recoge muchas influencias, pero, ante la pena insoportable, ha hecho lo mismo que tantos viajeros obligados a dejar el terreno que conocen: ir a lo universal».

Rhiannon tiene la elegancia de una auténtica estrella. Lo demostró en la serie televisiva *Nashville*, le llegaron mejores contratos, le hicieron fotos con otras estrellas. Pero había algo que no le acababa de gustar. Los aplausos podían resultar una carga, una distracción. Lo que le interesaba cada vez más eran las historias de sus ancestros. La canción *Julie*, acerca de una esclava, «llevaba un tiempo pensándola», y luego estaba *Better Get It Right The First Time.* No eran las canciones que podían hacerla famosa. Pero fueron esas las que creó.

Normalmente, cuando Giddens escribe una canción, la letra le llega rápidamente. Los ritmos son tradicionales, como pregunta y respuesta, verso-verso, coro. No suele revisar demasiado el primer acceso de creatividad.

—A veces tengo una idea y no se me va de la cabeza. En ocasiones hasta la miro con asombro. Es algo mágico —dice.

No quiere decir que la idea sea buena o mala, sino que es algo que le ha llegado de un lugar recóndito de su mente.

Es lo que le ocurrió cuando escribió *Better Get It Right the First Time.*

Era joven, era un buen hombre
Nunca faltaba a la escuela
Era joven, era un buen hombre
Nunca hacía el tonto
Era joven, era un buen hombre
Nunca daba problemas

Era joven, era un buen hombre
Siempre cuidó de su madre
Era joven, era un buen hombre
Salía con sus amigos
Era joven, era un buen hombre

Tomó una mala decisión, casi sin querer
Solo lo hizo dos veces
Era joven, era un buen hombre
Pero ahora pagará un precio
Mejor que aciertes a la primera
Mejor que aciertes a la primera

Mejor que aciertes a la primera
Mejor que aciertes a la primera

La letra no hace justicia a la canción, que tiene una fuerza tremenda gracias a los arreglos de Giddens, a su voz, que posee una gran capacidad de transmitir a un tiempo empatía, esperanza, dolor y desafío. Su voz, como el destino manifiesto, indaga en los límites de la aventura emocional y nos arrastra más allá de la zona de confort. Cuando escucho sus canciones me pregunto por la extraordinaria combinación de fuerzas que ha sido capaz de crear un sonido tan puro y hermoso.

El álbum en el que aparecía esta canción, *Freedom Highway*, fue elegido como álbum del año por la American Music Honors & Awards. Un crítico escribió: «Giddens ha despuntado como una voz única dentro de la música tradicional».

¿Parece maravilloso, no? Pero este tipo de reconocimiento es distinto de los temas y letras pop que llevan a ganar un Country Music Award.

Giddens se estaba apartando de la validación externa. Se estaba escuchando a sí misma. ¿Qué le ocurría?

La respuesta la tenemos si entendemos de dónde le llega la inspiración y cuál es su propósito. ¿De dónde nos viene ese poder casi divino para crear?

¿Cuál es el origen de la musa?

La mitología griega nos habla de las Musas, hermanas nacidas en el Monte Olimpo que inspiran las creaciones a los seres humanos. Los antiguos poetas no se ponen de acuerdo acerca del número de Musas, pero bueno, a lo mejor es que los antiguos poetas tenían musas diferentes cuando crearon su mitología. (No juzgaremos).

En la mitología había diferentes Musas para los diferentes tipos de creación: arte, teatro, astronomía y otras.

Pero este no es el auténtico origen de las musas.

De hecho, nuestra creatividad proviene de la biología primitiva.

Esto nos lleva al Libro II de la creación: Las leyes de la naturaleza.

Tiene el mismo origen que SARS-CoV-2, el virus que provocó tanto la pandemia como el poder para superar el reto. Y todo proviene de la naturaleza.

LIBRO II

LAS LEYES DE LA NATURALEZA

Donde un biólogo evolutivo, un médico, un teólogo, un virólogo (y estrella del rock) nos muestran los Principios Profundos que propulsan el surgimiento del Creador.

Lo que se ve desde un microbio

Si la idea de la creatividad te hace sentir insignificante, deberías ver lo que ha montado Andreas Wagner para observar cómo crean los microbios. Es evolución en tiempo real y puede decirnos mucho sobre los secretos de la creatividad.

En su laboratorio en la Universidad de Zúrich se oye el constante zumbido de incubadoras y máquinas de presoterapia que amplifican el ADN, refrigeradores a -62 grados centígrados y máquinas productoras de hielo (no me preguntéis por qué; el frío evita que las células se dividan demasiado rápidamente cuando trasteas con el ADN). Es un procedimiento normal en el fascinante mundo de la microbiología.

La verdadera actividad, sin embargo, es la que tiene lugar en los matraces.

—Aquí llevamos a cabo los experimentos evolutivos —explica Wagner—. Es un proceso eminentemente creativo.

Los investigadores llenan los matraces con células bacterianas. Añaden azúcares simples que a las bacterias les gusta comer. Y allá van, venga a comer, a crecer y a reproducirse.

Luego llega la maldición divina.

Los investigadores añaden antibióticos a los matraces. Y claro, los antibióticos matan a las bacterias, sobre todo a las que están en los matraces. ¡La muerte que cae del cielo!

¿Podrán las bacterias crear algo para salvarse?

La mayor parte, no. Casi todas mueren rápidamente. Otras logran reproducirse antes de morir, en parte porque las bacterias se reproducen muy rápidamente, cada veinte minutos o así. Casi todas las nuevas bacterias mueren también.

Pero en algunos casos tiene lugar un error en la multiplicación de las bacterias. Algunos genes se copian incorrectamente de una generación a otra. Es lo que se llama mutación. Es accidental, y muchas veces acaba mal. El modelo genético mutado puede matar a la bacteria si, por ejemplo, un gen que controla una función importante para la supervivencia sufre una mutación que le incapacita para funcionar correctamente.

De vez en cuando, una mutación concede a la célula unos extraordinarios poderes de supervivencia, como la capacidad de resistir a los antibióticos.

Wagner y otros han descubierto dos tipos diferentes de mutaciones que llevarían a ese resultado.

Una, la más habitual, es un mecanismo en el interior de las células bacterianas. Recibe el nombre de «bomba de expulsión activa» y sirve para expulsar materiales. Algunas mutaciones en ese mecanismo pueden provocarle «hiperactividad», explica Andreas. Así es como la bacteria puede sobrevivir.

—En cuanto entra algo de antibiótico, la bomba de expulsión activa lo expulsa —dice.

¡Y el microbio sobrevive!

Otra posibilidad bastante habitual es una mutación en los genes que controlan las sustancias llamadas enzimas que producen las bacterias. El trabajo de las enzimas consiste en cortar o hendir otras moléculas. El propósito es, como si dijéramos, aprovechar la energía de las moléculas.

Sin embargo, unas mutaciones al azar pueden hacer que los genes que codifican las enzimas dividan la penicilina. No era su misión en un principio, pero esos genes con mutaciones que dividen la penicilina, y por tanto la matan, se convierten en supervivientes.

—La evolución ha descubierto mecanismos para neutralizar antibióticos —dice Wagner—. Es una forma de creatividad.

Wagner ha dedicado su carrera a probar que la creatividad se puede encontrar al nivel molecular más básico y que lo que aquí ocurre es la hoja de ruta de la creatividad en general.

Cita una definición de «un producto creativo» como «una solución original y efectiva para un problema».

Lo ve a diario en su laboratorio.

—Hay que ver la historia del planeta como una historia de resolución de problemas. Las nuevas capacidades que adquiere un organismo mediante la evolución —volar, ver con los ojos, la fotosíntesis— no son más que soluciones creativas a un problema. Podemos ver cada especie como el punto de llegada de una serie de creaciones o innovaciones.

La vida es un juego de supervivencia. Los supervivientes deben mantener un delicado equilibrio entre permanecer lo bastante estables como para soportar las condiciones existentes y lo bastante flexibles como para afrontar los nuevos retos, o incluso adelantarse a ellos.

Es el mismo equilibrio que requiere la creatividad humana. Un paralelismo que espero demostrar al lector en esta segunda parte del libro, que habla de la creatividad a través de la mirada de grandes pensadores que normalmente no se dedican a investigar sobre el tema. Son pensadores de campos como la biología, la física, las matemáticas y la teología. Entre estos pensadores hay algunos destacados, como uno de los más reputados biólogos evolucionistas, Richard Dawkins.

Dawkins es autor de un libro titulado *El gen egoísta*, un creativo alegato que defiende que la genética es la principal fuerza que dirige nuestro comportamiento. Fue titular de la prestigiosa cátedra de Difusión de la Ciencia en la Universidad de Oxford. Tiene una facilidad extraordinaria para hacer comprensibles los más complejos argumentos científicos.

Haciendo gala de esta habilidad, me expuso perfectamente la similitud entre un ingeniero que se estruja el cerebro para construir una máquina voladora, es decir, un avión, y la célula que se va reproduciendo y creando mutaciones genéticas. En el caso de la célula, las mutaciones vienen de la reproducción, y solo sobreviven unas pocas, mientras que, en el caso del creador humano, la mayoría de las ideas que se le ocurren acaban en el cubo de la basura.

> Imagínate un ingeniero que intenta diseñar algo nuevo. «¡Tengo una idea!». Rápido, antes de desecharla, la escribe. Luego se le ocurre otra, y otra. Su papelera se llena de esbozos desechados. Finalmente tiene una idea por la que vale la pena hacer un prototipo, y lo prueba en un túnel de viento, lo va afinando, y cada nueva modificación es una especie de proceso selectivo que lleva a una gran mutación, a base de pequeñas mutaciones. Finalmente, puede que construya un modelo físico que se estrella, y lo vuelva a perfeccionar. Es una suerte de proceso darwiniano.

En opinión de Dawkins, el impulso creativo del ser humano, al igual que la mutación genética, al principio no distingue entre lo que funcionará y lo que no. Es decir, los genes mutan de forma aleatoria, y Dawkins opina que algo parecido sucede con el impulso creativo.

—Una idea genial te llega a la mente, en parte de forma aleatoria, en el sentido de que no pretende necesariamente una mejora. Es como si las ideas emergieran de los oscuros recovecos del subconsciente.

Pero los seres humanos aportan una distinción importante: «Los humanos, y probablemente unos pocos animales, tenemos la capacidad de hacer una simulación mental».

La idea de que la creatividad se parece mucho al proceso que ha llevado a la evolución de nuestra especie se ha imbricado a través de la investigación en la psicología de la creatividad. Dean Simonton, el investigador al que me refiero, ha escrito que «el proceso creativo es esencialmente darwiniano».

Le pregunté a Dawkins si le parecía que los principios de supervivencia de Darwin podían aplicarse también a artes como la escritura y la música.

Por supuesto, dijo, y se lanzó a explicar una historia sobre pájaros cantores y sexo. Puede que os suene algo, pero vamos a explicarla de todas maneras.

El canto de los gorriones es uno de los mejor estudiados del mundo. Los gorriones machos americanos aprenden las melodías de sus padres, creando una auténtica copia de sus patrones de canto. Sin embargo, explica Dawkins, ese patrón se convierte en algunos casos en un punto de partida para «pruebas y errores. Un joven gorrión macho empieza a trinar y a gorjear, y, cuando canta una frase que le parece bien, la repite».

—Me parece una suerte de creatividad —dice—. Beethoven solía dar largos paseos y a veces se le ocurría una frase musical que le gustaba, entonces la anotaba en una libreta. Si hojeas esa libreta, ves que las melodías empezaban un poco sosas, pero a partir de ahí las mejoraba. Es un proceso similar al que siguen los gorriones.

Interrumpo esta lección sobre la pubertad de los gorriones para recordar un punto en el que ya he insistido varias veces: la creatividad no empieza necesariamente con una explosión de genialidad. Tanto el gorrión como Beethoven probaban y erraban, jugaban con algunas ideas, abandonaban otras, aprovechaban algunas. Un atributo esencial de los creadores no es la cualidad inicial de sus ideas, sino simplemente la cantidad de mutaciones.

En el caso de los gorriones, hay evidencia suficiente que vincula esta expresión *artística* a la supervivencia y la selección sexual. Cuando en algunos experimentos se ha dado testosterona a gorriones hembra, han acabado aprendiendo canciones, aunque en teoría las hembras no cantan, lo que demuestra una vez más el vínculo entre las canciones y el género. En su libro *Evolución: el mayor espectáculo sobre la Tierra,* Dawkins explica que los ovarios de las hembras de canario y un tipo de tórtolas crecen cuando oyen cantos *atractivos* de los machos de su especie.

—La creatividad artística —dice Dawkins —está relacionada con la selección natural.

Robert Bilder, catedrático de Psicología en la Universidad de Los Ángeles y destacado investigador en creatividad, corrobora estos conceptos.

Bilder explica que el macho joven del ave denominada diamante cebra aprende las canciones de los pájaros más maduros «y luego introduce novedades en el canto».

Lo que le parece fascinante es precisamente que las hembras se sientan atraídas por el pájaro capaz de crear un canto innovador y atractivo. ¿Por qué es esto una ventaja para la supervivencia?

El investigador responde eliminando la idea de arte o de novedad y centrándose en una definición más estricta de lo que hacen los pájaros cuando cantan: se están comunicando.

Entonces, ¿cuál es el valor de la comunicación?, se pregunta. ¿Y por qué tendría importancia que el sonido en cuestión fuera novedoso?

Es una pregunta magnífica, esencial, nacida de la genuina curiosidad de Bilder y del propósito de no cortarse a la hora de hacer preguntas que parecen elementales.

Su interpretación es que, originariamente, el valor de la comunicación reside en su capacidad de unificar al grupo, tal vez para coordinarlos alrededor de una meta común («¡Matemos al jabalí para comérnoslo!»), o para advertir de un peligro («¡Cuidado, el jabalí nos ataca!»).

De modo que parte del valor de la novedad de una canción es que tenga capacidad de motivar. Una cualidad muy útil cuando intentas proteger a tus crías.

Según Bilder, más primitivo todavía es el hecho de que la innovación ayuda al pájaro macho a anunciar su presencia. «El objetivo es anunciar a las hembras que hay un macho en los alrededores», lo que deja fuera a los machos mudos. Así pues, es importante que un pájaro se distinga de los demás, pero con una condición: la canción no puede ser tan distinta como para que suene extraña, ajena, desafinada.

—Introducen alguna novedad en la canción para hacerla distinta, pero no demasiado distinta —dice Bilder.

Se trata de lo que se conoce como *el borde del caos*, un espacio de transición entre el orden viejo y el nuevo. «Al borde del caos, los estados son mayormente novedosos, pero siguen conectados al régimen anterior, por lo que exhiben la combinación de novedad y utilidad que es la marca distintiva de la creatividad», escribieron Bilder y un coautor en un estudio publicado en 2014. Lo podemos aplicar al cambio genético, incluso a un cambio cósmico como la formación de un universo donde se forma nueva materia que en un futuro próximo (en términos relativos) se convertirá en estable y no en más caos.

De modo que lo que les pasa a las aves cantoras es lo mismo que nos pasa a nosotros. Como dijo Wagner, más o menos, «existe un gran parecido entre la creatividad humana y la evolución. Las dos implican pensamiento convergente y divergente».

El pensamiento convergente y el pensamiento divergente son conceptos clave en el mundo de la creatividad.

El pensamiento convergente gira en torno a ideas que se ajustan a la norma. La definición más precisa del pensamiento convergente es que da la respuesta «correcta».

En cambio, el pensamiento divergente se considera «no lineal». La respuesta no es necesariamente la línea más directa entre dos puntos, o incluso puede que no conecte dos puntos. Es ese sentido, se la podría considerar «incorrecta».

¿Quién demonios no elegiría la respuesta correcta?

Los microbios que se enfrentan a la muerte por penicilina, por ejemplo. Cuando respondían a los antibióticos de la manera en que se suponía que debían responder, morían. Cuando eligieron otra manera —gracias a una mutación— a la programada, sobrevivieron.

Si estás pensando «Oye, que las bacterias no piensan», pues tienes razón. No estaba intentando ser frívolo, solo hago un símil. Por otro lado, el *pensamiento* convergente o divergente no consiste necesariamente en pensar, por lo menos de la manera en que se suele emplear el término.

El proceso de creación suele implicar una generación aleatoria de ideas a un nivel subconsciente. En cierto modo, es una experiencia tan cercana a la mutación aleatoria de los genes como al pensamiento analítico. Y añadiré algo. Para las bacterias, el pensamiento convergente es seguro, en tanto que el pensamiento divergente no es solo arriesgado, sino que además consume recursos.

Recordemos por un momento la bomba de expulsión activa en el interior de la bacteria. Si funciona correctamente, bombea para expulsar las moléculas siguiendo un método perfeccionado por la evolución. Si bombea demasiado rápido, la célula perderá valiosos recursos. No tenía sentido crear un nuevo método hasta que aparecieron los antibióticos. Fue entonces cuando el pensamiento divergente —el creativo— no solo pasa a ser más eficiente, sino que permite la supervivencia.

A los lectores que preferirían no vivir haciendo equilibrios de funambulista sobre el abismo —entre la muerte del pensamiento convergente y la del pensamiento divergente— la evolución les muestra un creativo término medio.

Neutral es un término que se aplica a las mutaciones que, en apariencia, no tienen un gran impacto en la supervivencia del organismo. Tal como me explicó Wagner, solo un 40 por ciento de los genes tienen un impacto directo en la viabilidad de una especie. Los demás genes pueden mutar sin aparentes consecuencias para la supervivencia.

Los genes que afectan a la bomba de expulsión activa de las bacterias, por ejemplo, pueden mutar sin que parezca haber ningún cambio en su funcionamiento. La bacteria sigue sin problemas hasta el día en que se encuentra con el antibiótico y se produce otra mutación en los genes de la bomba de extracción. Resulta que esa segunda mutación funciona solo gracias a que se dio la primera. Es una divergencia sobre otra anterior.

—Entre las invenciones humanas hay muchos ejemplos de esto —me dijo Wagner.

La bombilla de Thomas Edison, por ejemplo, necesitaba un filamento efectivo y un vacío que impidiera que el filamento se incendiara. Ninguno de estos inventos tiene un impacto directo en la bombilla, explicó Wagner, pero «si no tienes un vacío, el filamento no sirve de nada. Por eso, en mi opinión, las mutaciones neutras pueden tener un impacto».

¡Inventar un filamento!

O pensemos en el marcapasos, que requirió múltiples desarrollos, como la miniaturización de baterías y componentes para que el aparato pudiera caber dentro del cuerpo humano.

¡Crear algo en tamaño miniatura!

Y en cuanto a los inventos que perduran, los de la C mayúscula, Wagner hace una advertencia: la biología nos enseña que hay cosas que son posibles y que probablemente están fuera de nuestro control. En ocasiones, un invento es fruto de una mezcla de suerte y momento adecuado. Es el caso del descubrimiento de los antibióticos, uno de los más importantes de nuestra historia. Y puede decirse que se descubrieron por accidente.

El Dr. Alexander Fleming, escocés, sirvió como médico en la Primera Guerra Mundial, donde vio morir a muchos jóvenes a causa de una infección. En la Gran Guerra murieron varios cientos de miles de hombres a causa de las infecciones.

Acabada la guerra, el Dr. Fleming estudió las bacterias que habían causado la muerte de sus compañeros soldados. Se dice que un día, al entrar en su laboratorio, vio que una de sus muestras, que estaba destapada y debajo de una ventana, se había cubierto de una capa de moho que cubría las bacterias. Una muestra destapada y contaminada debería ir directa a la basura, ¿no?

Muchos se habrían limitado a tirar la muestra como un experimento fallido, pero no así Fleming. En lugar de eso, tuvo una idea. Comprendió la importancia del accidente. El moho, la penicilina, se convirtió en el medicamento más importante del mundo.

El descubrimiento de Fleming salvó millones de vidas y ganó el Premio Nobel de Medicina. En su discurso de aceptación del premio, tuvo la capacidad premonitoria de advertir que, si exagerábamos con el uso de antibióticos, las bacterias se adaptarían. Hoy en día, las bacterias resistentes a los antibióticos —las mismas que Andreas Wagner, el biólogo evolutivo, cultiva en matraces en Suiza— constituyen una de las principales amenazas de la salud pública.

Del descubrimiento de Fleming se desprenden dos lecciones sobre la creatividad. La primera, es que el descubrimiento se produjo por casualidad, más o menos en la forma en que crea la propia biología. El Dr. Fleming no estaba trabajando en una hipótesis concreta que proviniera del disco de petri destapado bajo la ventana. Había tenido lugar un hecho biológico que no había previsto. Más tarde diría: «No intenté la penicilina, la inventó la naturaleza. Y yo lo descubrí por accidente».

No obstante, el Dr. Fleming ayudó a crear las condiciones para que la mutación se produjera. Jugó con el espacio, del mismo modo que alguien tocaría distraídamente las teclas del piano, o garabatearía en un cuaderno, o esbozaría un plan de negocio en servilletas de papel. Se dan una serie de impulsos nerviosos casuales entre sinapsis. De modo que una lección de la biología, confirmada por el Dr. Fleming, es que las grandes creaciones pueden producirse a través de un hecho que parece casual. Este hecho se convierte en una señal, un mensaje.

¿Estamos preparados para oírlo?

La segunda lección es que el Dr. Fleming captó la transmisión. Recogió lo que la naturaleza había dejado. Reconoció que aquel accidente no había que tirarlo a la basura. Es una gran lección para la creatividad: todo el tiempo ocurren cosas accidentales en la naturaleza o en el proceso creativo del ser humano, pero solo si los reconocemos se convierten en material para un invento.

Parte de la creatividad de las personas consiste en saber prestar atención a hechos y datos que los demás pasarían por alto. Los accidentes ocurren. ¿Sirven para algo?

El mundo envía señales, a veces generadas de forma aleatoria. Los grandes creadores saben reconocer la mutación por lo que es o por lo que podría llegar a ser.

De esta forma, el pensamiento divergente no significa necesariamente que se suspenda una ley natural. Más bien significa ver las cosas tal como son, como podrían ser o en qué se han convertido.

Dicho esto, ¿puede sorprendernos que la comunidad científica en un principio quitara importancia o desestimara el descubrimiento del Dr. Fleming? Tuvieron que pasar once años de producción masiva de penicilina para que la gente se diera cuenta de lo valiosa que era y la apreciara como la inmensa salvadora de vidas que fue en la Segunda

Guerra Mundial. Cinco años después, le concedieron el Premio Nobel a su descubridor.

Y por último, esta historia tiene un final curioso que muestra lo difícil que es valorar una creación de forma objetiva. El descubrimiento de los antibióticos parece ser un auténtico regalo para la humanidad, ya que nos llevará a vivir más años y con mejor salud. Claro que hemos utilizado tanto los antibióticos que ahora se han convertido en un problema sanitario. Y es así porque, con la utilización masiva de antibióticos, creamos un medio que resulta idóneo para las bacterias resistentes a los antibióticos. Se les llama «microbios resistentes a los antibióticos», y surgen a partir de un proceso creativo natural. Si una bacteria o un hongo se reproduce, su mutación puede llevar a un microbio resistente a los antibióticos. En el pasado, cuando no había antibióticos, esos organismos mutantes probablemente morirían porque no tendrían ninguna ventaja de supervivencia y carecían de objeto.

Pero en un mundo saturado de antibióticos, esta nueva creación se convierte en el único microbio que puede sobrevivir, y empieza a reproducirse una y otra vez. Es el ejemplo perfecto de una extraordinaria nueva creación que ocurre por accidente y que está perfectamente adaptada al medio. Bien para el organismo, y mal para la humanidad que no quiere morir de una infección.

Un estudio financiado por el Gobierno británico calcula que en 2050 morirán más personas a causa de microbios resistentes a los antibióticos que a causa del cáncer. Eso no es necesariamente un resultado directo del descubrimiento de Fleming, sino del uso excesivo de antibióticos —cuando no siempre son necesarios para tratar enfermedades, ni para acelerar el engorde del ganado—, creando así un medio en el que prosperan bacterias mucho más peligrosas.

Para acabar de cerrar el círculo, volvamos al laboratorio de Wagner en Suiza y al espíritu creativo de la propia bacteria. Me gustaría señalar que lo que ocurre ahora es una especie de carrera armamentística entre la creatividad humana y el poder innato de creación de las bacterias.

Tanto ellas como nosotros estamos programados para sobrevivir. Y el resultado es una competencia entre creatividades cada vez más refinadas.

El impulso creativo es biológico en su origen. Y lo poseemos.

El éxito de nuestras creaciones depende no solamente de lo novedosas que sean ni de si son *objetivamente* valiosas, sino también del entorno en el que nacen. ¿Cuán hospitalario es el terreno?

Estos principios biológicos actúan a menudo en el mundo real. Lo que sigue es otro ejemplo, y la historia de uno de los grupos musicales más populares de todos los tiempos.

Parábola de una estrella del rock

El 12 de febrero de 2001, U2 ganó un Grammy por la canción *Beautiful Day*. Al día siguiente, el cantante solista Bono y el emblemático guitarrista del grupo, conocido como Edge, asistieron a una reunión en el edificio Morgan Stanley, en Los Angeles. Se reunían con un hombre llamado Roger McNamee.

McNamee tenía un don especial para usar internet. Más tarde contribuyó a fundar Facebook, pero en aquella ocasión se reunía con los miembros de U2 porque quería ayudarles a hacer negocios y operaciones online.

—Felicidades por el estupendo premio —les dijo McNamee a Bono y a Edge en cuanto les vio entrar en la sala.

La respuesta de Bono le sorprendió.

—En el negocio de la música somos estrellas pop y nos creemos el centro del universo, con los fans dando vueltas a nuestro alrededor como si fueran satélites. Creemos que todo gira a nuestro alrededor, y eso es una pura estupidez —le dijo Bono.

Lo que dijo Bono a continuación viene a demostrar que la misma conjunción de prueba y error en el momento oportuno que salvó a las bacterias del disco petri en Suiza se aplica a la creatividad de la música rock.

Bono comprendió que McNamee estaba desconcertado.

Le explicó que la popularidad de la música dependía de «las herramientas».

«Primero vino el hi-fi, y los Beatles fueron los amos, luego las 78 rpm se convirtieron en LP y estéreo, y aquí el amo fue Pink Floyd. Cuando llegó el radiocasete estéreo en el coche, empezó la era de los álbumes de rock. Te tenía que gustar todo el álbum», le dijo Bono a McNamee. Ya no era tan fácil pasar de una canción a otra. «Y esta era la era de U2», añadió Bono. Luego vino una larga etapa seca. Fue cuando salió el subwoofer. ¡El *subwoofer*! Teníamos que haberlo visto, pero los chicos del hip-hop lo vieron y nosotros no. *Beautiful Day* es nuestro intento de regresar, de reencontrarnos con la tecnología en el punto en que está.

Para los que no están familiarizados con la tecnología, lo que hacía el *subwoofer* era quitar énfasis a la melodía y dar más importancia al ritmo.

McNamee me contó que al oír la observación de Bono «casi me di una palmada en la frente».

—Es una observación muy inteligente —dice McNamee—. Pensé: este tipo es realmente bueno. No solamente haciendo música, sino en sus reflexiones acerca del mundo en el que se mueve.

McNamee conoce bastante bien la creatividad. Es un constante pensador divergente, en el buen sentido. Fue uno de los primeros inversores en Facebook, y más tarde se convirtió en uno de sus críticos porque consideraba que se había convertido en una plataforma de desinformación. Escribió un libro que se convirtió en superventas: *Zucked: Waking Up to the Facebook Catastrophe.*

También es un buen músico. Fundó un grupo musical que se llamaba Moonalice que ha actuado en muchas partes, en ocasiones con grupos famosos como Grateful Dead. En 2004, tres años después de su primer encuentro, McNamee y Bono se unieron para fundar una compañía de inversiones en Silicon Valley.

El caso es que McNamee sabe de creatividad y la ha experimentado, tanto en el mundo de la tecnología como en el de la música. En el año 2001, sin embargo, cuando se reunió con U2, había estado tan ocupado con el crecimiento de las empresas digitales, que «no sabía el título de ninguna canción de U2».

Y había otra razón por la que McNamee no había oído hablar del grupo musical en los años anteriores. Unos años antes de sacar *Beautiful Day*, la canción ganadora del Grammy, U2 había pasado por una etapa de sequía creativa.

«Con esa canción decidieron hacer lo que sabían hacer. Reconocían que no eran los amos del *subwoofer*, ni lo serían nunca, pero encontraron la manera de incorporar lo que le gustaba a la gente», explica McNamee.

«De modo que al final no resultamos eliminados», le dijo Bono a McNamee.

Si Bono hubiera sido una simple bacteria o un virus y el *subwoofer* un antibiótico o un antiviral, diríamos que el músico había encontrado una forma creativa de sobrevivir y desarrollarse.

¿A dónde nos lleva eso? La evolución, la supervivencia y una forma *mecánica* de creatividad de las formas de vida más básicas enseñan algunas lecciones a los creadores presentes y futuros. La primera enseñanza es que no deben subestimar el papel del entorno, que no es determinante para que una persona sea creativa (lo que está a nuestro alcance) sino para que su creatividad sea de C mayúscula. En el caso comentado de las bacterias en los matraces, los antibióticos presentaron una oportunidad perversa para las mutaciones que sobrevivieran. Las bacterias se convirtieron en ultra creativas, con C mayúscula. Y Bono, por lo que se deduce de sus palabras, opinaba que U2 debía su gran éxito no solamente a la excelencia de los músicos, sino también al entorno del momento.

El músico y mago de las inversiones, McNamee, lo resume así: «No puedo resaltar lo suficiente el factor suerte».

McNamee está considerado como un inversor en tecnología muy creativo. He estado tocando música en su mansión y puedo atestiguar que amasó una fortuna invirtiendo en compañías tecnológicas. Pero él lo atribuye a que estuvo en el lugar y en el momento apropiados, más que a sus propios méritos.

—Mi carrera empezó en el primer día del mercado alcista, en 1982. Resultó que era la persona que llevaba el tema tecnológico en aquel momento —dice.

Eso no quiere decir que estar en el momento y lugar apropiados sea lo único necesario. El producto en sí —la mutación o la nueva idea— es muy importante. Pero lo más importante a la hora de determinar cómo se acogerá el invento es la relación entre la creación y el entorno. El creador controla solo en parte esa relación, al igual que un microbio es responsable de la mutación, pero no del momento y el lugar en el que ocurre.

Esta es la visión desde la biología evolutiva y el rock & roll. Otro grupo de ideas clave viene del mundo de las matemáticas y la física, y de un gran pensador que descubrió las leyes naturales que al parecer rigen la innovación.

Les presento a un físico

Mucho antes de que la revista *Time* lo nombrara una de las cien personas más influyentes del mundo en 2006, Geoffrey West era un chico despierto y curioso que vivía en Londres con una familia muy complicada.

Geoffrey tenía solo ocho años cuando su padre llegó un día a casa con un montón de dinero.

Recuerda las palabras de su padre: «Mira, hijo. Cuenta cuánto dinero hay aquí».

—Era como si hubiera atracado un banco, o algo así.

Pero no había sido un atraco, lo había ganado en las apuestas. El padre de Geoffrey era un jugador *profesional*, lo que es un oxímoron, más o menos, porque el juego está pensado para que la gente pierda su salario. El padre de Geoffrey apostaba a los caballos, a los perros, a los coches, y a veces al fútbol. El día en que ganó se quedó grabado en la memoria de Geoffrey «por el marcado contraste con lo más habitual, que era que volviera a casa después de perder un montón de dinero».

Geoffrey era un niño reservado, y entre sus padres había mucha tensión. «A mi madre no le gustaban las apuestas».

El niño encontró consuelo en la precisión de las matemáticas y en las estrellas. Recuerda que a los once o doce años, en plena historia de amor con las matemáticas, leyó un problema que rezaba así: «Si estás de pie en lo alto de un acantilado, ¿a qué distancia queda el horizonte?». Y logró dar con la fórmula, que está relacionada con la altura del acantilado y el radio de la Tierra.

«Dios mío, esto es extraordinario», pensó. La pregunta estaba «cifrada en una especie de lenguaje místico sobre el mundo que nos rodea que es auténtico, se corresponde con la realidad».

La cabeza le daba vueltas.

«Nunca lo hubiera podido expresar de forma tan clara», pensó. «A lo mejor la Tierra entera es así».

Tal vez la Tierra, el universo, la vida... todo se podía explicar con las matemáticas.

Igual también la creatividad.

Espero que a lo largo de estas páginas, entretejido con las historias de grandes pensadores, vaya emergiendo un tema: los creadores suelen mostrar unas extraordinarias dosis de curiosidad, humildad, disposición al debate y a la apertura a las nuevas ideas que van en distintas direcciones. En cierto modo, eso parece evidente. Al parecer, según me cuenta uno de sus más estrechos colaboradores, el venerable Stephen Hawking tenía una curiosidad insaciable.

También la tiene Geoffrey West. Empezamos a charlar y perdimos la noción del tiempo. Pasábamos de un tema a otro, moviendo ideas como piezas de ajedrez que pudieran volver a su lugar original sin sanción alguna. Su voz subía y bajaba de tono a causa de la emoción. De vez en cuando profería alguna palabrota, pero no porque estuviera enfadado, sino para expresar su asombro al hacer algún descubrimiento.

Geoffrey pasó de su escuela disfuncional al instituto, se convirtió en un físico teórico, estudió los quarks, la teoría de cuerdas y la materia oscura.

Geoffrey deja que el mundo se abra ante él, como todos los creadores, y pronto se centró en responder a una pregunta: ¿Cómo funciona la vida? ¿Podían las matemáticas explicar las leyes de la creación?

—Pasé de los fundamentos de la física a la biología —explica, como si él mismo se sorprendiera de haber dado ese paso y haberse trasladado de Cambridge a Stanford—. ¿Había alguna manera de demostrar que todos los organismos son en realidad manifestaciones de los mismos principios matemáticos?

Preguntas como:

- ¿POR QUÉ dentro de cincuenta o de cien años estarás muerto? ¿De dónde viene la cifra de cien años? —me pregunta sorprendido.
- ¿POR QUÉ hay que dormir ocho horas?
- ¿POR QUÉ algunas ciudades son más creativas que otras?

—Una de las cosas más difíciles es saber cuál es la pregunta. Formular la pregunta adecuada es normalmente la parte más importante del problema —dice.

La pregunta clave en la que se centró Geoffrey West se refiere a las matemáticas que conectan todas las formas de vida. ¿Existe alguna fórmula matemática? ¿Cuál es? Al intentar responder a esta pregunta, Geoffrey West hizo un gran descubrimiento: a medida que las formas de vida se hacen más grandes, utilizan la energía de una forma más eficiente, y a un ritmo que es siempre el mismo en todos los organismos. Dicho de otra manera, cuanto más grande es un organismo «menos energía necesita por cada célula, gramo o tejido» para sobrevivir.

Es decir, un ratón necesita para sobrevivir mucha más energía por célula que un perro, y un perro necesita mucha más que un elefante. La fórmula es la siguiente: si duplicas el tamaño de un organismo necesitarás un 75 por ciento más de energía por célula.

—Independientemente del tamaño, si lo doblas, necesitarás un 75 por ciento más —dice Geoffrey—. Aunque parece un sistema aleatorio, posee una gran regularidad. Y lo más extraordinario es que no se refiere únicamente a los mamíferos, sino a todos los animales y plantas, incluidos insectos y peces. Y otro dato extraordinario: no se refiere solamente a la velocidad del metabolismo; todo lo que midas en los animales tiene la misma escala.

El tamaño del corazón o de los riñones, o cómo funciona el sistema de evacuación de toxinas... todo está regido por las mismas fórmulas de escala que Geoffrey West desarrolló y que un artículo del *New York Times Magazine* calificó en 2010 como «uno de los estudios más polémicos e influyentes de la biología moderna».

Algunos críticos señalaron fallos. El cangrejo de río no parecía seguir las mismas fórmulas, por ejemplo. Pero todas las normas tienen sus excepciones, dijo West. Cuando buscaba los fallos, le dijo al periodista de la revista: «Esto no es ciencia, esto es solamente tomar notas».

Geoffrey West señala algo muy cierto sobre la creatividad. Si buscas la perfección, acertar al cien por cien, nunca te arriesgarás a nada.

De modo que repito una de las leyes fundamentales de la innovación:

EL PERFECCIONISMO ES EL PRINCIPAL
ENEMIGO DE LA CREATIVIDAD.

West se cansó de discutir acerca del nudo central de su trabajo y sobre si había excepciones entre los que se alimentan de detritos (ya se trate de los crustáceos, de los críticos o de ambos), de modo que buscó un nuevo reto: las matemáticas para interpretar las ciudades. Así es como sus colegas y él descubrieron sus propias leyes de la creatividad.

Geoffrey West estudió las ciudades como si fueran organismos vivos. Lo que consumían, lo que producían... Con la ayuda de otro destacado investigador, un físico teórico llamado Luis Bettencourt, halló unas matemáticas convincentes. Descubrieron que, cuando las ciudades aumentan de tamaño, necesitan menos infraestructuras por persona (igual que los organismos biológicos), y que esta mayor eficiencia tiene una progresión lineal. La cifra clave es 15 por ciento.

Si una ciudad dobla su tamaño —si aumenta su población en un cien por cien— requerirá solamente un 85 por ciento de aumento en la infraestructura de aguas residuales, por ejemplo, o un 85 por ciento más de gasolina o tiendas de comestibles para alimentar a la creciente población. Según West, eso ocurre con todas las ciudades que doblan su tamaño, en cualquier parte del mundo. Hay un número mágico.

Y un importante corolario. Cuando una ciudad dobla su tamaño, la cantidad de lo que produce aumenta un 115 por ciento. La polución, los delitos, la economía... todo aumenta un 115 por ciento.

Dicho de otra manera: en una ciudad que ha doblado su tamaño, cada persona es un 15 por ciento más productiva que cuando vivía en una ciudad la mitad de grande. ¿Por qué? Porque la gente comparte recursos, juntan capital físico e intelectual, y se produce la famosa economía de escala.

Y resulta que lo mismo se aplica a las ideas.

La creatividad sigue los modelos matemáticos de la biología y la municipalidad. Si doblas el tamaño de una ciudad, el número de patentes crece un 115 por ciento. Es como si cada persona tuviera un 15 por ciento más de ideas que si viviera en una ciudad la mitad de grande.

—El mecanismo subyacente es que en una ciudad más grande vive más gente, evidentemente —dice Geoffrey West—. Por lo tanto, es muy probable que se den más interacciones en menos tiempo. Y esos intercambios de información y de ideas en las redes sociales son las que producen una mayor actividad socioeconómica.

La densidad no solo se refiere a la población, explica, sino también a las ideas. La gente que camina por las calles murmurando para sí, los enfermos mentales, «los que viven fuera del sistema, los sintecho, son los que ensanchan los límites», explica. «Ellos aportan un ambiente, una atmósfera, una cultura donde todo es posible».

Parece bastante evidente. Si tienes más personas que chocan unas con otras y debaten ideas, esas ideas compiten entre sí y se mejoran unas a otras, y se dan más momentos de iluminación. Y ¡patapaf!, ahí lo tienes, en distintas épocas: Silicon Valley, Florencia, Jerusalén, Manhattan, Babylon, Detroit, Berlín, París, Amsterdam, Melbourne, Moscú... y muchas más.

—No es casual que todas las innovaciones y las grandes ideas se den en un entorno urbano —dice West—. El fenómeno Newton no es habitual.

¿Fenómeno Newton?

Corría el verano de 1665 (¿quién puede olvidarlo?) y la peste bubónica arrasaba Londres. Con veintitrés años, Isaac Newton abandonaba el Trinity College de Cambridge para irse al campo. Allí puso los cimientos del cálculo infinitesimal, una de las mayores Creaciones con C mayúscula de todos los tiempos, y la teoría de la gravitación universal, ilustrada por la anécdota de la manzana que le caía en la cabeza. (Bueno, a veces se puede dar un gran descubrimiento fuera de las ciudades).

El propio Newton, sin embargo, vinculó su descubrimiento a los avances hechos por otras personas, y se cree que fue él quien tradujo al inglés un epigrama anterior cuando dijo: «Si mi mirada ha llegado más lejos es porque me he subido a hombros de gigantes».

Curiosamente, las bacterias hacen algo similar. Lo aprendí el año antes del estallido de la pandemia COVID-19. La historia dice mucho acerca de las ideas de West, pero también acerca de hacia dónde puede estar cambiando el mundo.

En 2019, el *New York Times* publicó una serie de artículos sobre infecciones resistentes a los medicamentos. Mi labor y la de mi colega consistía en investigar sobre el tema y ponerlo por escrito. Nuestro primer reportaje fue sobre un hongo llamado *Candida auris*, que se ha hecho resistente a los medicamentos antifúngicos y que se está extendiendo por todo el planeta.

Durante un tiempo se creyó que los microbios desarrollaban defensas a los medicamentos, como los antifúngicos, a través de una mutación aleatoria, lo que alargaba mucho el proceso.

Pero los investigadores han descubierto recientemente que estas poderosas defensas contra los antifúngicos pueden desarrollarse mediante un sistema diferente al de la evolución. Puede ocurrir cuando un hongo pasa las herramientas defensivas a otro hongo que carece de ellas. Este sistema recibe el nombre de «transmisión genética horizontal». Es una suerte de cooperación. Y sucede, en resumen, cuando un hongo en apuros pide ayuda y otro hongo que ya tiene defensas se las pasa.

Esto puede suceder cuando los hongos están muy cerca unos de otros. De hecho, se están tocando, y las moléculas pasan de uno a otro.

Es parecido a cuando los seres humanos, en condiciones de densidad de población, comparten las ideas que pueden llevar a una plataforma común para más inventos.

Esta serie de desarrollos también nos muestra cómo los seres humanos pueden evolucionar más allá de la necesidad de tal proximidad.

A unos cuantos periodistas y a un equipo de vídeo del *New York Times* nos repartieron por todo el país. Para escribir la historia de *Candida auris* viajé y me entrevisté con expertos, por teléfono y por aplicaciones de internet, de todo el mundo —Rusia, Gran Bretaña, China, Brasil,

España, Sudáfrica, Malawi, Canadá, Israel— así como con investigadores de Estados Unidos.

Nuestros reportajes los leían personas de todo el mundo. El vídeo que los acompañaba, nominado para dos Emmy, estuvo entre los más vistos del año, con más de un millón de visualizaciones. La grabación se hizo en parte en mi salón por parte de dos productores que vivían en Nueva York, aunque luego uno de ellos se fue a vivir a un país extranjero.

Podemos colaborar usando la tecnología, de manera que casi no existe espacio físico entre nosotros, y es posible compartir información de un lado a otro del planeta, lo que ha llevado a un cambio en las normativas —como los esfuerzos para protegernos contra infecciones resistentes a los medicamentos— incluso en lugares donde no hemos estado y probablemente no estaremos jamás.

Ya no tenemos que tocarnos entre nosotros, como los microbios que practican la transferencia horizontal de genes. Ahora el conocimiento se transfiere a distancia.

—En cierto modo, internet nos libera del espacio —dice West. Ya ocurría con el teléfono y el ferrocarril, pero ahora este proceso se ha acelerado.

Tengamos eso en cuenta: el ruido del mundo puede dificultar que el creador oiga su auténtica voz. Pero el mayor impulsor del ruido es la tecnología que nos permite conectarnos, trabajar juntos, aprender sobre nuevas ideas. La potencia de la tecnología, si sabemos encauzarla, es impresionante.

Encontramos muchos ejemplos en la vida real que nos ayudarán a comprender este mundo cambiante en la geografía y en la proximidad, y también las matemáticas de la creatividad.

La historia de Justin Sandercie es en gran medida la historia de cómo un creador (y su musa) abrieron un nuevo camino gracias a la tecnología.

Una Cosa Divertida que Ocurrió de Camino al Disco Platino

(Parábola de una estrella del rock, Parte II)

A mediados del verano de 2012, Justin Sandercoe estaba sentado en el jardín trasero de su casa de Londres. Tomaba el sol perezosamente, con la mente en blanco, o eso parecía. El profesor de guitarra seguía el ritual de despejar la mente, dejarla en blanco para que pudiera descansar y recargarse, en especial desde el éxito inesperado alcanzado por su sitio web.

Miles de alumnos se conectaban a su web cada mes para tomar lecciones gratuitas en JustinGuitar.com. Justin Sandercoe tiene una forma especial de explicar conceptos básicos. Es un hombre empático y modesto que se sienta frente a la cámara, a menudo con una gorra, para animar, educar y guiar el avance de aficionados o aspirantes a estrellas del rock, un amplio grupo de estudiantes que se conectan por horas desde cualquier parte del mundo.

Qué distinto a su niñez solitaria en la isla de Tasmania. Nacido en 1974, Justin se enamoró de la guitarra cuando tenía seis años. Por supuesto, no aprendió a tocarla en internet, que entonces no existía, sino a través de los discos y la radio, y logró componer sus tutoriales sin la extraordinaria ayuda de los ordenadores. Hoy en día, un aspirante a guitarrista que viva en la isla más aislada puede acceder a las herramientas de enseñanza de la biblioteca mundial, así como a los profesores, a sus contactos y a toda la música que escuchen sus seguidores o seguidores potenciales.

Además de enseñar a tocar la guitarra, Justin se dedicaba a dos tareas que le apasionan: escribir y grabar música, aunque eso no le reportó fama alguna. Creaba música para él mismo, fundó un grupo musical, publicaba sus propias obras. No estaba mal vivir así, tenía unos ingresos decentes y la vida que le gustaba.

Pero aquella tarde de verano en 2012, mientras tomaba el sol, le vino a la mente una frase:

La miro y le cuento cosas.

Esas palabras llegaron sin esperarlas, sin esfuerzo. Justin no estaba intentando escribir una canción. Saltó de la silla.

La miro y le cuento cosas.

Era la letra de una canción, eso seguro, y tenía un sentido. Justin entró corriendo en el apartamento en busca de un papel y algo para escribir. La letra brotó sin esfuerzo.

La miro y le cuento cosas
Preparo el té para los dos
mantengo la cocina limpia
Como a ella le gustaba

Luego llegó el sonido. «La melodía apareció en mi cabeza». Buscó sin éxito una guitarra. «No encontré ninguna. Lo primero que vi fue un bajo en el dormitorio, de modo que compuse la canción con el bajo».

El frenético proceso duró menos de una hora. La canción parecía haber caído del cielo. «Estaba tomando el sol en el jardín, sin pensar en componer música», recuerda Sandercoe.

Poco después de grabar la canción, Sandercoe la compartió con una de sus alumnas. Se llama Katie Melua, y a algunos les sonará su nombre. Es famosa, especialmente en Gran Bretaña. En 2006 fue una de las artistas más vendidas en Inglaterra. Había estudiado guitarra con Justin. Katie y los músicos de su grupo oyeron el tema y les encantó. Katie lo grabó en un álbum que llegó a platino. Uno de los temas era de Sandercoe.

Al poco tiempo, recibió una llamada de teléfono. Cuando le dijo quién era, Justin Sandercoe le reconoció; era famoso en el mundo de la música. «Se trataba justamente de la persona con la que soñaba con hablar un día», dice. Se trataba del responsable de Sony Publishing en el Reino Unido.

—He escuchado la canción que has escrito para Katie —dijo el ejecutivo de Sony—. Quiero ofrecerte un trato. ¿Por qué no vienes y lo hablamos?

—Sentí que flotaba —me explicó Justin—. Había ganado la lotería. Era un paso muy importante.

Unos días más tarde, estaba en la oficina del gigante de la industria musical, tocando sus canciones. Los temas que le habían venido a la cabeza a lo largo de los años, los que le habían costado un esfuerzo y los que habían salido con más facilidad, aunque ninguno de una forma tan misteriosa como *La miro y le cuento cosas.* El directivo escuchó toda la colección. Se inclinó hacia él.

—Están bien —dijo—. ¿Tienes alguna más como la primera que has tocado?

¿Tenía Justin más canciones que fueran a convertirse en un éxito? No las tenía, por lo menos de acuerdo con lo que había escuchado el ejecutivo.

—Y así acabó la historia, más o menos —me dijo Justin—. Fue el final de esa anécdota.

Pero fue solamente el principio de la historia de Justin Sandrecoe.

La parábola de Justin es lo que ocurrió tras la entrevista.

En la actualidad Justin da clase a unos treinta mil estudiantes al mes. Sus lecciones siguen siendo gratuitas. Admite donaciones. Vive bien y se ha hecho un nombre —como profesor de guitarra— en el mundo entero. Un columnista del diario británico *Independent* se refirió a él como «uno de los más influyentes profesores de la historia de la guitarra».

A Justin le ocurrió Una Cosa divertida de Camino a su Disco Platino: creó una empresa innovadora, inspiradora y boyante, apoyó un estilo de vida creativo y logró que una cantante de éxito interpretara una de sus canciones. Lo que Justin Sandercoe ha creado no es la vida de una estrella del rock que muchos consideran el máximo de la creación musical, aunque es cierto que su nombre se ha hecho popular. Pero Justin ha hecho mucho más. Ha construido una vida alrededor de la creatividad y la ha llevado al gran público.

De nuevo, su historia refuerza la noción de que la creatividad no es lo que algunos piensan acerca de ella, o acerca de lo que es una obra creativa. Lo mejor que he oído sobre este tema me lo contó un amigo de la familia. Cuando hace unos años estudiaba en la Facultad de Derecho, quiso averiguar si era una persona creativa, de modo que se compró un caballete y unas pinturas y se instaló en su jardín para pintar. Al cabo de un par de horas, se dijo: «Esto es una tontería. No me lo paso bien. No soy creativo».

De modo que se deshizo del caballete y de las pinturas y no lo volvió a intentar.

Acabó ganando decenas de millones de dólares en el negocio inmobiliario, tal vez hasta cien millones de dólares. Lo consiguió a través de una creatividad totalmente diferente, aunque incluso hoy asegura que no es creativo, porque lo que él hace con la compraventa inmobiliaria no se ajusta a la idea que mucha gente tiene sobre la creatividad.

Justin Sandercoe pensó que la creatividad era un álbum platino, cuando en realidad consistía en convertirse en un profesor de guitarra a distancia muy apreciado y feliz con lo que hacía.

Pero hay una razón mejor por la que explico la historia de Justin Sandercoe. No tiene que ver con la edad del creador, sino con los tiempos que vivimos. Ya no vivimos en Jerusalén.

Este libro empezó en Jerusalén, uno de los primeros ejemplos en la historia de la humanidad de cómo un lugar populoso y de alta densidad se convirtió en una fábrica de ideas. Era una ciudad innovadora, y su principal línea de productos era la religión. Las ideas surgían y se perfeccionaban al mismo ritmo que las personas se subían a una roca para predicar. La gente hablaba, escuchaba, compartía, creaba y perfeccionaba una de las ideas más duraderas que han surgido en este mundo.

Desde entonces el mundo ha visto surgir comunidades similares, congregaciones de curiosos en Florencia, Rusia, París, las dinastías chinas, técnicas médicas antiguas y duraderas, y mucho más. La investigación del Santa Fe Institute demuestra que la densidad de población tiene relación directa con la creación de nuevas ideas. La mezcla de más personas, con más especias individuales en su estantería de emociones y experiencias, que intercambian recetas y crean nuevas ideas.

A continuación, llegó internet, un cambio cuántico en la forma de expresar, escuchar, compartir y visionar ideas. El factor de la proximidad geográfica ha perdido importancia en nuestra forma de colaborar.

El número de patentes entregados a colaboradores de otros países ha crecido de forma espectacular.

En el año 2018 se pidieron 142.932 patentes, cuando en 1999 el número de peticiones fue de 99.000. Y no es extraño.

Actualmente, personas de distintos países pueden trabajar juntas, crear nuevas ideas, desarrollar un producto en un sitio, fabricarlo en otro. Es cierto que una gran parte de las innovaciones siguen dándose en algunos centros, pero han aumentado espectacularmente las probabilidades de la creación a distancia.

Mis hijos se hicieron fans de una estrella de internet llamada Charlie D'Amelio. A los dieciséis años tenía cien millones de seguidores en TikTok. Es bailarina, y hace unos bailes cortos y carismáticos a los que añade un sello personal y auténtico. Algunas personas no verán en sus bailes nada especialmente creativo, pero se ha creado un lugar en el mundo, se ha arriesgado, y ha llevado a otras personas a crear sus propios bailes. Que haya llegado a una cifra astronómica de seguidores desde su casa es una burla a las viejas limitaciones de la geografía.

Esta realidad se hizo más palpable durante la pandemia de COVID-19. No solo la gente empezó a trabajar desde su casa, en lugar de ir a la oficina, sino que estaban obligados a hacerlo. Muchos se trasladaron cerca de sus familiares, o bien a otras regiones o países del mundo donde se sentían más cómodos.

Uno de los éxodos más notables se dio en San Francisco. Muchos jóvenes tecnólogos, que habían estado atados a la región por exigencias del trabajo, emigraron a lugares más económicos, haciendo que los precios de los alquileres se desplomaran. El mundo se está convirtiendo, por usar un término actual, en un lugar *descentralizado*. Y la creatividad se descentralizaba al mismo tiempo.

El *New York Times*, que años atrás me dijo que me tendría que despedir si no me mudaba a Nueva York, animó a sus empleados a buscar un lugar cómodo y seguro para vivir. Animaron a la gente a trasladarse a cualquier lugar del país y del mundo donde pudieran encontrar historias creativas e interesantes que contar.

Era la Nueva Jerusalén. Cualquier lugar lo era.

Según esta analogía, ahora el mundo entero es la Nueva Israel. Israel significa *el que lucha con Dios*, la creación. Y eso se puede hacer en cualquier parte.

Geoffrey West, el gran pensador que presenté en el capítulo anterior, nos ofrece razones para dudar de la creatividad como efecto secundario de la tecnología y la velocidad del cambio que trae consigo. Ha bautizado este problema como *la aceleración del tiempo*.

—Lo ve cada cual en su propia vida. La vida se ha acelerado, no hay duda, de modo que tienes que innovar cada vez más rápido —dice—. No es un sistema sostenible. El sistema se vendrá abajo.

Redes sociales más amplias que llevan a más innovaciones, desarrollos con efectos colaterales que requieren a su vez más innovación, y cambios a una velocidad que alabamos, pero que amenaza con destruirnos.

—En algún momento no seremos capaces de adaptarnos con suficiente rapidez a los cambios provocados por ese veloz proceso impulsado por las redes sociales —dice.

Existe una tremenda tensión entre el problema de un mundo en el que todo está conectado y los inventos que solucionan los problemas pero crean otros nuevos.

Sin embargo, yo le expuse a West una visión alternativa. Veo razones para la esperanza. En concreto, dos.

La primera razón tiene que ver contigo, conmigo, con todos nosotros, con un mundo de individuos que poseen recursos que desconocen. En concreto, tenemos fuerzas creativas inexploradas que no vienen de las redes sociales, sino de las capacidades creativas que muchos de nosotros mantenemos a raya. La creatividad es una función de las redes sociales, sin duda, pero es sobre todo un producto individual que crece en una mente lúcida y serena, la que os prometo que existe también en vuestro interior.

Y puedo deciros más al respecto.

Cuando miro nuestro mundo, no puedo sino tener la sensación de que estamos jugando cuando, como colectividad, tomamos todas las informaciones y noticias que internet arroja sobre nosotros y escupimos nuestra propia versión… con lo que se crea una cacofonía. Esto se traduce en que nos centramos mucho en el mundo exterior. ¿Qué han dicho hoy en la CNN? ¿Qué ha dicho el presentador de la Fox? ¿Qué ha dicho el presidente? ¿Qué ha dicho el jefe de la oposición? ¿Qué ha dicho mi vecino?

¡Estoy tan enfadado! Voy a escribir tuits, mensajes, voy a provocar, insultar... Voy a poner mi energía en el acelerador y atravesar el caos.

Eso puede ser mortal para la creatividad. La creatividad quiere que nos escuchemos, que prestemos oído a nuestras musas, no a las voces del exterior. ¿Y si aumentaras tu creatividad, al mismo tiempo que disminuyes la velocidad del mundo, simplemente bajando el volumen del ruido exterior?

Tal vez hemos contribuido a la entropía al no aprovechar uno de los recursos más valiosos a nuestro alcance: el exquisito y divino silencio de la creatividad.

Le comenté esto mismo a West y me escuchó con atención. Todavía puso más atención cuando le expliqué la segunda razón de esperanza. Tiene que ver con el liderazgo.

A lo largo de los años, a lo largo del tiempo, han surgido líderes. Hombres y mujeres con una Creatividad con C mayúscula, con imaginación, valor, Martin Luther King Jr o Martín Lutero —pronto hablaremos de él—, Winston Churchill, la Madre Teresa, Indira Gandhi.

Creo firmemente que en algún momento un nuevo líder reinterpretará el caos y nos permitirá ver el mundo de una nueva manera.

Sí, sí, dijo West.

—La gran innovación que necesitamos es un líder —dijo—. La gran incógnita es si llegará y cuándo. Pero esto ha sucedido varias veces a lo largo de la historia humana.

Llega una creatividad con C mayúscula.

Es casi inevitable, si miramos la historia.

Y ahora, unas palabras de Dios.

Dios

La historia de la creatividad y la religión empieza en la Edad Media. Se considera políticamente incorrecto llamar a esa época la Edad Oscura, lo que sugiere que el mundo estaba culturalmente atrasado. Pero la vida entonces podía ser oscura.

«Sin artes, sin literatura, sin sociedad; y lo peor de todo, con un constante miedo». Son palabras de Thomas Hobbes, que más tarde hablaría sobre el destino del hombre. «Y el peligro de una muerte violenta. La vida del hombre era solitaria, pobre, embrutecida y corta».

Nacer, sobrevivir tal vez al parto (al que es posible que tu madre no sobreviva), vivir en la pobreza, confiar en vivir lo suficiente para morir de la peste negra. Una época de total caos y confusión que hace que la epidemia COVID-19 parezca un agradable fin de semana en Disneylandia, sin tener que esperar mucho tiempo en la cola.

El mundo seguía siendo un lugar lúgubre y caótico, pero el advenimiento del Sacro Imperio Romano —donde la Iglesia ocupaba un lugar dominante— creó una cierta estructura.

«La Iglesia Católica Romana era lo único que mantenía las cosas unidas», dice Scott Cormode. Es profesor de liderazgo en el Seminario Teológico Fuller, una de las instituciones para pastores protestantes más prestigiosas del mundo. Cormode está muy interesado en la creatividad y el liderazgo, y por aquello que convierte a una persona en Martín Lutero, Martin Luther King Jr, Moisés, Jesús, Confucio, Mahoma o a cualquiera capaz de cambiar nuestra manera de ver el mundo. Las personas que crean una nueva realidad.

A Scott le gusta mucho hablar del tema.

—Te has metido en un lío. Le has pedido a un catedrático que hable de un tema sobre el que acaba de escribir un libro: la innovación en la Iglesia —dice—. Te vas a arrepentir. Voy a enrollarme mucho.

Habla como un auténtico creador. Ha desarrollado un modelo para entender el liderazgo creativo que vincula la Reforma protestante con el ordenador personal y Silicon Valley.

Este capítulo explica cómo ha influido el pensamiento religioso en la creatividad humana.

Pero antes de seguir, me siento en la obligación de explicar mi postura ante la religión.

Soy agnóstico. No sé si Dios existe. Acepto que carezco totalmente de la sabiduría para entender nuestro origen. ¿Quién puede decir lo que hay ahí fuera? Cuando se lo dije a Richard Dawkins, un ateo convencido, se molestó un poco conmigo. Dijo que por lo menos tengo que aceptar que no hay más prueba de la existencia de Dios que, pongamos por caso, de que una tetera gigante nos hubiera vertido a la vida. Tengo que admitirlo: no me han presentado ninguna prueba convincente de la existencia de Dios, o de muchos dioses, como creen millones de personas de otras culturas.

Otra cosa: no cabe duda de que las principales religiones definen la experiencia humana, y sus textos son creaciones que han tenido una gran influencia. Sus líderes son titanes de la creatividad. Para mí, lo importante es lo que nos enseñan sobre innovación, no sobre la fe. Este capítulo no pretende apoyar ninguna religión ni sistema de creencias. Espero que lo leáis con una mente abierta. Tanto si creéis en Dios como si no, Cormode nos ofrece un interesante constructo sobre el proceso creativo que subyace a algunas de las ideas más influyentes de la historia de la humanidad.

Lo que sigue es la perspectiva de un teólogo sobre la creatividad.

Volvamos a la Reforma protestante, uno de los más grandes inventos de todos los tiempos.

Digamos primero que el judaísmo surgió alrededor del año 2000 a. C., el hinduismo unos quinientos años más tarde, el confucianismo cien años más tarde, seguido de cerca por el budismo. En Oriente Medio y en Europa, el judaísmo se vio fracturado por diversas fuerzas, en especial por el nacimiento de Jesús, al que algunos ven como el hijo de Dios, lo que da origen al cristianismo, que también se divide en varias facciones pero queda bajo el dominio de la Iglesia Católica Romana, hasta que un ideal anglicano se extendió por el mundo occidental.

Como ya he indicado, durante el primer periodo moderno en Europa y en Occidente, la Iglesia Católica Romana proporcionaba el cemento que unía las cosas, una suerte de continuidad en medio del caos. «Todopoderosa», así describían a la Iglesia muchos textos históricos alrededor del año 1500. La ley del país. «El Sacro Imperio Romano».

Santo y corrupto. No es herejía, son hechos. «La corrupción de la Iglesia era sobradamente conocida, y en diversas ocasiones se había intentado reformarla», dice un texto de historia de la Khan Academy. Lo digo por citar la fuente, y también como un ejemplo más del efecto red, que tantos lugares de aprendizaje y de creatividad nos ofrece a lo largo y ancho del planeta. Según cuenta la historia, en un momento dado hubo tres papas dirigiendo la Iglesia al mismo tiempo, un reflejo de las luchas internas por el poder. «A menudo, los papas y los cardenales vivían más como reyes que como líderes espirituales».

Lo que realmente tocó la fibra sensible de la gente fue eso que recibía el nombre de «indulgencias». Significaba que la iglesia permitía que aquellos que hacían actos de caridad recibieran un castigo menor por sus pecados. Sin embargo, el sistema se corrompió en gran medida. Los líderes eclesiásticos distribuían perdones a las personas que donaban dinero y propiedades a la institución. «Te servía para llegar antes al cielo», explica sucintamente el texto de la Khan Academy.

«Entonces llega el Renacimiento», dice Cormode. Fue en la transición entre los siglos quince y dieciséis, cuando la Edad Media dio paso a lo que los historiadores consideran el principio de la Edad Moderna.

Leonardo da Vinci, Miguel Ángel, un escritor llamado Shakespeare, Galileo y Johannes Gutenberg, que nos legó la imprenta, que fue el internet antes de internet, porque difundió información a una velocidad impensable hasta la fecha. Nuevas ideas que producían más ideas, mutaciones que se formaban y se difundían.

¿Acaso no era el Renacimiento un fenómeno secular? No iba unido a ningún campo en particular: religión, astronomía, arte... Fue una época, no tan diferente a esta que vivimos, en que se aceleró la producción de ideas, la energía creativa alzó el vuelo y se extendió por todas partes. Como ya he comentado, la creatividad puede ser contagiosa. Lo fue durante el Renacimiento, cuando las ideas se mezclaron y chocaron entre sí.

En cuanto a la Iglesia, se daban las condiciones necesarias para un cambio debido a un producto que había generado un descontento general. En aquel momento histórico, la Iglesia no trataba bien a sus fieles. El papado trabajaba tal vez para algunos y hacía algunas cosas estupendas, pero no para todos. Sobre todo, a la gente le dolía la corrupción en el alma y en el cuerpo. ¿Por qué los ricos y con relaciones influyentes iban a ir al cielo antes que los demás?

Si pensamos en la Iglesia como un producto, digamos que no tenía mucha demanda.

Entonces entró en escena un monje llamado Martín Lutero.

Martín Lutero estaba muy descontento con las indulgencias y sentía que había muchas más personas descontentas. Pero si quería rediseñar el producto, tenía un buen problema. Debía reformar la experiencia religiosa sin que pareciera que reformaba la religión en sí.

No exagero si digo que este es un reto importante y que se ha dado a menudo en la historia del liderazgo creativo. Martín Lutero debía encontrar una idea nueva que fuera del agrado de la gente común (que creía que la Biblia era un texto sagrado y que el cristianismo era esencial para su alma inmortal) pero que al mismo tiempo fuera radicalmente distinta.

—Estamos inextricablemente atados al pasado y nos gusta. Así pues, ¿cómo presentamos una innovación? —pregunta Cormode. Con respecto a la creatividad con C mayúscula, dice—: Hablan de quemar los barcos, y que la mejor manera de innovar para el futuro es dejar el pasado atrás.

Pero Lutero no se lo podía permitir.

—Nuestra credibilidad se basa en que nunca dejaremos de hablar de Jesús y de la Biblia —dice Cormode.

De modo que Martín Lutero llevó a cabo un acto de extraordinaria creatividad en liderazgo. Reescribió el pasado.

La versión de cristianismo que conocían Martín Lutero y sus coetáneos giraba alrededor del poder del sacerdote, considerado el intermediario entre Dios y los hombres. La Iglesia y sus ministros eran los intérpretes de la Biblia.

La Biblia era la Palabra de Dios, un texto sagrado e intocable.

Como cristiano, Lutero no podía criticar la Biblia.

Su gran idea fue darse cuenta de que podía criticar la manera en la que se interpretaba la Biblia. Dios no se puede equivocar, por supuesto, pero los seres humanos sí pueden malinterpretar las palabras de Dios. Para retirar a los sacerdotes del centro de la escena, para disminuir su poder, debía probar que habían malinterpretado la Biblia.

La idea creativa de Martín Lutero es que la Biblia tiene toda la razón, pero que la Iglesia la ha entendido mal. La ha malinterpretado desde el principio.

Lo esencial de su revisión viene de un párrafo en Carta a los Romanos. El párrafo dice: «No hay diferencias, porque todos han pecado y no alcanzan la gloria de Dios, quien les concede su gracia como un regalo, a través de la redención que es Jesucristo».

Martín Lutero cambió la interpretación de este versículo para que significara que todos los seres humanos son redimidos «por la gracia regalada de Dios». Es un regalo de Jesucristo. ¡No hace falta un sacerdote!

—Fue la idea clave que puso en marcha la Reforma —dice Cormode—. La redención se adquiere mediante la fe, sin necesidad de sacerdote. Es un don de Dios.

Ahora no nos suena tan profundo. Parece una forma tan sensata de leer el texto como cualquier otra.

—Ya ves, es como cuando alguien dice algo y todo el mundo comprende que nunca lo habían visto de esa manera —dice Cormode.

Martín Lutero reformó la religión cristiana al darle un nuevo relato.

Creó uno de los productos más demandados del mundo, una nueva versión de la religión que a mucha gente le resultaba más llevadera que la versión anterior.

Hay casos parecidos en muchas religiones. Pensemos en lo que ocurrió cuando apareció por primera vez Jesucristo, que era judío. No obstante, el judaísmo, como producto de diseño, presentaba algunos problemas para sus consumidores. El Viejo Testamento, el manual de usuarios del judaísmo, les dice a los judíos que son el pueblo elegido, pero que deben seguir una serie de reglas estrictas para que Dios vuelva a la Tierra. Significa que solamente algunas personas son elegidas (el pueblo elegido) pero también que solamente serán elegidas si siguen una serie de normas muy severas.

La innovación de Jesucristo no apartaba estas ideas —no podía desecharlas sin más—, pero ofrecía un nuevo producto que era él mismo. Explicó que las normas del Viejo Testamento eran muy difíciles de cumplir porque, para empezar, las personas nunca podían ser tan perfectas. En otras palabras, creó una nueva interpretación de la religión al redefinir el «pecado original». No creó una idea con nuevos materiales, sino que la elaboró a partir de materiales ya aceptados. De hecho, la historia del pecado original a la que se refiere —el hombre y la mujer en el Edén que comen el fruto del árbol del conocimiento del bien y del mal— aparece en las primeras páginas de la Biblia, en el capítulo tres del Génesis (¡y los capítulos del libro son cortos!).

Jesús ofreció además un nuevo enfoque basado en el Viejo Testamento. Su muerte permitiría a la gente estar entre los elegidos aunque no fueran capaces de cumplir todas las normas del Viejo Testamento. Solo tenían que creer en él. Oh, y hay algo más en este nuevo producto: está al alcance de todo el mundo, no solo del Pueblo Elegido.

Esto es sin duda un concepto con una de las mayores creatividades con C mayúscula de la historia. Claro que podríamos hablar también de inventos tan importantes como la rueda, la agricultura, la domesticación de los animales, las vacunas o el tratamiento de las aguas residuales, pero la innovación de las religiones, seamos o no creyentes, es la lente a través de la cual ven la realidad miles de millones de personas.

En este capítulo hay algo importante a remachar. Se trata de lo que la religión y la teología nos dicen sobre la naturaleza esencial de la creatividad: es muy efectiva cuando conecta el presente con el pasado y nos ayuda a encarar el futuro. La creatividad suele ocurrir entre ciertos límites.

Pensemos en Joseph Smith, que presentó el mormonismo al mundo y era un hombre de gran creatividad.

Según cuenta la leyenda, a principios de la década de 1800, mientras paseaba por el bosque, John Smith habló con Dios y con Jesucristo. Según la biografía oficial de la Iglesia de los Santos de los Últimos Días, que Smith fundaría, el Salvador le dijo «que no se uniera a ninguna de las iglesias existentes, porque las doctrinas que enseñaban eran incorrectas». Los tiempos que le tocó vivir a Smith eran fecundos en ideas religiosas, un país nuevo con un concepto bastante abierto sobre la libertad religiosa que no solo permitía el surgimiento de nuevas ideas, sino también la discusión y la competición que ayudaba a redefinir y a reconducir las ideas.

«A medida que más y más norteamericanos migraban a las tierras abiertas en las fronteras oeste del país, diversas confesiones competían entre sí para atraer a los conversos. Fue una época marcada por el resurgimiento de la conversión religiosa. El mejor ejemplo es la celebración de encuentros religiosos, sus exaltados sermones y las muestras de fervor espiritual de los asistentes», como se explica en un estudio. «Predicadores metodistas itinerantes y ministros baptistas llevaban sus mensajes populistas hasta las regiones más remotas, y ambos movimientos tuvieron un crecimiento espectacular. Otras confesiones, incluido el presbitarianismo, intentaban hacer lo mismo». Con esta «guerra religiosa de palabras», como la llamó más tarde, se topó a los catorce años Joseph Smith.

Al igual que Martín Lutero, Smith no habría llegado a ninguna parte si hubiera roto con las creencias más arraigadas. Debía ser lo bastante cercano a las creencias existentes a fin de no perder seguidores, y ofrecer novedades que le permitieran atraer a otros.

Explicó que había encontrado la respuesta enterrada en una colina cerca de Palmyra, Nueva York. Bajo las indicaciones de un ángel, Smith dijo haber hallado unas placas de oro con un texto grabado en el antiguo Egipto. Dijo que ese texto era la escritura perdida, el Libro de Los Mormones, igual en importancia al Viejo y al Nuevo Testamento. Smith se basó en esos escritos para fundar la Iglesia de Jesucristo y los Santos de los Últimos Días. Las ideas de Smith eran especialmente atractivas para los peregrinos americanos que se enfrentaban a un territorio abierto y hostil, como un sinfín de opciones. Smith les ofrecía estabilidad y simplicidad.

Su mensaje «se apartaba del confuso revoltijo de sectas y confesiones para volver a la simplicidad de la iglesia primitiva, asentada en unas cuantas verdades muy claras y llenas de autoridad», dice en su libro Donald Scott, anterior decano de la Facultad de Ciencias Sociales y catedrático de Historia del Queen's College, en la Universidad de la Ciudad de Nueva York. Dice algo más sobre el mormonismo: «Sobre todo, ofrecía la anhelada estructura a unas vidas atribuladas por la falta de estabilidad y de orden. Ofrecía a sus seguidores un tremendo apoyo social, psicológico y económico».

La religión ofrece muchos ejemplos de creatividades con C minúscula que intentan reescribir las normas para evitar la incomodidad de los continuos cambios. Un ejemplo es el *smartphone kosher*.

Los judíos ortodoxos se han tenido que enfrentar a las implicaciones del uso del móvil. Por una parte, hoy es virtualmente imposible comunicarse o funcionar en la economía moderna sin uno de estos aparatos. Pero el móvil tiene funciones que los rabinos desaprueban totalmente, como un navegador de internet que ofrece distracción o incluso información herética del mundo exterior.

Su innovación con C minúscula es el *smartphone kosher*. No lo digo en broma. Es un *smartphone* normal en el que se han eliminado muchas funciones. Es básicamente un aparato sin aplicaciones, con los servicios básicos. Ideas como el móvil *kosher* permiten sumarse a las cosas nuevas sin abandonar las estrictas normas de la fe religiosa.

—Uno de los problemas que tenemos es que nos sentimos atrapados entre dos extremos, y hemos de elegir entre A y B —dice Cormode—. Entonces aparecen unos líderes y nos dicen que podemos tener A y B.

Otro ejemplo de C minúscula se dio en torno al problema que tenían los judíos ortodoxos con la prohibición de hacer trabajo manual el *sabbath*, el día en que no pueden «transportar» ni hacer nada con las manos. Entonces, ¿cómo encender las luces el sábado por la mañana? Los rabinos interpretaron que se podían usar esas luces que se apagan y encienden automáticamente. Los rabinos también permiten que se corte el papel higiénico el día antes para poder usarlo en el *sabbath*.

Son pequeñas ideas que permiten que las religiones mantengan una cierta coherencia, de modo que los fieles las encuentren aceptables.

Podemos encontrar otros ejemplos en las religiones judeocristianas (y en las modernas versiones del islam) —en las versiones reformadas— en las que las nuevas interpretaciones chocan con las antiguas enseñanzas.

Para los no religiosos, los párrafos anteriores nos conectan poderosamente con la vida, porque describen un tipo de creatividad que atañe a todo el mundo en una democracia constitucional y en la interpretación de la ley que se aplica sobre cientos de millones de personas en todo el mundo.

El 4 de marzo de 1801, Thomas Jefferson juró su cargo y se convirtió en presidente de Estados Unidos. Había vencido a un poderoso rival, John Adams. Había sido una campaña brutal, fea y sucia, el tipo de campaña que consideramos moderna y agitada por los medios de comunicación, pero esta se había adelantado a su tiempo por una razón de peso.

Antes de que Jefferson jurara el cargo, Adams había firmado la Ley Judicial de 1801, una ley aprobada por el Congreso que concedía más autoridad al presidente a la hora de nombrar los jueces. Adams quería esta ley porque antes de dejar la presidencia la utilizaría para llenar los tribunales con jueces afines a él.

Uno de los jueces designados era William Marbury, quien debía ser nombrado juez de paz en el distrito de Columbia. Solo faltaba acabar el procedimiento, consistente en que el secretario de Estado llevara el nombramiento al Senado para su confirmación.

Ah, pero surgió un problema.

Cuando Jefferson tomó posesión del cargo, su nuevo secretario de Estado, John Madison, no quiso llevar la designación de Marbury al Senado. ¿Por qué iba a hacerlo?

Marbury, el hombre que iba a ser juez, puso una demanda basada en que la designación del presidente Adams era anterior a la llegada de Jefferson a la presidencia.

El problema para el Tribunal Supremo de Estados Unidos era grave y tenía mucha más importancia que la disputa en sí: era un caso que podía hacer caer al alto tribunal. ¿Por qué? Porque si le daban la razón a Jefferson o a Adams, la institución entera podía ser vista como ilegítima, una burda herramienta política. Para seguir cumpliendo con su papel, el tribunal necesitaba a un genio que encontrara una salida. Y lo tuvo.

El presidente del Tribunal Supremo era entonces John Marshall. Y el talento de Marshall era «su creatividad legal, que no muchas personas ni abogados sabrían apreciar», escribió Garret Epps, periodista judicial para *The Atlantic*.

«Si el Tribunal Supremo rechazaba la demanda, estaría admitiendo que Jefferson podía legalmente deshacerse de los que no fueran partidarios suyos. Y, si daba la razón a Marbury, el nuevo presidente podía romper la designación del juez. No existía ninguna ley que concediera al alto tribunal el poder de dar órdenes al presidente, y

Marshall no podía imponer esa orden. El Congreso jeffersoniano podía acusar a Marshall de extralimitarse en sus funciones y destituirle», escribió Epps.

«Pero el presidente del Tribunal Supremo demostró ser más astuto que Jefferson y el Congreso».

Lo que siguió fue de una creatividad épica, hasta tal punto que se ha dicho que se trata del fallo más importante en la ley constitucional de Estados Unidos.

Marshall encontró una salida para todo el mundo, no solamente para los partidarios de Adams o de Jefferson. Fue una salida para algo que no todo el mundo entendió que estaba en juego: el propio Tribunal Supremo.

Marshall escribió que, en su opinión, Jefferson no podía privar a Marbury de su puesto de juez. Era el modo de vida de Marbury, su trabajo, y privarle de él constituiría un acto de tiranía. Esto dio satisfacción a los partidarios de Adams.

Sin embargo, Marshall escribió también que el Tribunal Supremo no era técnicamente el lugar donde dirimir esa disputa. El tribunal carecía de la autoridad del Congreso para obligar a Jefferson a nombrar juez a Marbury. Esto contentó lo suficiente a los partidarios de Jefferson, que pudieron decir que el Tribunal Supremo no era partidista.

Pero, sobre todo, Marshall reforzó el papel del Tribunal Supremo de Estados Unidos de una forma creativa y disimulada. Parecía que decía que el alto tribunal tenía una autoridad limitada, pero al mismo tiempo decía que el tribunal tenía la autoridad para revisar esos casos. Había creado uno de los conceptos jurídicos más importantes: «la revisión judicial».

Marshall había encontrado la salida a un embrollo que parecía obligarle a elegir entre A y B. Había creado una nueva historia. Y esa historia concedió al Tribunal Supremo el poder de elegir entre A y B todas las veces que quisiera en el futuro.

Los ejemplos que menciono aquí recogen esa maravillosa mezcla de creatividad y conformismo. Son creaciones con C mayúscula que, sin embargo, siguen estando lo bastante cerca de sus creadores y seguidores como para inspirar un sentimiento de familiaridad.

Este tipo de pensamiento —mezcla entre lo familiar y lo nuevo— que extraemos de la jurisprudencia y la teología, muestra el lento y pesado avance de las relaciones interraciales en Estados Unidos. Nos encontramos ante un nuevo reto, pero ya no nos resultaba desconocido.

La historia empieza poco después de Abraham Lincoln, un hombre muy creativo que logró hacer cambiar de actitud a un gobierno federal profundamente racista y guió a la nación a través de una guerra civil. En 1868, unos años después de su muerte, se aprobó la décimocuarta enmienda de la Constitución de Estados Unidos. Esa enmienda acababa con la esclavitud. Los afroamericanos, sin embargo, aunque (en su mayor parte) ya no estaban encadenados, todavía no eran libres ni recibían el mismo trato que los blancos.

Pensemos en las llamadas leyes Jim Crow que se aplicaban en los estados sureños y que determinaban la segregación racial. En 1892, un ciudadano afroamericano, Homer Plessy, fue arrestado en Nueva Orleans por negarse a ceder su asiento a un hombre blanco en el tren. Su caso llegó hasta el Tribunal Supremo basándose en la décimocuarta enmienda, que estipula «igual protección ante la ley» para todos los ciudadanos.

En 1896, quedó en evidencia que la sociedad estadounidense debía recorrer todavía un largo camino, ya que todos los magistrados del Supremo excepto uno ratificaron la condena de Plessy. El razonamiento que utilizaron suena hoy absurdo, pero explica el pensamiento creativo que se aplicaría a continuación. El Tribunal determinó que la décimocuarta enmienda pretendía «la igualdad de ambas razas ante la ley, pero como es natural no pretende abolir la distinción basada en el color de la piel, algo distinto de la igualdad política». Y añadía: «Si una raza es inferior socialmente a otra, la Constitución de Estados Unidos no puede colocarlas en el mismo plano».

Este absurdo fallo, que votaron todos los jueces menos uno, dejó patente el racismo del sistema que se arrastra hasta hoy, pero también sentó las bases para que surgiera la creatividad. ¿Cómo puede abrirse camino una nación si sus leyes se basan en tan odioso principio?

A continuación, el Tribunal Supremo emitió una serie de fallos basados en el mismo modelo creativo de pensamiento que encontramos en la creatividad del pensamiento religioso: las nuevas ideas tienen que basarse en una reinterpretación del pasado para salir adelante.

En 1933, un abogado rompedor llamado Thurgood Marshall, nieto de esclavos, decidió combatir la práctica de la Escuela de Derecho de la Universidad de Maryland de no admitir a estudiantes negros aunque tuvieran las mismas calificaciones, o mejores incluso, que los blancos. El argumento creativo de Marshall no atacaba directamente la idea de «separados pero iguales». Después de todo, el caso Plessy había dado pleno apoyo a la idea de que era posible separar las razas por razones políticas o sociales siempre que recibieran un trato igualitario. Y fue este último punto el que atacó Marshall. Argumentó que las escuelas de Derecho «para negros» a las que podía asistir su cliente eran claramente inferiores a la Universidad de Maryland, y por lo tanto no eran «iguales». En 1936, Marshall y su cliente ganaron el caso en la corte federal de apelaciones, y finalmente su cliente pudo graduarse en la Escuela de Derecho de la Universidad de Maryland.

Dos años más tarde se dio otro pasito utilizando una creatividad similar. En 1938, el Tribunal Supremo de Estados Unidos determinó que un hombre negro podía estudiar en la Escuela de Derecho de la Universidad de Missouri porque no había ninguna escuela para negros en el estado. Esto de ninguna manera borraba del mapa el racismo del sistema, ni por asomo. No era en absoluto un avance suficiente. Pero permitía que el sistema racista no se sintiera atacado al dibujar un futuro que no se separaba tanto del pasado como para que los ciudadanos —en una nación que estaba llena de intolerantes— encontraran inaceptable la idea.

En 1950, Marshall utilizó un argumento similar para asegurarse una victoria contra la Escuela de Derecho de la Universidad de Texas. El Tribunal Supremo se pronunció de forma unánime: los sistemas de educación legal estaban separados, pero no eran igualitarios. Al mismo tiempo, se pronunciaba sobre el caso de un afroamericano que había sido admitido para hacer un doctorado en la Universidad de Oklahoma, pero al que obligaron a sentarse apartado de sus compañeros blancos y a comer en una mesa separada. Estas restricciones le imposibilitaban aprender igual que los demás.

Luego llegó el caso gordo.

Brown contra el Comité de Educación. Resumen de una compleja serie de casos diversos, el caso en el que Marshall actuaba en nombre de Brown venía a determinar si las escuelas públicas podían continuar segregando a los niños negros de los blancos. Al principio el tribunal estaba dividido. Sorprendente, ¿no? Hace menos de 75 años y la decisión no estaba clara. Luego uno de los jueces murió y lo sustituyó el presidente del Tribunal Supremo Earl Warren. En 1954 reexaminó la decisión. Los sistemas de educación separados serán siempre desiguales, concluyó. El pensamiento creativo de Marshall tenía en cuenta las ideas de los principales eruditos. Años de ataques con C minúscula a un sistema racista culminaban en una gigantesca C mayúscula.

Todo se llevó a cabo a través del tipo de creatividad que la jurisprudencia comparte con la religión: un pensamiento acorde con el pasado para convencer a los que se sienten unidos a él por la razón que sea, y la suficiente novedad como para crear un futuro más acorde con el actual funcionamiento del mundo.

Parecen argumentos propios de la política social o la creatividad de nuevas ideas.

En realidad, el hecho de que ambas cosas estén equilibradas es lo que permite la creación de muchas cosas en cualquier campo, incluido el biológico, y creaciones que no están totalmente acordes con la sociedad, como las de Marshall.

Este capítulo tiene una conclusión. Contiene siete párrafos que me temo que podrían provocar una respuesta más beligerante que cualquier otra cosa escrita en estas páginas. Un nuevo estudio indica que las personas profundamente religiosas son en general menos creativas que las que no profesan una religión monoteísta.

¡Un momento! Antes de empezar a gritarme cosas como «¿Y qué pasa con la Capilla Sixtina?» (aparte de lo que hayas escrito en este capítulo sobre religión y creatividad), vale la pena que pensemos en las implicaciones de este fascinante nuevo estudio.

El coautor es Jack Goncalo, el imaginativo investigador sobre creatividad del que ya hemos hablado y que nos explicó que la gente puede asociar la creatividad con el vómito. La idea central —que la creatividad da miedo— juega un importante papel en un nuevo estudio que Goncalo ha firmado con otros dos investigadores sobre el efecto de las convicciones religiosas en la creatividad. El estudio, que fue revisado por otros investigadores y publicado en 2021, utilizaba múltiples medidas para explorar esta idea. Descubrieron, por ejemplo, que en aquellos Estados donde los ciudadanos expresan firmes creencias religiosas se han dado menos patentes que en los estados con un menor número de ciudadanos creyentes. Dada la multiplicidad de factores que intervienen en el desarrollo de nuevas ideas que llevan a solicitar una patente, los autores reconocen que el estudio tiene algunas limitaciones. Pero también tuvieron en cuenta muchos de esos factores, como el nivel educativo y de ingresos.

Y este es solamente uno de los seis estudios que hicieron. Los otros se centraban más en el nivel individual. Algunos preguntaban a los sujetos del estudio por sus creencias religiosas, o les pedían que pensaran en el Dios en el que creían y luego les hacían test que medían su creatividad. Estos test intentan establecer cuántas ideas relativas a una palabra o a un concepto se le ocurren a una persona; en otras palabras, su capacidad de tener ideas nuevas y de relacionarlas entre sí. Es una forma aceptada de medir la creatividad. Las personas no religiosas tuvieron mejores resultados.

Los autores sugieren tres razones por las que es así, y cada razón se ve respaldada por anteriores investigaciones:

«La mentalidad pasiva de los creyentes, que tienden a mirar el mundo a través del prisma de un Dios todopoderoso, omnipresente y omnisciente podría inhibir la creatividad, ya que se ven a sí mismos como meros cumplidores de las órdenes de un ser superior», dice el estudio. «Esta actitud pasiva no es propicia al surgimiento de ideas creativas, que requieren independencia de pensamiento, incluso una cierta rebeldía y disposición a saltarse las normas».

La segunda razón de que los muy creyentes sean menos creativos es que «la mentalidad pasiva de obedecer a Dios no solo nos aleja del pensamiento independiente, sino que promueve la adaptación a una determinada visión del mundo, por lo que es menos probable que encontremos soluciones que no encajen en esa visión del mundo».

Los autores añaden una tercera razón: «Por último, el hecho de ser seguidores pasivos de una determinada religión proporciona una seguridad que puede resultar reconfortante, pero que no supone ninguna ventaja en cuanto a creatividad. El proceso creativo requiere precisamente aceptar que existen dos perspectivas legítimas que son potencialmente contradictorias».

Reflexionando sobre esto, comprendí que me resultaría más fácil dejar a un lado la idea de religión —tan cargada de significados personales— y pensar en términos de «visión del mundo». Para alguien con una visión del mundo fija y bien delimitada resultará más difícil tener en cuenta información que caiga fuera de esos límites. Me parece que esto es bastante evidente.

Aplicando esta misma lógica a la religión, no es que las personas religiosas no sean o no puedan ser creativas. En realidad, todo dependerá de su visión del mundo. Algunas personas interpretarán cada palabra de la Biblia de forma literal, y por lo tanto habrá pensamientos y actitudes tan pecaminosas que son impensables. Y esto, por supuesto, limitará su capacidad de desarrollar ideas basadas en esos pensamientos y actitudes.

Goncalo, sin embargo, me dio un ejemplo de visión religiosa del mundo más favorable a la creatividad: una persona que cree que Dios nos anima a pensar de forma creativa. En opinión de Goncalo, esa visión del mundo puede animar a crear. No es una visión ortodoxa de la religión. Sin embargo, hay muchas maneras de interpretar e integrar la religión en la existencia, de modo que es posible encontrar casos en que religión y creatividad coexistan.

Los autores resaltaron este punto en sus conclusiones.

«No sugerimos que los creyentes sean necesariamente menos creativos. De hecho, sabemos que algunos de los individuos más creativos —desde Galileo hasta Max Planck— eran devotos creyentes. Sin embargo, nuestro estudio tiende a sugerir que, aunque los creyentes pueden creer en Dios y ser creativos, sería prudente que no hicieran ambas cosas al mismo tiempo», concluye el estudio. Esta conclusión encaja perfectamente con las palabras del famoso astrónomo, el padre Angelo Secchi: «Cuando estudio astronomía, me olvido de mi sacerdocio: y cuando ejerzo mis tareas de sacerdote, me olvido de la astronomía».

Estas reflexiones sobre religión vienen a enfatizar algo que es preciso tener en cuenta, y es que todas las creaciones se dan en un contexto determinado. A mi entender, la moraleja es que las ideas que tienen éxito son las que logran un equilibrio entre la novedad y la relevancia. Esto se aplica a los cambios religiosos —que combinan lo nuevo y lo aceptado— y también a la biología, donde un nuevo organismo o una nueva especie, sobrevivirá solamente si tiene suficiente en común con lo ya existente.

Esto nos lleva a las puertas de la pandemia y al estudio de la virología. Puede que les parezca raro hablar de este tema en un libro sobre creatividad. Pero tiene más relación de lo que parece.

El COVID-19 fue una creación fantástica, si pensamos en la combinación de novedad y conformidad que supone. Era nuevo en algunos aspectos clave, pero lo bastante conocido como para entrar en nuestro cuerpo y alimentarse de él.

Ha sido un virus creativo, con un gran impacto en los medios de comunicación.

Pandemia

—Los virus son muy chapuceros. Cometen errores. Les da todo igual —me dijo el Dr. Paul Duprex, director del Centro de Investigación de Vacunas de la Universidad de Pittsburg.

La introducción había acabado. Empezaba la pandemia.

Al Día de Acción de Gracias de 2019, una época tranquila, ignorante de lo que estaba por venir, siguieron las Navidades y del Año Nuevo, con rumores de que en China se estaba extendiendo un virus nuevo. Ya he mencionado que en enero daban algunas noticias en los informativos. El 24 de enero de 2020, la revista científica *The Lancet*, una de las más prestigiosas del mundo, publicó que había 835 casos confirmados en Wuhan, con un 93 % hospitalizados y 25 fallecidos. Se informaba de nueve «casos exportados», a Tailandia, Estados Unidos, Japón y Corea, entre otros lugares. Entre los síntomas se mencionaba la fiebre y la tos seca. Al parecer, atacaba a los pulmones.

El Dr. Duprex fue uno de los eminentes científicos que recibió millones de dólares de los fondos gubernamentales para desarrollar una vacuna contra el mortífero virus. El doctor expresó su fascinación por la forma en que se creaban los virus y por las diferencias de metodología entre los que creaban las vacunas y la forma de actuar del virus.

Los virus, me explicó, son muy creativos en el sentido de que introducen gran cantidad de innovaciones. Al decir que «todo les da igual», se refería a que podían crear miles de millones de mutaciones en distintas combinaciones, por supuesto sin planificación alguna, aunque todo forma parte de una estrategia. Por lo general, el virus mutante muere. Después de todo, es diferente al linaje de virus que ha sobrevivido a problemas y presiones.

Por otro lado, presentan al mundo un número virtualmente infinito de errores, «un enjambre», dice el Dr. Duprex. «Es la creación constante de una idea tras otra, un ensayo tras otro, una secuencia tras otra. Están constantemente probando nuevas alturas, nuevos reservorios. En la mayoría de las ocasiones van demasiado lejos».

Es como si la creatividad no tuviera coste para el virus. «Funcionan por grandes cantidades. Nosotros, en cambio, pagamos por cada creación. No queremos millones de obras de arte».

Otra forma de enfocarlo es pensar que los humanos tenemos un sentido del coste cuando creamos. Dicho de otra forma, tenemos una idea y de inmediato nos preguntamos si es *buena*.

Y si no lo es, la mayoría de nosotros no perdemos tiempo con ella. Estamos justo en el extremo opuesto a los virus, que no se plantean nada. Tan alejados estamos, que a menudo matamos ideas potencialmente buenas por temor a que supongan más gastos que beneficios. Es el Síndrome del Asesinato de la Idea Prematura (SAIP), un término que me he inventado, y que probablemente no merezca más recursos que los que le he destinado.

En este sentido, la pandemia tenía mucho que enseñarnos. Una creación que se extiende por todo el planeta —en este caso, una enfermedad terrible y mortal— no es fácil de predecir hasta que se pone a prueba sobre el terreno. Este invento concreto prosperó gracias a una nueva combinación genética que encajó perfectamente en el mundo en el que fue introducida. En otro momento de la historia, habría muerto en la cuna, por así decir.

El artículo publicado en *The Lancet* el 24 de enero de 2020, señalaba que, tres semanas antes, unos científicos chinos habían aislado la secuencia genética del virus.

Esa mutación viral combinaba los genes de un murciélago con los de un humano, presentando así a nuestro sistema inmunitario una nueva amenaza que no había experimentado nunca. Atacaba en especial a los pulmones, nuestro órgano más vulnerable por diversas razones, en especial porque están más expuestos al mundo exterior, a través de la continua inhalación, que cualquier otro órgano. Resulta que el virus permanecía dos semanas en estado latente antes de provocar síntomas, de modo que las personas infectadas pero asintomáticas podían extender el virus a muchas otras sin darse cuenta, a través de una tos, un estornudo, un apretón de manos o un abrazo.

Este mecanismo nos hizo ver con perspectiva otras enfermedades mortales. El VIH es mucho más difícil de transmitir, porque solo se contagia a través del intercambio de sangre o de otros fluidos corporales. El ébola no lo hizo muy bien, ya que mataba a sus víctimas tan rápido que limitó en gran medida la efectividad de su transmisión.

En cambio, el desgraciado accidente del SARS-CoV-2 no solo superó estas ineficiencias, sino que ocurrió en el momento adecuado de la historia. En un mundo densamente poblado, los seres humanos viven en estrecho contacto también con los animales —en ese caso los murciélagos, que se habían convertido en portadores y se vendían en los mercados públicos— de modo que podían ser infectados por animales y transmitir el virus a otros humanos. Por otra parte, los avances en transporte aéreo, tren, autocar, metro y otros medios masivos, permitieron que ese invento se extendiera a todo el mundo en cuestión de pocas horas. Todo mientras los infectados seguían sin tener síntomas, convertidos sin saberlo en portadores de muerte.

Hay más todavía: no cabe duda que la COVID-19 se cebaba en la población de más edad, como muchas enfermedades. Pero en este caso llegó en un momento de la historia en que muchos países —Estados Unidos, Italia, Japón, Alemania— tenían superpoblación de mayores, ancianos y débiles. ¿Por qué atacaba el virus especialmente a los ancianos?

En parte, debido a que había encontrado una brecha en el sistema inmunitario de los humanos.

Al principio de la aparición de la COVID-19, los médicos y los científicos observaron la emergencia de una tos seca. En cierto modo era insólito. Hay muchas enfermedades pulmonares que incluyen una tos productiva. Eso se debe a la producción de moco. La fabricación de moco es parte de la respuesta del sistema inmunitario. Los estornudos y el moco que expulsamos a través de la tos forman parte del proceso de lubricación con el que el cuerpo se deshace de virus y bacterias.

Pero eso era diferente. Sabíamos que los pulmones se veían atacados de una forma nueva y eficaz por un virus que era totalmente nuevo, por lo menos para el cuerpo humano.

Para entender lo que hacía el virus —y por qué «prosperaba»— ayudará a conocer la delicada relación entre el sistema inmunitario y los pulmones, un órgano especialmente sensible.

Los pulmones son los únicos órganos internos que están expuestos directamente al exterior. Nos permiten respirar. Inhalamos, el aire entra en nuestro cuerpo y extraemos el oxígeno que, a través de unos saquitos de aire, pasa a la sangre, que lo transporta al resto del cuerpo. Este intercambio es tan esencial para la supervivencia que una interrupción de solamente un par de minutos puede provocarnos la muerte. Eso no ocurre con el agua o con la comida; ambos son esenciales, pero podemos pasar días sin comer ni beber.

Los pulmones, que tienen que estar abiertos al exterior, plantean un auténtico reto al sistema inmunitario. Nuestro sistema interno de defensa tiene que permitir que el intercambio continúe, y por lo tanto debe dejar espacio a los pulmones para que trabajen. Eso significa, por ejemplo, que podemos inhalar algunas toxinas —como el humo de un incendio forestal— sin que se ponga en marcha una respuesta generalizada del sistema inmunitario. Si nuestro sistema inmunitario enloqueciera cada vez que inhaláramos una partícula extraña, crearía todo tipo de peligros. Por otra parte, si los pulmones sufren un ataque continuado y brutal, el sistema inmunitario debe reaccionar con fuerza para repelerlo y que sigamos respirando.

La defensa de los pulmones es una acción de delicado equilibrio. Y, al parecer, el virus SARS-CoV-2 desestabiliza ese equilibrio, en especial en el caso de ancianos y personas de salud delicada. En las personas con pulmones envejecidos, el sistema inmunitario parecía enloquecer. Cuando no podía matar al virus, entraba en pánico y reaccionaba con exceso de celo para proteger al preciado órgano. Las células avisadoras del sistema inmunitario gritan entonces «¡ataque, ataque!» y no solamente en los pulmones. Muchos órganos de nuestro cuerpo se inflaman. En su forma más extrema, a esta reacción se la denomina «tormenta de citoquinas».

Una razón de que el sistema inmunitario sobrerreaccionara podía ser que el virus era nuevo para los humanos. Al principio se le llamó «nuevo coronavirus».

Todo contribuyó a hacerlo extremadamente creativo. Era nuevo —por lo menos para las personas— y aportaba valor, en el sentido de que había encontrado una forma de prosperar. El momento en el que apareció no podía ser mejor, dada la densidad de la población y la velocidad de los movimientos de personas entre fronteras.

El 23 de febrero, el *New York Times* decía: «Europa se enfrenta a su primer estallido de coronavirus. En Italia, un brote de 150 casos el pasado domingo ha llevado a los gobernantes a decretar el confinamiento durante 10 días, por lo menos».

Hasta aquel momento solamente se habían reportado cinco casos en Italia. «Ese preocupante dato», escribió el *Times*, «quebró el sentimiento de seguridad y de distancia que gran parte del continente había sentido en los últimos meses, por más que el virus hubiera infectado ya a 78.000 personas y matado a más de 2.400, casi todas en China».

Aquel mismo día, Estados Unidos tuvo que enfrentarse a otro reto excepcional.

El 23 de febrero, Ahmad Arbery salió a correr. Su carrera le llevó hasta un barrio arbolado de Georgia llamado Satilla Shores. Tres hombres blancos le siguieron y le acorralaron. Uno de ellos le disparó. A sangre fría. Pero en esa ocasión, el asesinato quedó grabado por una cámara. Un vídeo de 32 segundos muestra el desesperado intento de Arbey por escapar de sus perseguidores. No se llevó a cabo ni se solicitó ningún arresto. El caso quedó inactivo, al parecer sin esperanza de que se hiciera justicia. Finalmente, los tres hombres fueron declarados culpables de prácticamente todos los cargos.

A miles de kilómetros, en Minneapolis, el 25 de mayo George Floyd murió después de que unos policías lo sujetaran contra el suelo. Un agente le puso la rodilla en el cuello, con lo que durante ocho minutos le cortó la respiración. Antes de morir, Floyd llamaba a su madre. Ocurrió en Minnesota, después de que el propietario de una tienda llamara a la policía y acusar a Floyd de haberle dado un billete falso de veinticinco dólares. La injusta muerte de Floyd fue grabada con un móvil, lo mismo que la de Arbery.

Esas muertes y los vídeos desencadenaron sendas protestas en las que los manifestantes clamaban justicia. La ira de la gente se intensificó cuando se supo que no se había arrestado a nadie por la muerte de Arbery. Volvieron a recordarse los asesinatos de otros hombres y mujeres de raza negra, como Breonna Taylor.

Más demandas de cambio. Se produjeron protestas en una ciudad tras otra, una explosión como no se había visto en el país. Era la creación de un movimiento.

Después de tantos años, ¿por qué agudizó la demanda de cambio social? El movimiento no era nuevo. Hacía años que las madres de los hombres negros fallecidos en casos similares pedían un cambio social. Los líderes comunitarios y los sacerdotes rogaban que alguien escuchara sus peticiones. Esas llamadas de atención despertaron poco interés. Mucho menos que en la actualidad. Fue así porque era el momento apropiado.

Lo que sucedió a continuación es un ejemplo en tiempo real de que para que haya un cambio creativo, lo importante no es solo la idea, sino el terreno en el que ocurre el cambio.

Era el momento apropiado.

Era la tecnología apropiada.

Era el tiempo del teléfono móvil.

Los terribles vídeos tomados por estos asombrosos aparatos (así como por las cámaras de la policía) proporcionaron una clara evidencia de lo que los afroamericanos llevaban años denunciando: que habían sido objeto de discriminación, de violencia gratuita y asesinato.

Los vídeos mostraron también sin lugar a dudas lo que los investigadores habían concluido en sus laboratorios años atrás: que el poder inconsciente del racismo sistémico llevaba a algunos agentes de policía a sentirse tan amenazados que sobrerreaccionaban. Ese sesgo inconsciente ayuda a entender por qué los agentes —a los que se permitía llevar pistolas para proteger a los ciudadanos— se sentían tan desconectados como para olvidarse del encargo de mantener la justicia y el orden público.

La tecnología había ofrecido la prueba de la naturaleza sistémica y viral de esta discriminación mortífera.

Era el momento adecuado para que una vieja idea resurgiera como un movimiento nuevo, una nueva creación. Hubo también otro aspecto del momento que ayudó a que el movimiento prosperara.

Fue el propio coronavirus. Así es: la pandemia contribuyó a crear las condiciones que llevaron al cambio social.

Oí esta observación primero de boca de un brillante creador llamado Darrin Bell. En 2019 fue el primer afroamericano que ganaba un premio Pulitzer al humor gráfico en una publicación. La dedicatoria de su premio mencionaba «sus bonitas y atrevidas caricaturas que abordan los conflictos de los grupos sociales desfavorecidos y pone de relieve las mentiras y la hipocresía de nuestra sociedad».

Yo conocía bien a Bell. Desde 2001, y durante una década, estuvimos colaborando en una tira cómica llamada *Rudy Park*. Pensábamos juntos las ideas, yo escribía y él dibujaba. Es una de las personas más creativas que conozco, además de tener una gran claridad mental y capacidad de reflexión. De modo que cuando llamé a Bell para comentar lo que estaba ocurriendo, estaba seguro de que me encontraría con algo auténtico.

Me explicó que era un niño cuando vio el vídeo de Rodney King, el 3 de mayo de 1991. Era «la primera paliza en tiempo real que veíamos», me dijo Bell.

«Los mayores decían que era un caso excepcional, pero para muchos fue educativo». Bell se había criado en Los Angeles y sabía que no era un caso en absoluto excepcional. Lo que no era corriente era verlo en vídeo, que confirmaba al mundo entero lo que Bell y sus compañeros ya sabían. Después de Bell llegó la generación que veía regularmente esos incidentes grabados en vídeo. «Los que eran más jóvenes veían cosas así frecuentemente, una detrás de otra», dice Bell. «No cabe duda de que tuvo mucha importancia que vieran lo que pasaba cuando no tenían ni veinte años».

Lo comparaba con los niños que veían películas del Oeste o de la Segunda Guerra Mundial y querían alistarse en el ejército. La mentalidad de una generación de jóvenes quedó marcada por los vídeos en sus móviles. «Saben lo que ocurre todo el tiempo, y les incomoda que la gente mayor no se preocupe. Ellos lo grababan y lo compartían todo el tiempo».

Cuando se produjeron las muertes de Arbery y Floyd, la gente tenía tiempo de hablar del tema y de ocupar las calles y protestar, explicó Bell.

—Era su mundo, y de repente no tenían colegio ni nada que hacer —dijo.

Sin querer sonar cínico, cree que, en aquel momento, los norteamericanos estaban confinados y viendo la tele, así que no podían escapar a lo evidente. En otro momento más sano y económicamente mejor, tal vez se habrían olvidado al momento. La gente habría seguido trasladándose al trabajo, yendo a la oficina, asistiendo a sus clases, haciendo deporte. Las grabaciones en vídeo de los asesinatos llegaron en un momento idóneo que permitía a la gente digerir lo que había pasado, pensar sobre ello y reaccionar, reacciones llenas de rabia y con un sentimiento de auténtica injusticia.

La necesidad de enfrentarse al racismo sistémico —que se remontaba a *Native Son* y más allá— encontró el eco adecuado porque las condiciones estaban maduras.

Las dos creaciones —el virus y el movimiento social— se unieron en un inesperado movimiento de creación y respuesta.

Los seres humanos empezaron a responder.

Llamada y respuesta de la naturaleza

La combinación entre una creación accidental de la naturaleza y un vídeo que mostraba el racismo sistémico fue lo que puso en marcha una creación épica de gran fiereza: la revuelta del género humano contra la opresión.

En aquellos momentos, la creación de los virus no estaba tan lejos de la de los humanos; en realidad, eran casi idénticas. El virus emergió por mutación, y provocó que ideas, comunicaciones y ciencia atravesaran fronteras rápidamente para encajar cadenas genéticas como piezas de un puzle, mientras científicos, políticos, innovadores, empresarios y artistas de tendencias filantrópicas resistían como podían.

Andrew Jacobs, buen amigo mío y reportero también del *New York Times*, escribió un artículo sobre el aumento de la creatividad en torno a la tecnología del ventilador.

Había creatividad en todas las áreas de la vida, empezando por la medicina, y una explosión de ideas entre los médicos. En general, se considera que los médicos se toman las normas muy en serio, y está bien que así sea. No olvidemos que son los que, en el instituto, se levantaban a las 6 de la mañana para asistir a clase de química orgánica al otro lado del campus, donde memorizaban y repetían los compuestos químicos y sus interacciones. Luego siguieron una carrera muy dura a través de la Facultad de Medicina y becas de investigación hasta llegar a la consulta médica, donde el paciente espera que comparen sus síntomas o su enfermedad con datos y modelos conocidos, no que hagan interpretaciones creativas.

Con esto no quiero decir que los médicos no sean creativos. Por favor. Digo que han elegido un camino que les exige cambiar esos impulsos por análisis concretos y prácticos.

Pero el miedo a la COVID-19 desató su inspiración. Jacobs escribió lo siguiente:

> El temor a quedarse sin ventiladores ha desatado una oleada de experimentos en los hospitales de todo el país. Han surgido prometedoras alternativas para mantener a los pacientes con vida.
>
> En el Hospital Universitario North Shore, en Long Island, los médicos han usado las máquinas para pacientes con apnea del sueño para ayudar a respirar a los enfermos de coronavirus. Los ingenieros de la Universidad de Nueva York han transformado los secadores de cabeza de las peluquerías en cápsulas de aislamiento con presión negativa que proveen de oxígeno y limitan la difusión aérea del virus; así rebajan el riesgo de infección para los sanitarios y el resto de los pacientes.
>
> Los neumólogos de Estados Unidos han recurrido a un sistema muy sencillo: tumbar boca abajo a los pacientes con problemas respiratorios, lo que aumenta en gran medida sus niveles de oxígeno en sangre.
>
> Los médicos aseguran que estos métodos y otros probados sobre el terreno han permitido a los hospitales capear el temporal ante el aumento de enfermos graves en las últimas semanas, y se han preparado para la escasez de ventiladores y el racionamiento que algunos temían, pero que no llegó a producirse.
>
> —En los hospitales se han llevado a cabo actuaciones de batalla a las que normalmente no habríamos recurrido. Pero

esta crisis ha dado un fantástico impulso a la creatividad y la colaboración —dice el Dr. Greg Martin, un neumólogo de Atlanta y presidente electo de la Sociedad de Medicina de Cuidados Críticos—. Lo mejor es que estamos aprendiendo mucho, y confío en que una parte de esas cosas podamos aplicarlas en el futuro.

Las innovaciones cuajaron en un periodo de fantástica creatividad colectiva animada por la cooperación entre países. Fue una apertura extraordinaria entre grupos, un frenético proceso de intercambio de ideas acelerado por un miedo tan poderoso que llevaba a la gente a abandonar la plaga de la duda. Prácticamente todas las áreas de nuestra vida se vieron afectadas por esta creatividad. Hay abundantes ejemplos.

El 30 de marzo de 2020, la Dra. Sonali Wilborn estaba en Ann Arbor, Michigan, participando en un encuentro virtual en Zoom. De repente, tuvo una inspiración. Supo cómo ayudar a morir de manera más humana a los enfermos de COVID-19.

—La gente pensó que estaba loca —dice.

La Dra. Wilborn es internista, y se ha centrado en especial en los cuidados paliativos. En su trabajo ha ayudado a las personas a morir mejor. Durante la pandemia de COVID-19, los enfermos morían en peores condiciones que en muchos años, porque ni siquiera podían despedirse de sus amigos y de su familia. Pasaban sus últimos momentos en soledad, en unidades de cuidados intensivos o en residencias de ancianos que no permitían —porque no debían— la entrada de visitantes. Nadie quería correr el riesgo de expandir el terrible virus.

Se dieron casos sorprendentes, se vieron imágenes de familiares congregados frente a las residencias de ancianos, mirando por la ventana para despedirse de un progenitor, de un abuelo o de una tía. En ocasiones, una persona con ventilación asistida y en sus últimos minutos de vida pedía con la mirada que le acercaran el móvil para poder ver a sus hijos o a sus nietos a través de FaceTime o de alguna otra aplicación similar.

Una de esas personas se llamaba Willie (no indicamos el apellido para preservar su privacidad). Vivía en Nueva Orleans, y la Dra. Wilborn supo de él en un encuentro virtual de Zoom, desde su casa de Michigan. Además de su otro empleo, la Dra. Wilborn era jefa del departamento médico de Heart of Hospice, una organización que intentaba llevar los cuidados paliativos a dieciséis regiones de la zona sur de Estados Unidos. Su intención es «transformar los cuidados de quienes se encuentran al borde de la muerte».

Willie necesitaba cambios. Estaba en una cama de Cuidados Intensivos y moriría sin tener contacto alguno con su familia, incluido su hijo, con el que hacía más de una década que no tenía relación. Willie rogaba que le proporcionaran intimidad.

Por lo general, se tarda dieciocho meses en ingresar a un nuevo paciente en cuidados paliativos. Hay que hacer un montón de papeleo y resolver algunos problemas médicos y de seguridad. Hay que responder a muchas preguntas, incluso sobre bienes raíces.

La Dra. Wilborn dijo a su equipo que debían crear una unidad de hospitalización para cuidados paliativos que fuera distinta. Tenía que disponer de equipamiento que permitiera dotar a los familiares del más completo equipo protector para visitar al paciente en su habitación y despedirse de él. Les llevó ocho días prepararlo todo.

Willie fue trasladado a una de esas habitaciones y pudo despedirse de su hijo antes de morir. Cuando escribí estas líneas, en otoño de 2020, el centro de cuidados paliativos había asistido a 89 personas que de otra manera habrían muerto en completa soledad.

La Dra. Wilborn no inventó el centro de cuidados paliativos ni el EPP (el equipo protector personal). Se limitó a unir las dos cosas para que menos gente muriera sola. Fue un magnífico ejemplo de creatividad inspirada por la pandemia, y llevaría a que otras organizaciones dieran pasos similares.

La creatividad se daba en personas de todas las edades, desde investigadores de cierta edad hasta jóvenes innovadores llenos de energía. En marzo de 2020, justo después de que se declarara la pandemia, un joven de diecisiete años del estado de Washington diseñó una página web que rastreaba internet en busca de información fidedigna sobre el estado de la pandemia y su respuesta.

¡Qué maravilla! Cuánta creatividad hasta llegar al punto en que se puede identificar, capturar, describir al virus —disgregado en pedacitos de ADN— y atacarlo con vacunas. Era la esencia de la tensión creativa: problema y respuesta, llamada y respuesta.

¡En este caso, con la ayuda de un chico de diecisiete años!

La creatividad llegaba de todas partes en muchos aspectos de la vida, la tecnología y la medicina. El momento era propicio para probar nuevas ideas. Y funcionaron. Una de mis historias preferidas es la de Tina Syer, que el 19 de marzo por la noche, mientras conducía por la autopista al sur de San Francisco, tuvo una idea asombrosa. Era pocos días después de que se supiera que Estados Unidos no escaparía a la epidemia de COVID-19, y en muchas ciudades se estaba decretando el confinamiento.

Eso significaba que se cerrarían las puertas del pequeño rincón del mundo donde vivía Tina: The Boys & Girls of the Peninsula, que ayuda a la gente con escasez de recursos. El área donde Tina Syer trabajaba como directiva y jefa de la recaudación de fondos se dedicaba a un sector especialmente olvidado: los pobres invisibles de Silicon Valley, en el área alrededor de Palo Alto, California. Es una de las regiones más ricas del mundo: allí se encuentran la Universidad de Stanford, Sand Hill Road, la calle que se ha convertido en centro de negocios e inversiones, Google, Facebook, Tesla…

De acuerdo con el comité de expertos llamado Joint Venture Silicon Valley, en esta región se ha agrandado la brecha salarial, lo que no es extraño si pensamos que el 13 por ciento de la población detenta el 75 por ciento de la riqueza. Algunas de las personas más pobres viven en una pequeña ciudad llamada East Palo Alto, situada justo al otro lado de la autopista —o mejor dicho, de las vías del tren— de Palo Alto. Los vecinos de esta ciudad son invisibles en muchos aspectos: trabajan como asistentas, jardineros, camareros en los restaurantes, porteros... un tipo de empleos donde es mejor que no te vean ni te oigan. Muchos son inmigrantes indocumentados de Hispanoamérica y parte de la oscura razón de los bajos salarios. Pero trabajar sí que trabajan; estas familias trabajan muy duro. Algunos tienen varios empleos para poder pagar el alquiler. Y aquí es donde actúa Boys & Girls Club: cuidan de los niños por las tardes, les dan clases particulares, reparten meriendas y algunas cenas, y en general constituyen un importante punto de apoyo.

Entonces llegó la pandemia. Y mientras conducía por la autopista para ir de su casa al Boys & Girls Club en San Francisco, Tina comprendió que era la última vez que iría en mucho tiempo. Cuando empezara el confinamiento en California, el club tendría que cerrar sus puertas.

Y pensó: «Los niños no podrán ir a la escuela, no podrán desayunar y comer allí, no tendrán a la gente del club para darles la cena». A continuación pensó: «¡Un momento, en las sedes de los clubs tenemos unas cocinas fantásticas!».

El Boys & Girls Club había estado sirviendo a los niños 350 cenas diarias mientras hacían los deberes. Así tenían un lugar donde estar, en lugar de quedarse solos en casa. Tina Syer era relativamente nueva en el club, de modo que no estaba segura de contar con suficientes apoyos para su idea.

Sin embargo, la idea había prendido lo suficiente como para que decidiera presentarla a la organización. La idea se puso en marcha. Escribí un artículo sobre esta historia en el *New York Times*.

PALO ALTO, California- Antes de la pandemia, Andrés Pantoja, prometedor ayudante del chef en un restaurante de moda de Silicon Valley, pasaba las tardes preparando deliciosas chuletas de cordero a 115 $ el plato y quitando las espinas al Psari Plakie, que se servía a 42 $ la ración. Preparar cada noche 200 comidas de alta cocina es un trabajo tremendo.

Su nuevo curro, sin embargo, está resultando todavía más caótico: preparar centenares de comidas gratuitas que les parecen increíbles a los que se las comen: jardineros, porteros, obreros de la construcción, trabajadoras domésticas y otros a los que la epidemia ha atacado en una economía que ya era precaria. Andrés Pantoja se ha convertido en parte del esfuerzo a gran escala para alimentar a las familias más pobres en la región con más diferencias sociales de Estados Unidos.

Llamémoslo «de la tecnología a la mesa», un esfuerzo de Silicon Valley por alimentar a los hambrientos impulsado por una sección del Boys & Girls Club. El director general de la organización, Peter Fortenbaugh, un MBA de Harvard, aprovechó la experiencia adquirida en McKinsey & Co y sus muchos contactos para convertir lo que había sido un programa de apoyo para estudiantes económicamente vulnerables en una de las operaciones de reparto de comida más activas de la bahía de San Francisco.

Dos de los centros sirven más de 2.000 cenas gratuitas diarias, uno en East Palo Alto y el otro en Redwood City, donde Andrés Pantoja dirige briosamente la operación.

—Esta noche, Jambalaya: pollo, salchicha, algunas gambas —recitó, mientras uno de sus cocineros revolvía el arroz—. Las especias son variadas: páprika, comino, chile en polvo. El resto es una mezcla secreta.

Esta semana han repartido su comida número 100.000, y han gastado 30.000 $ semanales. Recientemente recibieron una donación de 218.000 $ de la venta de bicicletas, en la que participaron 784 personas que tenían ganas de salir de casa.

La inseguridad alimentaria —una manera muy suave de referirse al terror a pasar hambre— fue un tema central en la historia de la COVID-19, a medida que aumentaba la pérdida de empleos. También aumentó el número de personas que a las 4 de la tarde hacían cola frente a los locales de Boys & Girls Club: una limpiadora con cuatro hijos cuyos ingresos se habían visto reducidos de 400 $ a 110 $ semanales; un portero de cincuenta y siete años que perdió su trabajo cuando los Almacenes Macy's cerraron, y que vive en una casa con siete personas, todas ellas desempleadas; una madre de tres hijos cuyo marido, pintor de brocha gorda, solo tiene algún encargo de vez en cuando.

—Los propietarios de las casas no quieren que se les acerque —me explica una mujer indocumentada de quien sé únicamente el nombre, Josefina. No quiere tener problemas con los agentes de inmigración. Tanto ella como otros que hacían cola aseguraron que agradecían cenar gratis, porque primero había que pagar el alquiler.

Unas semanas después de que el *New York Times* publicara mi artículo, me enteré de que el programa de cenas había logrado un donativo de medio millón de dólares.

El momento de inspiración de Tina Syer prendió en su organización, gustó a los de arriba, a las bases, a los jefes locales, me interesó lo suficiente como para escribir un artículo y emocionó lo bastante a mis editores como para que lo publicaran. Un logro que se apoyaba sobre los hombros de los gigantes que habían creado el *New York Times*, los de los innovadores que cogieron el periódico y lo convirtieron en exitoso diario online, quienes a su vez se apoyaban en los creadores de internet, y todo esto ayudó a Tina Syer y al Boys & Girls Club a conseguir más donaciones. Es un pequeño ejemplo de la creatividad en cascada generada por la situación de emergencia, avivada por el miedo y finalmente recogida en una fuente de autenticidad y de genialidad individual.

En las calles de todo el país, mientras tanto, se libraba una batalla por el futuro de las relaciones entre razas. Surgían líderes y voces que se hacían oír. Empezó a plantearse un paquete de cambios en el sistema con referencia a las relaciones entre la policía y los grupos minoritarios y desfavorecidos.

Una idea provino de Justin Harrington.

Es el sobrino de Rhiannon Giddens.

Justin tiene poco más de veinte años, y se ha pasado casi toda la cuarentena en su dormitorio de Greensboro, en Carolina del Norte, trabajando en un álbum.

—Estaba aislado de todo y me puse a crear —dice.

Al principio le resultó emocionante, pero luego se deprimió. Echaba de menos a la gente. No podía llevar su álbum al escenario. Y las primeras protestas no le interesaron. Sentía que ya lo había visto, que era la misma historia de siempre: la gente se manifestaba en la calle unos días y luego volvía a su vida cotidiana, vencida por la enormidad del problema y el peso del sistema.

Pero un sábado de mediados de mayo, vio en Instagram un vídeo de manifestantes en el centro de Greensboro. De modo que Justin y su madre, Lalenja, cargaron su camioneta con mascarillas, agua y otros artículos para los manifestantes. «Vi en la cabecera de la manifestación a mis amigos. Los que habían trabajado de forma clandestina con sus micrófonos. Y fue como si se me encendiera una bombilla. Supe lo que tenía que hacer».

Como muchas otras personas en todo el país, recibió la visita de la musa. En su caso, acabó en primera línea con una creación personal que mezclaba arte y política. Llegó a tener una gran repercusión.

Algo parecido le ocurrió a Giddens. En la primera semana de junio de 2020 estaba sentada a la mesa de su cocina en su casa de Irlanda, donde pasaba la mitad del año. Desde su MacBook Pro entró en Twitter. Vio que un fan había retuiteado una felicitación por la celebrada canción *Cry No More*, que ella misma había escrito y cantado en 2015. Era un tema inspirado en el asesinato de nueve feligreses afroamericanos durante un tiroteo en Charleston, Carolina del Sur.

Rhiannon Giddens miró la canción en Youtube.

—La miré y pensé «oh, mierda», y tuve una idea.

La compositora siguió las indicaciones de su musa: vislumbró una nueva versión de la canción, más solemne y más grandiosa. Pudo imaginarse y hasta oír a Yo-Yo Ma tocando el chelo, con acompañamiento de una danza de Misty Copeland, la primera afroamericana en ser ascendida a bailarina principal del American Ballet Theatre. Rhiannon empezó a contactar con gente desde la lejana Irlanda, utilizando la tecnología que nos permite colaborar a una distancia inimaginable pocos años atrás.

El reto al que se enfrentaron el mundo y Estados Unidos desencadenó una explosión de creatividad.

Lo que estas historias tienen en común es que parten del inmenso poder de la mente humana para innovar. Cada vez entendemos mejor cómo funciona nuestra mente a la hora de crear.

Es hora de que nos adentremos en la mente del creador y en otros asuntos psicológicos.

Pasemos al Libro III.

LIBRO III

NEUROLOGÍA, FISIOLOGÍA, PERSONALIDAD, CRONOLOGÍA Y (LA NUEVA) GEOGRAFÍA

El cerebro

—¿Cuántas cosas se te ocurre que podrías hacer con un ladrillo?

La pregunta me la hizo Roger Beaty, un neurocientífico del estado de Pensilvania. Me estaba haciendo el «test de uso alternativo», o por lo menos me planteaba una de las preguntas típicas.

El test ayuda a delimitar el campo de la creatividad. La inventó un investigador llamado Joy Paul Guilford (apodado J.P. por amigos y seguidores) en 1967. Es un test para medir la capacidad de una persona para tener pensamientos divergentes.

—¿Cuántas cosas se te ocurre que podrías hacer con un ladrillo?¿O con un clip, un boli, un zapato?

Estas preguntas pretenden identificar cuatro cualidades que Guilford asocia a la creatividad. Una es la soltura, un concepto que describí en un capítulo anterior y que no es más que una palabra bonita para cantidad. ¿Cuántas cosas se le pueden ocurrir a una persona?

Un ladrillo puede usarse como un tope de una puerta, arrojarse por la ventana, colocarse delante de una rueda para que el coche no corra pendiente abajo, y así.

La segunda categoría es la originalidad.

—Podríamos triturar el ladrillo hasta convertirlo en una pasta roja y utilizarla para pintar —le dije a Roger Beaty, el neurocientífico, después de darle un puñado de ideas para el ladrillo.

Esta idea le llamó la atención. Podría ser un ejemplo de originalidad, pero también tiene rasgos de los otros dos atributos que J. P. asocia a la creatividad. Uno es la flexibilidad, que mide el abanico de diferentes categorías que puede manejar una persona: la pintura es de una categoría diferente al tope de puerta. Y la última categoría es el detalle: hacer pintura roja con un ladrillo triturado y agua es una descripción bastante detallada.

Beaty tuvo una idea. Decidió darle un giro al test. Decidió colocar a la persona que respondía al test en un escáner de resonancia magnética en tiempo real que formaba imágenes de la actividad cerebral.

Este capítulo explica lo que Beaty y otros han descubierto sobre el cerebro de los creadores. Se incluye en una sección del libro sobre los atributos fisiológicos y emocionales de las personas creativas. Empezamos por el cerebro.

En el momento de tener esa idea, Roger Beaty se encontraba en Greensboro, Carolina del Norte, haciendo un posgrado. Acababa de encontrar un tesoro: un escáner cerebral «muerto de aburrimiento» en una sala. Solamente los contratos de servicio que requieren estas máquinas son carísimos. No cabía duda de que la máquina estaba desaprovechada. Roger decidió remediarlo. Acabó escaneando los cerebros de 170 personas mientras hacían un test de usos alternativos. En términos generales, la imagen por resonancia magnética funcional (IRMf, por su nomenclatura en español) mide la afluencia de sangre al cerebro, una forma de ver qué áreas cerebrales están más activas en un momento dado.

¿Eran diferentes los patrones de afluencia de sangre de las personas que tenían mejor puntuación en test de pensamiento divergente que los de las que obtenían peores resultados?

Al comprobar los resultados, Robert Beaty comprendió que había descubierto algo importante.

—Los que dieron mejor en los test tenían mejores conexiones entre las áreas de las tres redes neuronales del cerebro —dijo.

Estas tres redes son la red neuronal por defecto, la red de control ejecutivo y la red de prominencia.

La red neuronal por defecto está más activa cuando la persona no está centrada en nada especial: cuando descansa, imagina, deja volar la imaginación, recuerda hechos pasados o piensa en el futuro.

La red ejecutiva es la parte más evolucionada del cerebro humano. Es la que interviene en la toma de decisiones complejas y en la dirección de la atención.

La red de prominencia ejerce una función de filtro. Es la que elige qué cosas son importantes o interesantes y hay que prestarles atención.

Según el modelo de Beaty, las personas con una puntuación alta en los test de creatividad presentan conexiones más fuertes entre las tres redes. Eso le sugería que la red neuronal por defecto recolectaba ideas, la red de prominencia cribaba las redes para seleccionar las ideas más interesantes y el proceso final lo llevaba a cabo la red ejecutiva, la parte del cerebro dedicada al control y a la fijación de la atención.

A mi modo un tanto simplista de verlo, es como si el cerebro fuera una mina de oro. Una parte del cerebro extrae toneladas de material: rocas, minerales, fósiles, porquería y algunos pedazos de oro. Otra parte selecciona los pedazos que pueden ser oro. Y la tercera parte elige los pedazos más prometedores, los pule, funde el mejor pedazo, lo convierte en un anillo y lo pone a la venta.

El trabajo que hace Beaty es parte de los diversos esfuerzos para dibujar el mapa mental de las personas creativas.

Es un trabajo muy discutido.

Algunos lo consideran una tontería.

—Una mierda. No sirve de nada —me dijo Arne Dietrich, el investigador en creatividad que menciono en el primer capítulo.

Arne es el autor de *How Creativity Happens in the Brain,* donde explica que la complejidad del proceso creativo excede hoy por hoy, nuestra capacidad de situarlo en un lugar concreto en el cerebro.

—No hay otra facultad mental tan esencial a la condición humana y de la que sepamos tan poco. Ignoramos cómo crea el cerebro.

En un artículo de 2018, escribió: «El estudio neurocientífico de la creatividad está muy separado del resto de las ciencias psicológicas y se encuentra en una zona teórica que no tiene igual en psicología».

Si presento así la neurociencia de la creatividad es para subrayar dos puntos: aunque existe un gran potencial en el campo de la neurociencia para la comprensión de la creatividad, se trata de una ciencia en estado embrionario y puede llevarnos a error. En parte por esta razón, no he escrito este libro basándome en la neurociencia. Aunque hubiera sonado bien, sería sobrestimar la profundidad de la investigación en este campo, todavía en estado embrionario.

De modo que este capítulo explica lo que saben los científicos, lo que no saben y por qué las posibilidades son tan seductoras. El propio Arne Dietrich, reconocido escéptico en este campo, deja todas las posibilidades abiertas.

Arne Dietrich se crió en el norte de Alemania hasta que, en su adolescencia, su familia se instaló en Estados Unidos. Fue al instituto y se graduó en la Universidad de Georgia. La creatividad y la conciencia le fascinaban, y se pasaba muchas horas haciendo entrenamientos tremendamente largos. Participó en varios triatlones y a menudo corría más de treinta kilómetros solo para entrenarse.

Fue después de una de esas carreras —treinta kilómetros por los bosques del centro de Georgia, en 2001— cuando tuvo una brillante idea. Se refería a si los gérmenes de la creatividad se originaban en el cerebro, o mejor dicho dónde *no se originaban*. El investigador estaba convencido de que las ideas aparecían cuando el córtex prefrontal estaba adormecido. Esta idea tiene cada vez más aceptación, pero en aquel momento Arne Dietrich la encontró lo bastante rara como para no atreverse a decirla en público. Y con razón. Como ya hemos visto, el córtex prefrontal es la parte más evolucionada del cerebro humano. Es lo que nos separa de los animales que fuimos.

—Me llevó años entenderlo, asegurarme de que profesionalmente no estaba pasando algo importante por alto —me explicó.

En 2003, se sintió lo bastante seguro como para hacer público lo que pensaba. Publicó un artículo en el que presentaba la «teoría de la hipofrontalidad transitoria».

La parte importante del término es el prefijo «hipo», que significa «por debajo de». Así, «hipotenso» significa baja tensión sanguínea. Es lo contrario de «hiper».

El término «hipofrontalidad transitoria» indica una desaceleración temporal de la parte más evolucionada del cerebro, y esto facilita la generación de ideas creativas.

A primera vista, eso no tiene ningún sentido.

¿Es posible que la creatividad se origine en la parte menos evolucionada del cerebro?

Con el tiempo, resulta más evidente lo que ya he comentado en este libro sobre que Arne Dietrich había hecho un descubrimiento importante: las ideas se generaban en estados meditativos; es decir, estados no tan rígidos y dirigidos, menos dados a imponer normas y una estricta moralidad. Esto encaja con la capacidad infantil de generar ideas con más facilidad.

No significa que en la generación de ideas no utilicemos diversas partes del cerebro, como propone Dietrich. Lo que le sorprendió fue que la creatividad «es una facultad totalmente incrustada y distribuida por todo el cerebro».

En parte por esta razón, el investigador abandonó la idea de que la neurociencia, pese a sus rápidos avances, no tardaría en explicar el funcionamiento de la creatividad. La encontraba demasiado limitada, y además suponía buscar en el lugar equivocado. «Imagínate si pudiéramos entender realmente qué partes del cerebro tienen las ideas innovadoras», dice Arne Dietrich.

—Eso lo cambiaría todo, para un país, un ejército, una empresa... No solamente podríamos fomentar la creatividad, sino también mover la palanca que nos permitiría aumentarla —me dice.

Estábamos hablando por Skype. Él se encontraba en su casa de Líbano, donde es profesor en la Universidad Americana de Beirut. Una vez más, el trabajo a distancia que nos permite aumentar el intercambio de ideas.

No olvidemos que, aunque piense que la neurología tiene lagunas, Dietrich está convencido de que las respuestas definitivas vendrán de la mano de la biología evolutiva. «Digamos que el cerebro produce modelos mentales que simulan las consecuencias de los ensayos de prueba, y el resultado se incluye en los procesos de cambio» —escribe—. «Si aceptamos que ese es el paradigma de la evolución, ya tenemos un camino más despejado».

Las combinaciones de conexiones neuronales pueden generar ideas y fragmentos de ideas que los creadores conectan con pensamientos más amplios que, a continuación, son analizados y evaluados con rigor por el intelecto. Esto no lo hace una parte concreta del cerebro que solo algunos posean, asegura. «Por supuesto, las personas creativas no son un tipo especial de profetas».

Pero si a Arne Dietrich no le convencen los avances en el campo de la neuroimagen y Roger Beaty cree que ya se está elaborando un mapa de la actividad creativa, está tomando forma en neurociencias una especie de zona intermedia.

Los neurocientíficos que estudian la creatividad van dando pasitos que nos dan algunas respuestas, aunque no la imagen general.

Un pequeño estudio de la Universidad de Iowa exploraba los cerebros de siete grandes creadores: cuatro artistas (tres autores y un cineasta) y tres científicos (un neurocientífico y dos biólogos moleculares).

Todos ellos llevaron a cabo una tarea que debía revelar sus impulsos creativos al mismo tiempo que les hacían una resonancia magnética. Mientras estaban en el escáner les mostraban una palabra normal y corriente —tanto podía ser un verbo como un sustantivo— y tenían que susurrar lo primero que se les ocurría. Se suponía que sus respuestas, al tratarse de personas creativas, reflejarían creatividad, imaginación y la conexión de ideas dispares.

Para esta prueba, a cada uno de los siete se le mostraba, en cuanto entraba en el escáner, una cifra de dos dígitos que debía repetir. Así se mostraba la imagen del cerebro en un estado poco creativo.

La prueba reveló que el cerebro estaba más activo cuando el sujeto respondía con una palabra inventada que cuando repetía una cifra de dos dígitos. No era ninguna sorpresa. Después de todo, el cerebro trabajaba más cuando tenía que responder con una palabra.

La segunda conclusión fue que cuando los sujetos debían responder con una palabra, las áreas del cerebro que mostraban actividad eran las mismas para todos. Se activaba sobre todo la red neuronal por defecto, la que participa en las actividades menos dirigidas. Era lo que Arne Dietrich había supuesto: aunque son creativos de distinta manera, tanto los científicos como los artistas mostraban mayor actividad cerebral cuando creaban con una parte del cerebro que no está implicada en el análisis activo, sino en el reposo.

Otro estudio perfeccionado y fascinante comparaba los cerebros de personas muy creativas —creadores con C mayúscula en su especialidad— con otras inteligentes, pero sin grandes logros creativos. Los resultados fueron muy sugerentes.

El estudio formaba parte del Proyecto C Mayúscula en la UCLA (Universidad de Los Ángeles). Los investigadores buscaban personas con un alto nivel en su área de trabajo: desde pintores, escultores y fotógrafos hasta biólogos, químicos y matemáticos. Sus logros creativos se evaluaban según parámetros de creatividad e influencia. Un segundo grupo estaba formado por personas que eran más inteligentes que la media, gente con un buen nivel de formación y un alto grado de inteligencia. Había en total 107 personas en el grupo de estudio.

A los sujetos se les escaneó el cerebro mientras estaban absortos en diversas tareas, incluyendo algunas de tipo creativo. Eran las denominadas «tareas de pensamiento divergente». El estudio reveló que los sujetos de ambos grupos utilizaban partes similares del cerebro mientras realizaban una actividad creativa. Sin embargo, los cerebros de los creadores mostraban menor actividad.

Las personas creativas necesitaban menos energía cerebral.

Hay que señalar que ambos grupos tenían resultados similares. Pero las personas más inteligentes que la media debían esforzarse más.

El resultado del estudio se publicó en la revista *Neuropsychology* en 2018. «Este efecto observado, la menor activación dentro de la misma red neuronal, normalmente se interpreta como una mayor eficiencia», dice el estudio.

El estudio ayuda a entender por qué algunas personas utilizan más la creatividad que otras: tienen más facilidad. El cerebro no siente tanta presión si la creatividad se da de forma natural. También ayuda a entender por qué en muchas áreas de negocio se pone en un aparte a la gente de la parte creativa (los guionistas frente a los que llevan el set de filmación, o los que escriben los códigos software frente a los que llevan la logística de una gran empresa). Todas las tareas requieren algo de creatividad, pero a algunas personas se les da mejor el puro invento.

Eso no significa que los demás no sean creativos. Simplemente, les costará más esfuerzo.

Lo que más aprecio en un estudio así, es que descompone la neurociencia de la creatividad en piezas más pequeñas: generación de ideas, procesamiento de ideas, etc.

Cuanto más avancemos en este sentido, más cerca estaremos de poder dibujar el mapa mental de la creatividad. Entonces, tal como sugiere Arno Dieter, puede que desarrollemos técnicas de comportamiento que aviven la creatividad a base de reforzar la actividad o la capacidad de ciertas partes del cerebro y sus relaciones.

Por el momento, lo que podemos decir es que las ideas se generan en un área del cerebro y que se analizan y evalúan en un segundo proceso o red neuronal. Esta idea es importante porque subraya la similitud entre la forma de crear de los seres humanos y la forma en que mutan y evolucionan organismos más primitivos.

En el modelo celular básico, las mutaciones se dan a nivel de los genes, lo que a menudo hace que el organismo muera porque no es viable en el mundo real. Pero algunos sobreviven. Algunos prosperan. Y prosperan porque se han puesto a prueba en el mundo real.

En el interior de nuestro cerebro ocurre algo parecido.

Las ideas nos llegan a través de nuestras redes neuronales por defecto. Surgen del subconsciente en momentos de calma, de inspiración, de emociones puras, en estados de autenticidad. A menudo no es tanto que las provoquemos, sino que las permitimos, dejamos que aparezcan. Son casi como mutaciones, nuevas formas de ideas, ligeras variaciones de lo que ya conocemos. Mutaciones de un conocimiento anterior.

A continuación procesamos más activamente las ideas a través de las redes intelectuales del cerebro, la torre de control y sus áreas asociadas.

De nuevo, vemos que esta evaluación de las ideas que han surgido es similar a una mutación que se pone a prueba en el mundo físico. Nuestra mente crea tanto la mutación como el medio ecológico en que se pone a prueba. Nuestro cerebro se convierte en el terreno abrupto donde una creación tiene que atravesar el frío y el calor de la experiencia, la pendiente resbaladiza y escarpada del conocimiento anterior, las aguas profundas e infestadas de tiburones de la realidad. Y todo esto puede ocurrir en un abrir y cerrar de ojos, en unos minutos o en unas semanas.

—¡Tengo una idea! —le digo a menudo a mi mujer.

—Consúltala con la almohada.

La mutación había aparecido, y yo la anunciaba como el nuevo y estupendo producto de los hermanos Wright. Siguiendo el sabio consejo de mi mujer, me fui a la cama y dejé que la idea madurara.

—¿Recuerdas la idea que tuve ayer? —le digo a mi mujer—. No tiene ningún sentido.

Aquí pueden imaginarse la sonrisa irónica y comprensiva de mi esposa.

La mutación había surgido, había corrido sobre las brasas de mi experiencia y había acabado en el basurero de las inspiraciones descartadas.

Algunas, sin embargo, superan el proceso. Los creadores prolíficos parecen tener facilidad para generar más mutaciones y para evaluarlas lo suficiente como para llevarlas hasta el siguiente reto: el mundo real. El mundo más allá de las redes neuronales analíticas. Es como las ideas que, siguiendo el símil biológico, sobreviven durante varias generaciones. Pueden florecer más allá del terreno mental. Puede tratarse de cualquier tipo de innovación: la idea de negocio que se lanza a los inversores, una canción que se propone al resto de la banda, el libro que se entrega a un agente o el reportaje que se le da a un jefe de periódico, la idea de investigación para la que se pide una subvención.

O la idea de guión que se puede convertir en una película o en un programa de televisión. Eso me recuerda una historia que le oí contar a Judd Apatow, un realizador de comedias. No es un neurocientífico, pero cualquiera lo diría.

Es importante resaltar que el talento de Apatow viaja en una cabina atestada, en compañía de la comedia, la melancolía, el sentimiento de incomodidad, la autenticidad. Sus creaciones contienen problemas reales, personajes reconocibles, emociones prácticamente universales, conversaciones maritales extraídas palabra por palabra de nuestras propias alcobas. Tal vez esto sea lo que define a la buena comedia, y Apatow ha hecho muchas comedias buenas: *The 40-Year Old Virgin*, *Knocked-Up*, *This is 40*, *Funny People* y numerosos programas de televisión, incluido *Freaks and Geeks*, que según una crítica del *Daily News* neoyorquino, muestra algo muy básico: «el deseo de los adolescentes de entender el mundo y entenderse a sí mismos. *Freaks and Geeks* es demasiado honrado para ofrecer respuestas, pero ratifica el valor y la universalidad de plantearse preguntas».

No cabe duda de que Apatow ha sabido oír su propia voz y dejarla oír. Empezó haciendo monólogos en el instituto, y gracias a su dedicación y ambición, una década después de graduarse escribía guiones para *The Larry Sanders Show*. Allí tuvo de mentor al magnífico director del espectáculo, Garry Shandling.

Lo que me lleva a la breve parábola sobre el cerebro que compartió Apatow.

Los programas de televisión y las películas son, en esencia, actos creativos de colaboración. Intervienen directores, actores, cineastas, guionistas. A veces decenas de guionistas. Esos espectáculos se crean en las salas de redacción, que son lugares extraños y hermosos, bullentes de ideas, emociones —a menudo intensas—, historias, reniegos, insultos, bromas, ideas, ideas, ideas.

—Se convierte en un gigantesco cerebro que dispara a todas partes —dice Apatow.

La sala de redacción es una suerte de símil en el mundo real de la neurociencia de la creatividad. Cuando todo el mundo trabaja en la sala, el nivel de confort sube tan alto que las ideas fluyen sin esfuerzo, como si los guionistas sentados en torno a la mesa se hubieran fundido en un solo cerebro, como si los temores personales se desvanecieran para dar lugar a la explosión de una corriente de conciencia sin filtros, desnuda. Es como si toda la sala fuera una sola persona que tuviera una explosión de creatividad mientras corre por el parque o toma una ducha. La sala de redacción es como el circuito neuronal por defecto, pero son varios circuitos neuronales, apoyándose unos en otros.

Idea. Respuesta. Idea. Genial. Idea. Uf. Idea. ¿Me tomas el pelo? Idea. ¡Eso me ha hecho pensar en otra cosa! Claro, ¿y si hacemos…?

—Una persona lanza una idea que no tiene gracia, pero que lleva a otra a recordar algo que sí la tiene, y eso despierta a otra persona que está adormilada y que se ofende por un detalle de la anécdota, y alguien comprende que la ofensa puede ser un punto de vista —explica Apatow—. Una gran parte de mi profesión consiste en estar abierto a conexiones extrañas. Es difícil saber de dónde vienen esas ideas, y qué significan para nosotros. Hay que intentar fluir con ellas, librarse de esa vocecita crítica y ver qué surge.

A continuación, el jefe de guionistas o el director del programa toma notas, intenta guiar suavemente y recoge las ideas del cerebro colectivo, un día de trabajo de un circuito neuronal por defecto superconectado.

Hay un pero.

Los guionistas de la sala también ejercen el papel del córtex prefrontal. Rechazan ideas, a veces a los pocos segundos de que hayan nacido. A esto se le llama la llamada-y-respuesta de la creatividad. A veces las respuestas son demasiado rígidas, implacables, o hay una voz que resulta demasiado opresiva y actúa como un córtex prefrontal de individuos que reprimen sus ideas y reducen su autenticidad a tópicos, ideas facilonas o esencialmente comerciales.

—Es como tener un asesino de ideas en la sala —dice Apatow—. Una personalidad tan fuerte que anula a los demás redactores.

The Larry Sanders Show, un programa tremendamente popular y aplaudido por la crítica, presentaba una fractura en su cerebro creativo. Y la razón, explica Apatow, era que los guionistas intentaban emular el talento y la voz de Shandling, a menudo sin él en la sala, porque estaba demasiado ocupado.

—La sala de redacción intentaba adivinar lo que le gustaría y lo que no —explica Apatow.

El córtex prefrontal de la sala empezó a mostrarse muy crítico con las ideas por temor a que Shandling no las aprobara, porque «si el guión le parecía malo, se enfadaría mucho».

—Esa energía se apoderó de la sala. Los guionistas no querían meterse en líos. No querían decepcionar a Shandling. Algunos se inquietaban porque se preguntaban si su trabajo estaría a la altura —explica Apatow—. Y esa es justamente la manera de arruinar la creatividad: buscando la perfección, apuntando a ideales externos. El trabajo se vuelve pronto más difícil, y en ocasiones incluso tóxico.

Es como un cerebro que tiene libertad para crear pero que todavía lucha consigo mismo porque una voz exterior se adelanta a su flujo de ideas.

Apatow ofreció un ejemplo del caso opuesto: la sala de guionistas de una serie llamada *Crashing*, otra producción de HBO con un cómico como protagonista, en este caso es una semiautobiografía de Pete Holmes, cómico monologuista y neurótico. Que estuviera presente en la sala de guionistas ayudaba, pero sobre todo porque Holmes es muy abierto, casi demasiado.

—Pete es muy charlatán, le encanta divertir a la gente. Hasta cuando improvisa intenta ser gracioso. Le encanta provocar la risa de todo el mundo —dice Apatow—. A su alrededor todo es jolgorio, a veces en exceso. «Ya lo hemos entendido, Pete, no hace falta que nos cuentes más anécdotas graciosas», le dicen a veces los guionistas, en broma, y Pete se muere de risa. Pete se ríe de sí mismo, de ellos, de la situación. Todo el mundo se siente a gusto, y entonces pueden pasar grandes cosas.

Incluso en una sala como esa, donde la gente puede compartir cosas con tranquilidad, también se expresan malas ideas y hay que descartarlas. Y también pueden surgir malas ideas que resultan ofensivas. Pero, al revés de lo que ocurre con un escritor que trabaja solo, que filtra las ideas antes de que nadie las oiga, la sala de guionistas solo funciona si le quitamos el filtro entre la red neuronal por defecto y la boca. El propio Apatow ha tenido que enfrentarse a algunas críticas por falta de corrección política. Yo no era consciente de ello cuando hablé con él, y he de decir que fue él mismo quien comentó lo difícil que resulta expresar ideas que son auténticas y forman parte de la experiencia de mucha gente, pero que, sin embargo, pueden ser provocativas.

A modo de ejemplo, mucha gente blanca piensa que la gente de piel oscura es más probable que esté relacionada con delincuentes que las personas blancas. Esto es evidente, incontestable, y científicamente demostrado, como explicaré en el capítulo siguiente. ¿Pero qué ocurre en la sala de guionistas si alguien reconoce que tiene miedo de una persona negra que pasa por la calle? ¿Debería decirlo? ¿Cómo debe expresarlo? Y podemos pensar en otros muchos ejemplos, incluyendo muchos tribalismos.

—Deseas que todo el mundo se sienta a gusto para poder expresarse y hablar de cosas muy suyas: las buenas, las malas, lo que se les ocurra —dice Apatow—. Muchas veces te metes en un callejón sin salida, y algunas personas hacen el ridículo. Te dicen algo que piensan que te ayudará, pero a veces resulta lamentable. Puede ser la anécdota más mala que has oído en tu vida, y toda la sala hablará de ello los próximos cinco años.

En cierto modo, airear esas ideas puede ayudar en un proceso de curación, de eliminación de estereotipos arbitrarios a base de expresarlos. Iluminando las tinieblas.

No cabe duda de que la diversidad en la sala ayuda. Quién sabe lo bien que quedarían los argumentos y los personajes si se añadiera a esas ideas lo que los afroamericanos temen de los blancos, o qué otro contexto social podría ayudar a explicar verdades mayores.

Apatow ha llegado a una conclusión sobre las personas con las que le gusta compartir una sala... y un cerebro.

—Se trata sobre todo de que sea gente de buen corazón. Tienes que rodearte de gente con buen corazón que te hablen de lo bueno y lo malo en su vida.

Tanto los guiones como la ciencia del cerebro refuerzan la noción de que las ideas y las innovaciones brotan de partes del cerebro asociadas con los estados más relajados, y luego son evaluadas por las partes más analíticas e intelectuales. Esto nos viene a decir que está bien dejar que el cerebro divague, darle la libertad de imaginar sin juzgar lo que sale de allí, y luego dejar que las partes más lógicas del cerebro pongan esas ideas a prueba.

Pero la ciencia del cerebro está en sus comienzos. Nos queda mucho por aprender.

Vamos más adelantados con los ojos. Algunas de las investigaciones más sorprendentes que he aprendido escribiendo este libro provienen de los investigadores que estudian la creatividad y la visión.

Lo que la gente crea depende de lo que ve. Y esto es literal.

Los ojos lo saben

Un artículo científico que apareció en agosto de 2019 en una publicación llamada *Neuroimage* trata de uno de los conceptos más importantes hasta la fecha en el terreno de la creatividad. El artículo describe cómo ven el mundo los creadores, no en sentido filosófico, sino literalmente. Lo que muestra, en concreto, es que las personas creativas son capaces de ver más cosas en el mundo que les rodea, recogen información que otros no pueden ver, y reflexionan sobre ella.

Este revelador estudio —en sí mismo un acto de creatividad— ayuda a explicar diversas facetas de la experiencia creativa, incluyendo por qué y cómo los creadores utilizan más material cuando montan un negocio, preparan un medicamento, pintan en un caballete o componen una canción a la guitarra o al piano. Ayuda a entender el valor del trabajo y de las nuevas experiencias, de las conversaciones con gente que piensa de otra manera, de dejar una burbuja de información que explica muchas cosas. Cuanto más ves, cuanto más aprendes a ver, más puedes crear.

Lo que creas depende de lo que ves.

«Las personas creativas parecen ver el mundo de otra manera, detectan cosas que para otros pasan desapercibidas, y encuentran sentido en lo que a otros les parece irrelevante», empieza diciendo el artículo.

Lo que sigue es lo que descubrieron.

En la Universidad de California de Santa Barbara les dieron a 88 estudiantes una hoja de papel con cuatro recuadros. En cada recuadro había unas líneas que esbozaban vagamente una figura. Los estudiantes tenían diez minutos para decir lo que veían en esas líneas. En investigación de la creatividad, a eso se le llama «completar figuras».

Este test es una variación del test Torrance de pensamiento creativo del que he hablado unos capítulos atrás. Las respuestas de los 88 sujetos del estudio fueron evaluadas independientemente por dos experimentados examinadores de test de creatividad. Las evaluaciones de los examinadores eran muy similares, de modo que los investigadores tuvieron un mapa bastante preciso de qué lugar ocupaba cada persona en cuanto a creatividad.

Los sujetos del estudio también fueron evaluados con otros test. Uno era un cuestionario diseñado para medir la curiosidad, o el «deseo de adquirir nuevos conocimientos», como suele describirse este rasgo, o «un deseo de conocer y de explorar». Para completar el cuestionario, se les preguntaba con qué frecuencia hacían algo artístico, como escribir un poema o pintar un cuadro.

Se les hacía también una tercera evaluación, y aquí es donde la cosa se pone interesante. Se evaluaba su tendencia a caer en el pensamiento mágico o ilusorio. Es una característica de la personalidad que entra en el apartado del bonito término «esquizotipia».

En la literatura académica, el término tiene un amplio abanico de definiciones que giran alrededor de la idea de desconectar hasta cierto punto de la realidad. En su forma más extrema, la esquizotipia se manifiesta como esquizofrenia. En manifestaciones más leves, que no son tan raras, la gente puede tener momentos de autoengaño o, dicho más suavemente, pueden tener pensamientos mágicos o pensamientos visuales. Según algunos textos, hay personas profundamente religiosas que tienen tendencias esquizotípicas, porque creen en historias que no se apoyan en la realidad o que carecen de evidencias físicas. En otras palabras, este rasgo de personalidad no es tan limitado como el intimidante término «esquizotipia» podría sugerir. Y de acuerdo con cada vez más trabajos científicos, podría tener atributos positivos.

Para determinar en qué parte del espectro se encontraban, se les dio un test llamado «la tarea inusual». Se les hacía escuchar varios tonos y se evaluaba si podían relacionarlos con sonidos diferentes y con qué velocidad establecían la relación. Dicho de otra manera, se evaluaba si podían ver conexiones que no estaban claras objetivamente.

En resumen, los investigadores evaluaban a los sujetos del estudio basándose en tres rasgos de personalidad: la creatividad, la curiosidad y la propensión al pensamiento mágico o ilusorio.

Luego viene la parte que llama realmente la atención. Los investigadores evaluaban cómo veían, literalmente, el mundo estas personas. ¿Qué clase de información contemplaban los tipos creativos y durante cuánto tiempo?

Los sujetos se sentaban aproximadamente a medio metro de una pantalla de ordenador de 17 pulgadas. Se les mostraba veinte imágenes, una cada 8 segundos. Eran fotos elegidas casi al azar de «escenas naturales, tanto interiores como exteriores», como «una bicicleta tirada sobre la hierba o un cuarto de baño con una serie de objetos en la encimera».

Seguidamente, se les enseñaron 22 imágenes muy coloridas, entre los que había «lagartos de vivos colores o paracaidistas».

A continuación vieron veinte imágenes abstractas, como arte impresionista o surrealista.

Durante todo el experimento, los investigadores utilizaron una sofisticada tecnología para seguir la mirada de los sujetos y medir los puntos en que se detenía su mirada, y durante cuánto tiempo. Según explica el artículo, «es una forma de cuantificar los complejos modelos de fijación individual de la mirada y su forma de explorar las imágenes». Se creó un espectro de respuestas, «desde los modelos más ordenados y sistémicos de dirección de la mirada» hasta «los más aleatorios e impredecibles».

La conclusión de los investigadores fue que la forma en que la gente observa las imágenes está estrechamente relacionada con los tres rasgos de personalidad.

- LOS SUJETOS que tuvieron una puntuación más alta en el test de creatividad tendían a mirar más zonas de las imágenes y a detenerse más tiempo en cada zona.
- LA MISMA CORRELACIÓN se estableció entre los sujetos más curiosos y su tendencia a mirar más zonas de la imagen y durante más tiempo.
- LOS QUE PUNTUABAN ALTO en pensamiento mágico —con tendencia a establecer conexiones que pueden no ser lógicas— miraban menos puntos de las imágenes y durante menos tiempo.

¿Y qué?

«Nos aventuramos a decir», afirma el estudio, «que los individuos creativos y muy curiosos ven el mundo de otra manera en un sentido literal».

Es un hallazgo de gran importancia en el camino hacia la comprensión de la creatividad.

En las primeras partes de este libro describí la manera en que la rigidez de pensamiento es enemiga de la creatividad, en parte porque limita su capacidad de acceder a la autenticidad de la chispa creativa del individuo. Las personas a las que les han enseñado que se tienen que comportar de una manera determinada es más difícil que vean las multitudes en su interior que les proveen de material creativo o de ingredientes adicionales, como los de su estante de las especias.

Lo más interesante de este experimento es su sugerencia de que los pensadores rígidos se tapan los ojos, incluso físicamente, al material que los rodea en el mundo real. Ni siquiera toman en cuenta información que podría ser relevante para encontrar una solución o inventar algo. Significa que su capacidad de crear se ve limitada por el número de ingredientes —la paleta de colores o la variedad de experiencias— a las que recurrir. Por las cosas que pueden *ver*.

Cuantas más cosas ve una persona, más puede crear, más ingredientes y experiencias puede utilizar.

Es importante resaltar que eso ocurre con el pensamiento rígido que incluye un sesgo simplista, estereotipos, ideas preconcebidas y confusiones. Es casi imposible que una persona con este pensamiento, un creador que cierre los ojos ante la auténtica experiencia, pueda crear algo de cierto calado.

¿Qué quiero decir?

Un ejemplo muy simple. Imaginemos un científico que no tiene la experiencia suficiente como para saber cómo interactúan algunos compuestos químicos. Puede que no vea la conexión entre dos ideas porque una de ellas no es visible para él.

O un guionista de televisión que sigue escribiendo un tópico tras otro, una idea estereotipada tras otra, porque se basa en las ideas que ve en la televisión, o en ideas que le han parecido comerciales, con lo que no hace más que regurgitar lo que ya se ha hecho muchas veces.

De entrada, es difícil dar con ideas nuevas o sorprendentes, dos aspectos centrales de la creatividad, si el creador ve pocas cosas o es incapaz de ver la realidad tal como es.

Garry Trudeau, el creador de la tira cómica *Doonesbury*, y sin duda una persona conocida por su creatividad con C mayúscula, me explicó cómo llegó a ver más que sus colegas como resultado de sentirse un extraño.

—Era bajito, tímido y poco atlético. En el internado, donde estuve siete años, tenía pocos amigos. Pero cuando observas desde fuera, puede que veas más cosas que los que participan en la fiesta, que captes mejor todo lo que hace la gente para mantener su estatus y que sientas más empatía hacia los que están fuera como tú —me dice—. Durante aquellos años, yo no tenía confianza en mí mismo, pero lo que me salvó fue que nunca dudé de mi valía personal. Era un niño querido, tuve una infancia feliz, y creía a mi madre cuando me repetía a menudo que era un niño especial. Tenía confianza en que las cosas me saldrían bien en la vida.

Trudeau hace gala de un precioso equilibrio: tiene la confianza en sí mismo como para percibir y expresar los sentimientos de incomodidad que son el material de la gran creatividad.

Por otro lado, he oído comentar a uno de los mejores editores que conozco —ha sido largo tiempo editor jefe en el *New York Times*— que muchos periodistas con los que ha trabajado son en el fondo demasiado inseguros para permitirse observaciones que podrían hacerles parecer estúpidos o débiles. El editor denomina a este fallo «expertitis». En su opinión, si faltan historias y reportajes originales es porque algunos periodistas no se atreven a escuchar opiniones de todo tipo de fuentes de todo tipo. En este caso, no hablamos de «ver», sino de «oír», pero viene a ser lo mismo.

Una de las mejores anécdotas que he oído sobre el valor de la vista para la creatividad —y una de las mejores historias que me han contado para este libro— es la de Jennifer Eberhardt. Es una catedrática de Stanford y ganadora de un MacArthur Genius Award, y pudo ver el problema de las relaciones interraciales en Estados Unidos a través de la mirada de un niño.

La anécdota tuvo lugar en 2017. Jennifer Eberhardt estaba sentada junto a su hijo de cinco años.

—Mami —dijo su hijo—. Ese hombre se parece a papi.

Jennifer miró a un lado y a otro, sin entender a cuál de los pasajeros del avión se podía referir su hijo.

—¿Qué hombre?

El niño señaló a un hombre hacia la mitad del avión.

Jennifer decidió que tenía que ser un afroamericano, el único que tenía el color de piel de la familia Eberhardt. Pero el hombre no se parecía en nada al padre del niño. Jennifer sintió que le subía la presión al pensar en cómo enfocar esa delicada conversación con su hijo. No todos los negros se parecen. Pero antes de que pudiera responder, la situación empeoró.

—Mami, espero que este señor no robe el avión.

Jennifer vio estrellitas. Sintió confusión, miedo, comprensión, se sintió hermanada con todas las personas que tenían miedo de otras personas. Y le aterrorizó pensar en el mundo que heredaría su hijo.

Ese miedo en el tuétano, esa pura chispa de emoción ayudó a Jennifer a crear la ciencia que describiré aquí para subrayar cómo aprovechó un momento de inspiración personal para demostrar que no era la única con esa experiencia. Muchas personas se sentían como se había sentido ella, y veían lo mismo que ella.

La demostración de Jennifer Eberhard sobre cómo y por qué sucedía esto, adquiría importancia en 2020, cuando la nación tuvo que enfrentarse a los vídeos que mostraban los asesinatos de hombres afroamericanos que en algunos casos eran civiles y en otros policías.

Jennifer Eberhardt se embarcó en novedosos estudios para demostrar la naturaleza profundamente arraigada de los prejuicios raciales. Quería determinar si la conversación referente al racismo sistémico es solamente una hipótesis o se puede demostrar científicamente.

En uno de los experimentos de Jennifer y sus colegas, los sujetos del estudio —estudiantes varones blancos de Stanford y de la Universidad de California en Berkeley— se sentaban ante la pantalla del ordenador y se les mostraba una serie de imágenes muy rápidas, casi indistinguibles. Algunas imágenes eran de rostros blancos y rostros negros. Se les pedía a los participantes que dijeran el nombre de los objetos que aparecían en la pantalla. Eran cosas como un reloj de bolsillo, un penique, una grapadora, un teléfono. Podía ser también una pistola o un cuchillo. Los objetos aparecían lentamente, tardaban en definirse; al principio estaban borrosos y se iban definiendo poco a poco. Cuando sabían de qué objeto se trataba, los participantes tenían que pulsar un botón.

Después de ver un rostro negro, los participantes eran más rápidos para distinguir un cuchillo o una pistola.

«Los rostros de personas negras reducen en gran medida el número de trazos necesarios para detectar objetos relacionados con el delito». No solo eso. En un grupo de control se demostró que la visión de caras de blancos alargaba el tiempo de identificación de los objetos relacionados con el delito. Esta conclusión demuestra las profundas diferencias que existen en la asociación de color de piel y delito.

En el mismo artículo, publicado en el *Journal of Personality and Social Psychology*, Jennifer y los demás investigadores reforzaron el hallazgo con un segundo experimento. En este estudio, el grupo de sujetos participantes era demográficamente similar, igual que las imágenes en el ordenador. Pero en este caso les mostraban primero las imágenes borrosas de objetos relacionados con el delito, como pistolas y cuchillos. A continuación, se les enseñaban imágenes de hombres blancos y hombres negros a una velocidad demasiado rápida para que pudieran procesarlas conscientemente, solo a un nivel inconsciente. El estudio concluyó que, cuando los sujetos veían objetos relacionados con el crimen, reconocían antes los rostros de hombres negros.

«No solo se relaciona a los hombres negros con el delito, sino que también el delito se identifica como negro», concluía el estudio.

En un tercer estudio, publicado en la misma revista, los científicos examinaron los prejuicios de los agentes de policía. Trabajaron con un departamento de policía urbana que atiende a más de 100.000 ciudadanos. Más de tres cuartas partes de los agentes, el 76 por ciento, eran blancos, y el 86 por ciento eran varones. El estudio concluyó que los agentes, si se les repetía palabras asociadas con el delito (violento, arresto, disparo, captura, persecución) hacían asociaciones inconscientes mucho más rápidas con rostros de personas negras. Y no solo eso: en test de memoria, los agentes podían recordar más fácilmente los rostros de personas negras y recordaban «equivocadamente» esos rostros como más estereotípicamente negros de lo que eran: piel más oscura, labios más gruesos.

«Pensar en delitos violentos lleva a una distorsión sistemática de la imagen de las personas negras», concluye el estudio.

En cuanto a la creatividad, está claro que estos estudios y otros llevados a cabo también por la doctora Eberhardt no eran los primeros que mostraban el fenómeno del sesgo subconsciente. Sin embargo, añadían sus propias invenciones y su propio sentido, en especial al demostrar que el sesgo subconsciente funciona en dos direcciones: las imágenes delictivas llevan a los participantes a relacionarlas con personas negras, y las imágenes de personas negras les impulsan a vincularlas con hechos delictivos. Así funcionan las creaciones: cada paso se apoya en el anterior, y cada uno nos acerca más al precipicio de una creación con C mayúscula, una creación que podría cambiar el mundo.

Basándose en la investigación, Eberhardt ha empezado a ofrecer ideas muy sencillas para ayudar a disminuir nuestro sesgo inconsciente. Hay que entender lo que sucede en nuestro cerebro y a continuación tomarse un momento para procesar nuestros sesgos de modo que veamos el mundo con más claridad y más realismo.

Si cuento esta historia es por diversas razones, y solo una de ellas tiene que ver con citar el ejemplo de cómo Jennifer Eberhardt encontró la inspiración creativa a partir de un miedo primario: el terror de que su hijo pudiera morir a manos de alguien que se viera empujado por sus prejuicios. La segunda razón es que Eberhardt prácticamente anticipó el futuro.

«Cuando los ciudadanos normales intentan prevenir los delitos en su barrio, ¿qué probabilidades hay de que se fijen en el rostro de un negro?», escribieron Eberhardt y sus colegas.

El trabajo de Eberhardt es importante porque ayuda a demostrar cómo nuestros propios prejuicios y lo que yo llamo «falsos miedos» pueden interferir en gran medida con los procesos creativos.

Hay una buena razón para los prejuicios. Nos ahorran recursos mentales. Pensemos en la cantidad de energía cerebral que nos ahorraríamos si hubiera atajos que nos permitieran juzgar a las personas únicamente por su aspecto. Si nos bastara con una ojeada para identificar a una persona como una oportunidad o una amenaza, nos evitaríamos todo el tiempo que dedicamos a saber cómo interactuar con ella. Es fácil entender cómo se introducen los prejuicios en nuestra psique: los afroamericanos son así, los católicos son asá, los judíos son de esta manera, los franceses de esta otra, los demócratas, los republicanos… cada grupo en su propia casilla. Uno puede aficionarse no solo a ver a los demás de una determinada manera, sino también a pintar a su tribu de un color excesivamente benévolo. Esto provoca muchos problemas, algunos mortíferos, pero no ahondaremos en eso. Quiero centrarme un momento en la idea de que los prejuicios inhiben la creatividad. El problema es que la creación de grandes obras —científicas o artísticas— requiere que veamos las cosas tal como son, no como nos han dicho que son, o como creemos que deberían ser.

Aquí puedo ofrecer un breve testimonio personal acerca de la importancia de cambiar el punto de vista comúnmente aceptado —que nos ahorra tiempo y energía— para invertir a largo plazo y dirigirse hacia el lado contrario.

Ya he explicado que empecé a oír mi propia voz tras sufrir una crisis emocional de lo más corriente un poco antes de los treinta. Entonces empecé a confiar en lo que veía y en lo que sentía mucho más de lo que había confiado nunca. Rechacé un destino en el *New York Times* y conseguí quedarme en San Francisco y seguir trabajando para el periódico. Como consecuencia, me pidieron que cubriera los avances tecnológicos. ¡Un momento! ¡Cuántas innovaciones! ¡Cuánta riqueza!

Esto era el grueso de lo que esperaban que escribiera. ¿Cuál era la nueva brillante idea de Steve Jobs? ¿Qué sería lo siguiente que automatizaríamos? ¿Podíamos darle órdenes de viva voz al microondas?

Como ya podía aceptar mis sentimientos, como entendía que podía confiar e inspirarme en ellos, me descubrí mirando los avances tecnológicos de otra manera. Por ejemplo, estaba conduciendo y tenía ganas de llamar a alguien —a quien fuera— aunque en circunstancias normales no tendría especial interés en hablar. ¿Por qué me ocurría eso? Y si ya había hablado con las personas con las que me gustaba hablar, empezaba a buscar más contactos en mi móvil. ¿Por qué?

Un día casi tuve un accidente por mirar una dirección en mi móvil. Mi necesidad de utilizar el móvil en el coche resultaba más extraña todavía.

No solo en el coche. La necesidad de consultar el móvil me asaltaba en determinados momentos. Durante una época, tuve la tendencia de comprobar los resultados deportivos en el móvil después de un momento de tensión con mi esposa. (No es que discutiéramos, pero mi esposa decía, a lo mejor, «¿Has sacado la basura?» y yo hacía una mueca de irritación y a continuación miraba el resultado del partido de los Giants. ¿Qué estaba haciendo? ¿Escapar?).

¿Por qué, cuando estaba en el aeropuerto o en cualquier otro lugar público no podía ya mirar a nadie a los ojos? Todos los rostros estaban inclinados, absortos en su móvil.

¿Qué poder tenía ese aparato sobre mí, y tal vez sobre otras personas?

No era el único que hacía estas observaciones. Había otras personas haciéndose preguntas, observando su propio comportamiento, oyendo su propia voz. El descubrimiento de mi voz, unido a una serie de circunstancias, me permitió crear: un puesto en el *New York Times*, una larga experiencia en contar historias y en entrevistar a científicos y, lo más importante, un grandísimo editor, el que despreciaba la «expertitis» y, en cambio, simpatizaba con las «preguntas absurdas con sentido».

Me encargó que estuviera un mes entero haciéndome esta sencilla pregunta: ¿Qué ocurre cuando la gente lleva el móvil en el coche? ¿No será una mala idea?

Ahora nos parece evidente, pero no lo era entonces, en 2009. Tal vez por ese motivo, cuando se publicó el reportaje sobre la conducción distraída, en el mes de julio, hubo una respuesta masiva. El directivo del periódico se ocupaba de la creación de series en varias entregas me preguntó: «¿Qué más tienes en tu cuaderno de notas?»

Muchas cosas. A este reportaje le siguió un periodo de seis meses de periodismo eufórico, musa y oportunidad, en que la institución periodística más poderosa de la Tierra me dio permiso para investigar temáticas que conectaran ciencia, política, las emociones de las familias que habían perdido a algún ser querido debido a distracciones al volante y las voces de los propios conductores que habían matado a alguien mientras utilizaban el móvil. Iban llegando un tema tras otro hasta que se convirtieron en una gran historia, una historia que nos devolvía al principio mismo del móvil, que no se llamaba así, sino «teléfono para el coche», pensado para que lo utilizaran los conductores. Sus creadores obviaron todo lo que ya se sabía sobre los peligros de distracción que traería el invento. Mientras tanto, el periódico confiaba cada vez más en mi instinto para encontrar temas de interés y actualidad.

Al final de ese año, cuando nos pidieron que presentáramos nuestra solicitud para el Premio Pulitzer, descubrimos que la expresión «conducción distraída» se había añadido al diccionario recientemente. El presidente Obama había firmado una orden ejecutiva, una copia de la cual está colgada en mi pared, advirtiendo a los empleados federales que no escribieran mensajes de texto mientras conducían. Varios estados aprobaron leyes que prohibían esta práctica.

Y todo esto gracias a un enorme esfuerzo colectivo, al peso del periódico y a su talento e influencia. Sin embargo, en lo esencial yo situaría el principio de la serie el momento en que aprendí a escuchar y a ver, tanto a mí mismo como a los demás, con una autenticidad desnuda que hoy reconozco como responsable de gran parte de la creatividad, en cualquier campo.

Esto me lleva de nuevo a Eberhardt, cuyo trabajo de ayudar a la gente a ver con mayor claridad toca el mismo centro de la creatividad, tanto del creador individual como del país en general.

El creador individual que prejuzga a las personas —lo que puede ocurrir independientemente de dónde se sitúe ideológica o políticamente— estrecha los límites de sus fuentes de creación.

Una persona de sensibilidad elitista tal vez no escuchará la fantástica idea o el comentario de alguien con menos formación, o que no proviene de una escuela reconocida. La persona que no ha ido a una escuela elitista puede que haga oídos sordos a la sabiduría de alguien que ha estudiado en una universidad prestigiosa.

El que vota al Partido Republicano ignorará tal vez las ideas del que vota al Partido Demócrata y viceversa, y lo mismo harán los millonarios y los más modestos, las personas de distintas religiones, géneros y orientación sexual… y así para todo. Las ideas y las observaciones de unos pueden convertirse en el material que emplea un creador individual de su anaquel de emociones, o servir para que una gran empresa desarrolle y promocione un nuevo producto. Pero no será posible si ya de entrada no lo oyen siquiera.

Oí expresar esta idea con especial claridad en un programa radiofónico de deportes, un lugar del que normalmente no esperamos recibir semejante dosis de sabiduría.

Era principios de septiembre de 2020, y para entonces había 28 millones de personas contagiadas en todo el mundo, y 905.000 fallecidos, a causa de la terrible creación del llamado nuevo coronavirus, que causaba la COVID-19. En San Francisco, donde vivo, sufríamos una especie de doble cuarentena, no solamente a causa del virus, sino porque los incendios hacían que cayeran tantas cenizas del cielo que era peligroso respirar el aire exterior. El descontento social se apoderó de las calles.

Entré en el coche y la radio estaba sintonizada con un programa de deportes en el que entrevistaban a un hombre llamado Arik Armstead, que era defensa del San Francisco 49ers y cocapitán del equipo. Recientemente se le había oído hablar de temas que preocupaban al país y había utilizado con creatividad la plataforma de las ruedas de prensa. En ese programa de radio le preguntaban por qué lamentaba tanto los prejuicios en el mundo.

—Porque perdemos nuestro potencial completo —dijo el gran deportista.

Una frase que da en el clavo, porque lo que quiere decir es: cuanto más cerrados estemos a las ideas —ya vengan de la gente que piensa como nosotros o de cualquier parte— menos capaces seremos de ser creativos como individuos. Y menos podremos crear como sociedad.

Ser de mentalidad abierta es difícil. Es casi imposible. Pero no está fuera de nuestras posibilidades.

Son buenas noticias para los que aspiran a ser creativos. No es necesario ser un genio. De hecho, los rasgos de personalidad que nos facilitan la inspiración y la puesta en práctica de una idea pueden desarrollarse. No dependen de una característica que yo consideraba indispensable, la clave de la creatividad, cuando empecé a escribir este libro: un coeficiente de inteligencia alto.

Me hace muy feliz saber que ser inteligente está sobrevalorado.

Personalidad

Cuando empecé la investigación para escribir este libro tenía una idea preconcebida que sospecho que está muy extendida: una persona inteligente tiene más probabilidades de ser creativa. Ahora, cuando lo pienso, no estoy seguro de lo que entendía por «inteligente». Supongo que pensaba en el coeficiente de inteligencia. Tenía mucho que aprender.

«Una de las conclusiones más sensatas e intuitivas sobre inteligencia y creatividad es que un alto nivel de inteligencia es igual a una gran capacidad creativa», dice un artículo publicado en 2003 en el *Journal of Research in Personality*. Este escrito ganó el premio de la revista al mejor artículo del año, y lo merecía: daba al traste con el mito de que la inteligencia es el principal rasgo de personalidad de los creadores. También es de gran importancia porque para llegar a esta conclusión ha indagado en diversas investigaciones.

Gregory Feist es coautor de este estudio. Es el catedrático de Psicología en Universidad Estatal de San José que menciono en un capítulo anterior, y ha demostrado de varias maneras que la inteligencia ayuda a un creador solo hasta cierto punto. Pero antes se toma la molestia de definir qué es la inteligencia y cómo la solemos percibir.

La inteligencia se asocia normalmente con la capacidad de resolver problemas y con la velocidad a la que se hace, con el razonamiento abstracto y, en general, con la capacidad de procesar la información. Es un componente de la creatividad, hasta cierto punto.

El artículo de 2003 en el que Gregory Feist colaboró se basa en varios estudios. En anteriores capítulos menciono uno de ellos, que es uno de los más extensos «a lo largo de la vida» que se han hecho. Se inició en 1921 con una muestra de 1.500 estudiantes que tenían un alto coeficiente intelectual (147 de media), lo que no predecía futuros logros creativos. Los estuvieron siguiendo durante décadas.

Otros estudios han obtenido resultados similares; han concluido que existe una relación entre la inteligencia y la creatividad que debería ser alentadora para los que (incluidos los presentes) tenemos una inteligencia normal. Es decir, las personas con un CI superior a la media no tienen más probabilidades de ser creativas que las que tienen un CI promedio.

De hecho, por encima de un CI de 115-120, «la relación se reduce prácticamente a cero», afirma el estudio de 2003. Es lo que se denomina «la teoría del umbral», que dice que una persona tiene que superar un poco cierto umbral de inteligencia para poder ser muy creativa. «En resumen, en lugar de ser gemelos o incluso hermanos, la inteligencia y la creatividad son más bien primos».

Investigaciones posteriores han afinado esta idea. En 2013, un estudio académico en Austria concluyó que el umbral de CI necesario para pensar creativamente, es decir, para tener ideas, era mucho más bajo, inferior a 100. Para todas las demás tareas creativas, prevalecía el umbral de 120, el nivel promedio.

Algunos estudios afirman que para saber si una persona hará algo creativo, el indicador más fiable no es el test de inteligencia, sino más bien si los demás *perciben* a esta persona como inteligente. «La inteligencia que le otorgan los demás a los veintisiete años», dice el artículo de 2003 en el que participó Feist. Afirmaba también que «el potencial para hacer algo creativo puede determinarse preguntando a la gente más cercana al posible creador».

Esta conclusión se basa en diversos estudios que se inclinan más hacia el tipo de personalidades propensas a la creatividad que a las puramente inteligentes según los test tradicionales.

Durante 57 años, desde 1942, el Westinghouse Science Talent Search (Búsqueda de Talento Científico Westinghouse) ha premiado las investigaciones y las presentaciones científicas originales de los alumnos. Los que tenían buenos resultados aquí tuvieron excelentes resultados en campos creativos, y algunos recibieron un Premio Nobel. En 1988, esta competición científica fue a parar a manos de otro patrocinador, Intel. Hace unos años, en un nuevo giro que demuestra que el mundo está cambiando, pasó a otro patrocinador, Regenteron. Es la compañía cuyo medicamento se utilizó en 2020 para combatir la COVID-19, también cuando atacó al entonces presidente Donald Trump.

Otro estudio dice que los jóvenes científicos que escriben muchos artículos es probable que continúen siendo productivos y que tengan más logros en creatividad que aquellos que no fueron tan productivos al principio de su carrera.

La importancia de señalar la naturaleza predictiva de los logros creativos como indicativo de futuras creaciones está en que nos acerca a unos rasgos de personalidad que caracterizan a la persona creativa. ¿Qué sugiere en concreto este indicador?

Para empezar, pone el énfasis en el hacer, en la acción, y en el hecho de perseverar. ¿Es el tema lo bastante emocionante como para llevar a alguien a crear? ¿Cuánto le importa a una persona la pregunta, y no tanto la respuesta?

A mi entender, y como digo al inicio del libro, esto nos lleva a uno de los principios básicos que separan a una persona inteligente de una creativa:

Una persona inteligente responde a la pregunta.

Una persona creativa inventa primero la pregunta y luego la responde.

Hay varios rasgos de personalidad que, junto con la inteligencia, llevan a una persona a querer plantear preguntas, buscar respuestas y hasta a quedarse insatisfecha cuando recibe una respuesta apresurada. El rasgo más importante es el que conocemos como «apertura de mente».

En un artículo publicado en 2013 con el título *The Creative Person in Science (La persona creativa en la ciencia)*, Feist y otro autor estudiaban la personalidad de 145 académicos de importantes universidades estadounidenses. El estudio miraba los logros creativos de cada científico, de acuerdo con los resultados en productividad y en repercusión, y los comparaba con otros rasgos de la personalidad que quedaban reflejados en un cuestionario.

La variable más destacable era la apertura de mente, que Feist y su colega describieron como «la necesidad de variedad, cambio y novedad». El estudio concluyó que «los científicos que poseen gran imaginación y curiosidad y están abiertos a nuevas experiencias tienden a ser más creativos que aquellos más convencionales y pragmáticos».

La apertura mental puede leerse de diversas maneras. Describe a una persona curiosa, como dicen los autores del estudio, y que además puede ver la idea de fracaso de otra manera que una persona menos abierta. Para algunas personas muy creativas, la curiosidad y la apertura de mente tienen más importancia que el resultado, al punto de que el resultado puede importarles bien poco.

Las conclusiones de Feist en este estudio coinciden con las de un estudio más amplio acerca de la creatividad académica, uno de cuyos rasgos de personalidad recibe justamente el nombre de «apertura/intelecto».

Al principio, esta denominación me confundió, porque parece como si la apertura mental fuera una cosa y el intelecto otra. Lo que le costó un poco captar a mi intelecto promedio es que el estudio agrupa estas dos ideas para formar un solo rasgo de personalidad, porque se refieren a la manera en que una persona procesa o tiende a procesar la información.

«La apertura mental», leo, «refleja la tendencia a tener en cuenta la información estética y sensorial (tanto perceptualmente como en la imaginación)». Por el contrario, «el intelecto refleja la tendencia a tener en cuenta la información intelectual y abstracta».

Podríamos describirlo de muchas otras maneras. Una persona abierta tiende a pensar con el corazón, y una intelectual con la cabeza. Una persona abierta será más flexible y una intelectual se mostrará más rígida. Una persona abierta puede admitir varias respuestas correctas, y una intelectual solo admitirá una.

Lo que viene a decir la literatura sobre el tema es que los creadores prolíficos tienden a utilizar las dos áreas y pueden ser eficientes en las dos. Esto es, pueden utilizar indistintamente ambas capacidades o tendencias, mientras que otras personas se inclinan decididamente a uno u otro lado.

Por ejemplo, una persona en un extremo del espectro del intelecto, con un elevado CI, puede entender ideas extremadamente complejas. Su pensamiento es concreto, rígido y dará un excelente resultado en las pruebas del test.

En el otro extremo del espectro, con la máxima apertura, existe una condición llamada «apofenia», que es la tendencia a establecer conexiones entre ideas que no tienen relación, un concepto vagamente relacionado con la esquizofrenia. En esta misma zona de la apertura hay condiciones menos extremas, como fantasear o enfrascarse en algo real o imaginario.

Tengamos en cuenta que la apertura no implica desprenderse de todas las inhibiciones. Requiere tener en cuenta las ideas y estar dispuesto a explorar tanto las ideas como las experiencias y los sentimientos. Es una distinción importante que permite a la persona establecer unos límites. Una persona creativa no es la que va a la deriva en un mundo sin reglas, como podrían deducir algunos lectores. De hecho, cuanto más sé sobre Giddens, más convencido estoy de que eligió cuidadosamente qué cosas compartir con sus oyentes, e incluso consigo misma.

«Hay una parte de mí que es muy reservada», dice. «Soy creativa y creo cosas». Sin embargo, me explicó que hay partes de ella misma que no quiere incorporar en su trabajo. «¿Hasta qué punto quiero indagar en eso, en lo que viví de pequeña? La verdad es que no lo sé, y por eso es un tema que no he tocado. Es algo en lo que me da miedo pensar».

Ha encontrado su zona de confort.

También la ha encontrado su hermana, y de una forma que nos recuerda las limitaciones de la inteligencia tal como se acostumbra a medir.

La hermana de Giddens, Lalenja Harrington, es directora del Academic Programming Development & Evaluation for Beyond Academics en la Universidad de Carolina del Norte, en Greensboro. Desde el despacho de mi casa, en San Francisco, casi podía oír su voz sin tener que usar el teléfono. Le apasiona lo que ve y lo que ha visto: personas injustamente descartadas debido a sus discapacidades intelectuales.

—Intento ofrecer diversas maneras de relacionarse con ellos. Es muy importante para nosotros, como humanidad —dijo en una de las interesantes conversaciones que mantuvimos. Les está dando a estos estudiantes una educación que antes no hubieran podido tener—. Me resisto a la idea de que exista una sola manera aceptable de compartir información.

Habla igual que una creadora: abierta, dispuesta a correr riesgos, decidida. (A modo de ejemplo, Harrington me advirtió que los estudiantes con discapacidades intelectuales «son descartados a causa de los arbitrarios estándares de inteligencia que están anclados en la supremacía blanca». Se refería a sistemas de medición como los test de CI). Al igual que su hermana, Lalenja se encuentra en la mitad del espectro de intelectualidad y apertura que los investigadores denominan «innovación/imaginación».

Es un equilibrio entre la apertura al mundo y la capacidad de análisis para poner en contexto lo que el creador ve.

Mientras tanto, el trabajo realizado por Feist muestra también una conexión entre la creatividad y otro rasgo de la personalidad: la neurosis.

El artículo de 2013 sobre científicos y creatividad describe la neurosis como la tendencia a sentir más ansiedad y tristeza, pero también más sensibilidad y vulnerabilidad emocional. La influencia de este rasgo de la personalidad en la creatividad es inferior a la de la apertura, pero sigue siendo estadísticamente significativo. Curiosamente, Feist y su colega ven un vínculo entre la idea de la neurosis y la apertura porque, dicen, ambos rasgos representan un «umbral» más bajo para la entrada de información, ya proceda del interior o del exterior.

«La apertura a la experiencia y la predisposición a la tristeza podrían bajar el umbral para encontrar soluciones a un tiempo novedosas y originales», dice el estudio.

Feist dijo en una entrevista que «la apertura es claramente un predictor de creatividad en arte y en ciencia», y mencionó explícitamente la «apertura a la experiencia».

En apoyo de este punto, ofrezco a los lectores un importante testimonio de un creador que menciono unos capítulos atrás, llamado Mark Romanek. Se encuentra entre los más reconocidos directores de vídeos musicales. Si Mark Romanek es tan bueno en lo suyo, es en parte por la claridad con la que ve y oye. Aunque eso también puede ser una carga.

—La estimulación puede resultar agotadora —dice—. Es como cuando enciendes el ordenador y oyes que se acelera. Oyes un sonido agudo, el ordenador se calienta y casi tienes miedo de que vaya a romperse. Pues así está mi cerebro la mayor parte del tiempo.

Me explicó que tiene el síndrome de Asperger, que puede hacer que una persona se comporte con torpeza en sociedad y que tienda a encerrarse en su mundo.

La información que capta Romanek, aunque puede dejarle bloqueado, también le proporciona una increíble riqueza para la creación. Uno de los mejores vídeos musicales que he visto es uno dirigido por Romanek sobre Johnny Cash cantando maravillosamente un tema compuesto por Trent Reznor que lleva por título *Hurt*. En aquella época, Cash estaba mal de salud, y moriría al cabo de un año. Tuvieron que cambiar los planes de grabación del vídeo en el último minuto. En lugar de grabar en un estudio de Los Angeles, como estaba previsto, Romanek voló a Tennessee con un director de fotografía, un cámara y nada planeado. Cuando le quedaban muy pocos días para grabar, Romanek usó sus superpoderes para inspirarse en el entorno y crear un magnífico homenaje a Johnny Cash y a la condición humana. (Un consejo: ¡no dejéis de ver el vídeo!).

Acerca de la cuestión de abrirse a nuevas experiencias, le pregunté a Feist si sería suficiente para una persona experimentar el mundo a través de todo tipo de programas de Netflix, por ejemplo. Después de todo, mucho de lo que sabemos del mundo nos llega a través de una pantalla. ¿Sería lo mismo que experimentar el mundo físicamente?

—La principal diferencia es la interacción con la gente —me dijo.

En su opinión, es eso lo que nos obliga a revisar nuestras costumbres e ideas preconcebidas. Y ocurre, sobre todo, con experiencias como el viaje, que puede abrirnos la mente, confrontarnos con nuestras opiniones.

—Hemos de estar dispuestos a quedarnos confundidos, a no entender, a no saber. Es lo que define a las personas muy creativas, que están dispuestas a saltar a lo desconocido. Les gusta encontrarse con algo que no entienden, no lo evitan.

Un último rasgo de este rompecabezas de la personalidad es el de la «confianza». Es una palabra muy interesante en este contexto, porque lo que Feist y otros investigadores quieren decir no es que el creador tenga la suficiente confianza en todo lo que sabe. Más bien, quieren decir que el creador tiene la confianza suficiente como para afrontar la incertidumbre, así como para buscar una respuesta auténtica a una estrategia creativa en particular.

—Tus ideas, tu imaginación y tu forma de pensar son únicas —dice—. Puedes encontrar rechazo o críticas, pero eres lo bastante abierto y tienes la suficiente confianza en ti mismo como para no retroceder.

Es el filo de la navaja de la confianza, saber aceptar más información nueva sin sentirte amenazado, y mantenerte firme cuando una idea nueva te parece lo bastante importante y auténtica.

Para los aspirantes a creadores, me parece buena noticia. La creatividad no depende tanto del puro intelecto, que desde luego no se puede aprender, sino más bien de la combinación de intelecto y un alto grado de apertura. Otra palabra podría ser curiosidad. Para concretar la diferencia entre el intelecto y la creatividad, hago un sencillo test. Una persona con un buen intelecto encontrará una respuesta clara y sencilla a una pregunta, una respuesta que encaja totalmente en la lógica. Una persona creativa, en cambio, puede pensar que tiene más interés en explorar distintas respuestas, o incluso plantear una nueva pregunta. De hecho, los grandes creadores suelen estar abiertos a encontrar soluciones creativas, nuevas maneras de abordar las cuestiones, a veces totalmente inesperadas.

Es una forma perfecta de pasar a las historias de dos grandes creadores que tienen más en común de lo que a primera vista parece: James Allison, que ganó un Premio Nobel por ayudar a curar el cáncer, y Steve Kerr, el entrenador de los Golden State Warriors.

La historia de Kerr empieza el 8 de enero de 2015 en Cleveland (como tantas otras grandes historias).

El entrenador y la cabeza de diamante

Era la noche en que los Golden State Warriors jugaban el cuarto partido del campeonato de la NBA en el Quicken Loans Arena. Su oponente era el Cleveland Cavaliers, liderado por LeBron James, un jugador de un estatus legendario similar al de Michael Jordan, Kobe Bryant y otros que, no por casualidad, unen la apertura a las nuevas ideas con un intelecto agudo. LeBron y los Cavaliers iban primeros en la temporada, dos juegos a uno.

La buena temporada de los Warriors parecía estar en peligro. Era el primer año de Steve Kerr como entrenador de los Warriors y había llevado al equipo a sesenta y nueve victorias, una cifra pocas veces alcanzada en la historia de la NBA. Kerr tenía la suerte de contar con estrellas como Klay Thompson, Draymond Green y, sobre todo, Steph Curry. No obstante, Kerr recibió un amplio y merecido reconocimiento por saber unirlo todo. Aquel año ganó el premio al Entrenador del Año.

Esta vez, sin embargo, estaban perdiendo el partido contra uno de los mejores jugadores, y jugaban lejos de casa.

Necesitaban una idea. Algo creativo. O perderían el campeonato y se sentirían como si hubieran desperdiciado la temporada.

Kerr tuvo una idea. Una idea un poco extraña.

Antes de explicar lo que pasó, explicaré por qué. Kerr, como todos los creadores, contiene multitudes, y tiene apertura de mente en una cultura deportiva que puede ser muy cerrada.

Como entrenador de básquet, Steve Kerr es un poco friki. De niño era introvertido y leía sin parar. Heredó la curiosidad intelectual de su padre, un catedrático que llegó a presidir la Universidad Americana de Beirut. Era el cargo que ocupaba el eminente profesor Malcolm Kerr cuando unos asesinos islámicos yihadistas lo asesinaron a tiros en la puerta de su despacho. Su delito era intentar encontrar una solución creativa para lograr la paz en la región.

El asesinato fue especialmente cruel, porque el padre de Steve intentaba escuchar y comprender a ambas partes. Para ilustrar este punto, copio aquí un párrafo de un magnífico artículo escrito por uno de los escritores más creativos del *New York Times*, John Branch, que hizo un retrato de Steve Kerr. Esto es lo que escribió Branch:

> «El hombre de verdad civilizado tiene como rasgo principal la empatía», escribió Malcolm Kerr en un prefacio a una colección de ensayos. El título del prefacio era: «Reconoce que el pensamiento y la opinión de los hombres de otras culturas pueden ser muy distintos a los suyos, y que lo que a él le parece natural puede resultarles a otros absurdo».

El asesinato de Malcolm Kerr tuvo lugar el primer año de Steve como jugador de básquet de la Universidad de Arizona. El asesinato de su padre no redujo su visión del mundo ni hizo de él un fanático. Al contrario, con el tiempo su perspectiva se amplió. Se ha vuelto más empático, da importancia al individuo y no al grupo, y condena las actitudes que llevan a un tribalismo despreciativo para con los demás. No siempre ha sido fácil. Steve vivió momentos difíciles cuando los seguidores de una universidad rival, del estado de Arizona, le cantaron «OLP» durante un partido.

—Es fácil demonizar a los musulmanes, debido a lo mucho que nos afectó el atentado del 11 de septiembre de 2001, pero el tema es más complejo —le dijo Kerr a Joe Branch, el autor del artículo—. La gran mayoría de los musulmanes son pacíficos, al igual que la gran mayoría de cristianos, budistas, judíos y cualquier otra religión. La gente es la gente.

Steve no lo había tenido fácil para entrar en una universidad. De hecho, se cuenta que, cuando se postuló para la Universidad de Arizona, la esposa del entrenador, que miraba desde las gradas, le dijo a su marido: «¿Le vas a dar una beca a *este chico*?»

En la vida y en el básquet Steve se convirtió en un estudiante que seguía aprendiendo de la experiencia. Perseveró como joven promesa de Westinghouse Science, pero en el básquet. Así fue tomando forma un entrenador creativo.

Tras graduarse en la Universidad de Arizona, y a pesar de su constitución poco robusta y que no corría demasiado, acabó en la NBA, donde alcanzó (y tiene todavía) el mejor porcentaje de aciertos como tirador de tres puntos. No marcaba muchos puntos —una media de seis por partido— pero cuando tiraba acertaba, sobre todo cuando los puntos contaban. Acabó jugando con un tipo llamado Michael Jordan, y fue jugador de banquillo en el equipo de los Chicago Bulls que ganó —cuéntalos— seis anillos en campeonatos de la NBA.

En la primavera de 2014, cuando le contrataron como entrenador del Golden State Warriors, Steven Kerr era una curiosa mezcla de adulto introvertido y por una parte inseguro, ya que había muchas cosas que no conocía del mundo, aunque por otra parte tenía la firme confianza interior de que se las arreglaría. Se relacionaba bien con el mundo: quería aprender, pero carecía de ese resentimiento tan habitual entre los deportistas.

Steve me comentó que, en ocasiones, se mostraba tan abierto y tan sincero en las ruedas de prensa que se llegaba a preguntar: ¿Habré metido la pata?

—Llegado a un cierto nivel, la conciencia de uno mismo puede convertirse en sentido del ridículo, pero la seguridad que he tenido como jugador de básquet me ha ayudado como entrenador.

Cuando hacía poco que lo habían contratado como entrenador, un veterano periodista deportivo llamado Monte Poole habló con un colega que había conocido a Kerr en el instituto. «Me dijo que Steve era una gran persona, que era muy auténtico, abierto y sincero, y que tenía sentido del humor. Puede ser sarcástico, me dijo».

—Con él charlo acerca de temas sociales, política, libros, la vida más allá del básquet —comentó Poole.

Recordó que, antes de la epidemia, cuando los Warriors luchaban por salir bien parados en una dura temporada, a principios de 2019, con varios jugadores lesionados, Steve Kerr compareció en una breve rueda de prensa.

—Cuando ya se marchaba, me acerqué a él para hacerle una pregunta, y Steve me preguntó:

—Bueno, ¿y qué piensas?

—¿Sobre qué? —preguntó Poole.

—Bernie, Joe, Klobuchar, Kamala —respondió Steve. Estaba hablando de política—. He hablado con David West, y dice que le gusta Bernie. (David West había jugado mucho tiempo con los All-Star, aunque ya no estaba con ellos).

Cuando llamé a Steve por teléfono para hablar sobre creatividad, me sorprendió lo sincero que fue desde el principio. Me contó la inseguridad que había sentido de joven, y de cómo eso le había enseñado a ser humilde.

—Soy una persona abierta —me dijo—. Escucho la opinión de todos, me gusta que opinen, en parte porque soy consciente de que nadie tiene todas las respuestas. Es una consecuencia de haberme sentido inseguro porque había cosas que ignoraba.

Esto no quiere decir que sea vergonzoso. La gente que trabaja con él me contó que es muy competitivo y que detesta perder. (Durante un partido muy reñido, Michael Jordan, la estrella del básquet más alto y grande, retó a Steve, y este no se achantó). Pero su fuerza no se manifiesta como orgullo o soberbia. De hecho, es tan fuerte que puede mostrar curiosidad sin sentirse disminuido por ello, sin temor a que lo vean como débil. Y este mismo equilibrio entre el intelecto y la apertura me lleva de nuevo a lo que entonces era el Quicken Loans Arena, en Cleveland. Tras su magnífica temporada, The Warriors estaban a 2-1 partidos de LeBron James y sus Cavaliers en las finales de la NBA, donde el primer equipo que gana cuatro partidos es declarado campeón.

—Era arriesgado —dijo Poole acerca de ese cuarto partido—. Eran muy buenos, pero no había ninguna seguridad de que quedaran campeones.

Antes del inicio de aquel partido crucial, un locutor de televisión relató lo que había dicho Steve Kerr. «Dijo: Hemos perdido dos partidos seguidos, ahora iremos con mucho cuidado», explicó el locutor.

Y no es poca cosa después de llevar un largo tiempo haciendo lo mismo y cuando te ha ido tan bien.

¿Por qué era tan difícil ganar a los Cavaliers y qué podían hacer los Warriors para lograrlo? ¿No les ganaban porque ellos tenían a LeBron James?

¿De dónde podía llegar la respuesta?

Steve Kerr y su equipo de entrenadores buscaban respuestas.

Fue entonces cuando uno de ellos se dio cuenta de una cosa. No era un entrenador senior, sino un ayudante llamado Nick U'ren, que tenía entonces veintiocho años.

Su trabajo consistía en ver vídeos de partidos anteriores y juntar secuencias para que las vieran los jugadores y los entrenadores de los Warriors. En el vídeo había grabaciones de campeonatos pasados, incluidos partidos entre Warriors y Cavaliers, pero también escenas de otros equipos que habían jugado contra LeBron.

Y Nick U'ren detectó un patrón. Los equipos que ganaban a los Cavaliers y a LeBron empleaban una alineación diferente a la de los

Warriors el año anterior. Tenían alineaciones más pequeñas, con los jugadores más veloces en determinadas posiciones.

Sentado en su habitación del hotel, el asistente tuvo una idea. Tal vez los Warriors tenían que cambiar su alineación inicial para hacer de defensas contra LeBron de otra manera. ¡Eso es! Cuanto más lo pensaba, más seguro estaba de ello. Los Warriors debían cambiar su pivot inicial, un apreciado compañero llamado Andrew Bogut, que también era uno de los preferidos de los propietarios del equipo.

Lo que tenían que hacer, pensó Nick, era poner como pivot a un astuto veterano llamado Andre Iguodala. Era más bajo que un pivot tradicional como Andrew Bogut, pero era resistente y tenía muchas tablas. Normalmente, Iguodala era el primero del equipo que dejaba el banquillo para jugar en el campo, de modo que no era un gran cambio, pero se produciría en un momento tremendamente delicado.

—Estaba convencido de que funcionaría —me dijo Nick U'ren—. Aunque no sé por qué estaba tan seguro, no tenía datos.

Incluso años más tarde, noté la inspiración en su tono de voz. Y también un punto de terror. ¿Quién era él para sugerir un cambio? A las 3 de la mañana le escribió un mensaje al asistente de entrenador. Al día siguiente, este lo habló con Steve Kerr.

La idea fue bien recibida.

—Fue una sugerencia estupenda —me dijo Kerr—. Si era especial es porque la había hecho un entrenador novel, un coordinador de vídeos. Y su idea lo cambió todo. Cambió toda la temporada.

Los Warriors ganaron el partido y la temporada. Iguodala, el que en el último momento cambió de posición, fue nombrado Jugador Más Valioso. En la conferencia de prensa posterior a su victoria, Steve Kerr explicó lo ocurrido, y atribuyó el mérito a Nick U'ren.

—A veces crees que las personas que están en puestos de mando tienen todas las respuestas, pero no es cierto. Yo no las tengo —me dijo Steve Kerr.

Quiero hablar con total sinceridad. La dirección de Kerr llevó al equipo a ganar el campeonato, pero sus decisiones, aunque importantes, se inscribían en un contexto más amplio, y las implementaban unos magníficos jugadores que hacían maravillosas jugadas.

Lo que podemos aprender de esta historia es que Steve Kerr supo recoger la idea adecuada en el momento adecuado. Y lo hizo gracias a su acertada mezcla de intelecto y apertura, que se puede apreciar en el hecho de que compartió en público su decisión. Dejó su ego y su necesidad de control (lo opuesto a la apertura) a un lado para considerar otras posibilidades. Como consecuencia, los Warriors ganaron dos campeonatos más, y todas las personas con las que he hablado coinciden en que el éxito se debe al equilibrio de Kerr entre la inteligencia y la humildad, además de, por supuesto, Steph Curry y los demás jugadores All-Stars. Es a ellos a quienes Steve Kerr atribuye el mérito.

—No tendríamos esta conversación si el equipo no tuviera jugadores con talento. Nuestro trabajo consiste en colocarlos en las mejores posiciones. No hemos de perder la humildad.

Típico. Sal a recibir los aplausos, entrenador.

La idea de mezclar una aguda inteligencia con la disposición a considerar otras soluciones la podemos encontrar en todo tipo de personas y creadores.

Hay una persona que encarna esta misma idea, y es el responsable del desarrollo de nuevas terapias de cáncer. Se llama James Allison. Cada vez hay más centenares de personas que le deben la vida a los descubrimientos de este premio Nobel y a su disposición a considerar nuevas soluciones. De todos los creadores con los que he tenido el privilegio de hablar como periodista, y para este libro en particular, diría que ninguno ha hecho un descubrimiento con C mayúscula tan importante como James Allison.

—La gente suele pensar que la ciencia consiste en que tienes una hipótesis y preparas un experimento para confirmarla —me dice Allison—. Luego miras el resultado y ves qué te dice sobre tu hipótesis. Si lo haces así, puede ser interesante, pero no demasiado.

Él prefiere otro método más abierto.

—Lo que debes hacer con los datos que obtienes, es mirarlos como a través de un cristal multifacético. Lo miras de una manera, luego de otra, y de otra. Y puede que te dé una respuesta que no tiene nada que ver con la pregunta que le planteas.

Es la forma que tiene James Allison de explicar que para hacer ciencia con mayúsculas es preciso borrar cualquier estereotipo o idea preconcebida, que pueden ser muy nocivas para la ciencia. De hecho, la historia de los descubrimientos médicos está repleta de los obstáculos que le han puesto, una y otra vez, las personas con ideas preconcebidas. El campo de la ciencia no es inmune (y no es un juego de palabras) a las ideas sin rigor científico.

—Hay ocasiones en que tienes que apartarte de todo el mundo. Me enorgullece decir que no leo tantos artículos científicos como otras personas —le dijo a una periodista llamada Claudia Dreifuss que preparaba un artículo para *Quanta Magazine*—. Y, cuando leo artículos, algunos me parecen incomprensibles. Entonces me digo que o soy demasiado tonto para entenderlos, o simplemente no saben de lo que están hablando. De modo que me siento, pienso en algo que me parece lógico a partir de determinadas conjeturas y predicciones, y lo llevo a cabo.

James Allison nació en 1948 en una pequeña ciudad de Texas. Su hermano le puso el apodo de «cabeza de diamante» por su tozudez y su independencia de pensamiento. Cuando era un niño, su madre murió de cáncer, y discutía con su profe de matemáticas porque se negaba a aceptar la existencia de Dios. Actualmente es un hombre con el pelo blanco y largo. Cuando no está haciendo descubrimientos le gusta tocar *blues* con su armónica.

El descubrimiento que le mereció ganar el Nobel surgió cuando ayudó a desmontar las ideas preconcebidas que la gente tiene sobre el cáncer y a continuación demostró tener razón. Y no lo hizo por ir a la contra. Lo hizo siguiendo su insaciable curiosidad y su rechazo intuitivo a la manera en que se veía la relación entre el cáncer y el sistema inmunitario.

Durante mucho tiempo, se pensó que el cáncer se desarrollaba en el cuerpo de una persona porque el sistema inmunitario —nuestro mecanismo de defensa interna— no reconocía el tumor como algo maligno. En la jerga de los inmunólogos, los científicos creían que el sistema inmunitario no percibía el cáncer como «ajeno» y por lo tanto no lo atacaba igual que atacaría a bacterias, virus o cualquier organismo que considerara extraño.

El resultado de esta manera de pensar fue que los tratamientos contra el cáncer se diseñaron para atacar el cáncer, sin tener en cuenta el papel del sistema inmunitario. Es decir, se intenta destruir el cáncer con quimioterapia y radiaciones, ataques de fuerza bruta que provocan todo tipo de daños colaterales, incluida la destrucción de tejidos sanos, y causan estragos en el paciente, siguiendo la teoría de que la única manera de salvarle es la estrategia de tierra quemada.

En gran parte gracias a Allison, el tratamiento contra el cáncer ha sufrido un cambio radical en los últimos años. Hoy en día, los medicamentos que más se venden son los que estimulan el sistema inmunitario para que éste ataque al cáncer, porque resulta que nuestros defensores sí reconocen al enemigo que crece en nuestro interior.

Y entonces el cáncer envía una señal para apagar el sistema inmunitario.

En un libro que escribí sobre el sistema inmunitario cuento muchos más detalles sobre el papel de Allison en este descubrimiento y su fantástico viaje. Lo resumo aquí en pocas líneas. En 1990, James Allison investigó una proteína llamada CTLA-4. En pocas palabras, esta proteína se encuentra en la superficie de las células inmunitarias. Esto es ya en sí mismo sorprendente. Hubo muchas creaciones hasta que Allison y otros investigadores llegaron a ese descubrimiento y pudieron examinar y trabajar con proteínas en la superficie de células inmunitarias. En hombros de gigantes.

En sus experimentos James Allison comprobó que la efectividad del sistema inmunitario dependía del tipo de señal que CTLA-4 recibía de otras proteínas. Si CTLA-4 era estimulada y empezaba a proliferar, sucedía algo curioso: el sistema inmunitario dejaba de atacar.

—Comprendí que era necesario saber lo que hacía la CTLA-4 —me explicó Allison.

Tras mucho trabajo, comprendió exactamente cuál era la función de CTLA-4: participa en el freno del sistema inmunitario. Es decir, cuando el sistema inmunitario reconoce el cáncer, se dispone a atacar y ¡zas!, el cáncer envía una señal para frenarlo.

¿Por qué es así? ¿Por qué tiene frenos el sistema inmunitario? ¿No se supone que debe estar siempre en modo ataque?

—CTLA-4 está para que no te mates a ti mismo —me dijo Allison cuando preparaba mi libro anterior sobre el sistema inmunitario.

El investigador comprendió que el sistema inmunitario es un arma de doble filo. Si reacciona poco, nos deja indefensos frente a la enfermedad, pero si reacciona demasiado nos puede llevar a una enfermedad autoinmune, que puede resultar también mortal.

Comprendió que el cáncer estaba aprovechando el sistema de señales para paralizar el ataque del sistema inmunitario. A partir de aquí, descubrió la manera de cambiar la señal que activaba los frenos. En una de las historias más escalofriantes (en sentido positivo) que he oído, James Allison explica el experimento que llevó a cabo para cambiar las señales. Una mañana, llegó al laboratorio para ver cómo iban los ratones enfermos de cáncer que habían sido objeto del experimento. Los tumores habían desaparecido.

El trabajo de James Allison se complementaba con el de un científico japonés llamado Tasuku Honjo. Ambos compartieron en 2018 el

Premio Nobel de Medicina. En lugar de atacar el cáncer como se estaba haciendo en el resto del mundo, trastearon con el sistema inmunitario y establecieron «un principio totalmente nuevo para la terapia del cáncer», según reza el texto de su premio Nobel.

¿Y si les digo que esta historia nos lleva otra vez a la epidemia de COVID-19 que atacó a todo el planeta en el otoño de 2020, cuando escribo estas páginas? El número de fallecidos asciende en estos momentos a más de un millón, 200.000 de ellos en Estados Unidos. Esa creación viral se ha convertido en una bola de demolición, una afilada guadaña que va segando vidas humanas con gran eficiencia, sin tener en cuenta el daño que causa.

Pero hay algo bueno. El mundo había empezado a crear una solución.

Los investigadores cada vez creaban mejores tratamientos para disminuir los efectos mortíferos que la enfermedad tenía en los pulmones.

Lo hicieron basándose en parte en el trabajo de James Allison y en los creadores que pensaban en el funcionamiento del sistema inmunitario.

Desde el principio de la pandemia, se dieron cuenta de que una gran parte del problema, incluidas muchas muertes, se debían a la sobrerreacción del sistema inmunitario frente al SARS-CoV-2. Parece una locura. Uno podría suponer que el problema era que las células inmunitarias no reaccionaban con fuerza suficiente contra el nuevo coronavirus, y que por eso atacaba a los pulmones. Pero la realidad era más compleja.

En muchos casos, el sistema inmunitario se sentía tan abrumado por la enfermedad que desencadenaba una respuesta exagerada. ¡Al ataque! ¡Con todas las armas! Las proteínas del cuerpo enviaban una respuesta masiva de células inmunitarias, y muchas de ellas contribuían a encharcar los pulmones. Algunos de los tratamientos más efectivos consistían en apisonar el sistema inmunitario, para que el exceso de fluido —en el que se incluían las células inmunitarias— no inundaran el delicado aparato respiratorio.

Además, se desarrollaron medicamentos y vacunas basadas en las ideas de James Allison.

En noviembre de 2020, justo antes de las elecciones en Estados Unidos, el presidente Trump contrajo la COVID-19. Para frenar la progresión de la enfermedad le dieron distintos tipos de medicamentos. Uno era el llamado anticuerpo monoclonal. (La empresa fabricante, Regeneron, es la que heredó el concurso Westinghouse). Es un medicamento complicado, pero una forma sencilla de explicarlo es que hace con la respuesta inmunitaria algo parecido a lo que Allison propone. No es que los hallazgos de James Allison llevaran directamente a los medicamentos que se crearon como respuesta a la COVID-19, pero el salto conceptual que supuso su descubrimiento tuvo un gran impacto en los futuros medicamentos, incluidos los que se crearon durante la pandemia.

Otro medicamento que tomó el presidente —y otros muchos enfermos de COVID-19— era un esteroide. Trump lo tomó al principio, cuando estaba tosiendo y tenía dificultad para respirar. Es un medicamento que rebaja la respuesta del sistema inmunitario, a fin de disminuir la inflamación y evitar que se obstruyan los pulmones, uno de los efectos mortíferos de la excesiva respuesta inmunitaria al virus.

Los descubrimientos de James Allison también son un ejemplo de cómo algunas creaciones pueden cambiar el curso de la historia. Estos inventos se construyen sobre inventos anteriores, pero también en respuesta a las necesidades y al entorno. Llegaron relativamente tarde en la vida de James Allison, que ganó el Nobel a la edad de setenta años, cuando llevaba varias décadas trabajando. No era un pipiolo.

Lo que nos lleva a una de las últimas preguntas de las que me planteé. ¿Qué edad tiene un creador?

Edad

En varias ocasiones he hecho referencia a un investigador llamado Dean Simonton. Encontró un importante nicho en la investigación sobre creatividad: estudió datos claros y demostrables de las vidas de creadores geniales, como Einstein, Picasso, Freud, Edison y Bach. ¿Cuántos estudios publicaron, cuántas patentes adquirieron? ¿Cuáles eran sus hábitos?

Miraba la evidencia empírica en un campo donde, como ya sabéis, es muy fácil patinar en las sutilezas de las ciencias sociales.

Una de las preguntas de Simonton era: ¿a qué edad fueron más productivos estos grandes creadores?

En 2016, Simonton escribió un artículo para el *Scientific American* titulado «¿La creatividad disminuye con *la edad?*».

«Esta pregunta ha intrigado a la investigación científica durante más de un siglo», escribe Simonton. Y añade: «Puedo ofrecer una respuesta bastante clara: ¡No precisamente!».

En su artículo explica que la máxima creatividad de una persona suele coincidir con su momento de máxima productividad. Esto parece lógico, ya que la productividad requiere energía, y, por muy inspirado que estés, será difícil desarrollar tu idea si necesitas dormir la siesta a menudo. Simonton comenta que algunas carreras, como la de historiador y la de filósofo, no parecen sufrir disminución alguna de creatividad. Tal vez porque los creadores han ido acumulando más conocimientos de historia y de filosofía con la edad, y también porque probablemente requiere menos esfuerzo escribir historia que, pongamos por caso, actuar en un concierto de rock.

También entiendo que los historiadores y otros creadores —como los periodistas— tienen la ventaja de que pueden inspirarse en información externa. Y en los años que llevo entrevistando a muchas personas diferentes, he observado que las carreras que permiten extraer información exterior parecen ofrecer más oportunidades para crear.

Por el contrario, las carreras que solo se basan en la propia autenticidad podrían ir disminuyendo en creatividad con el tiempo. Los artistas, por ejemplo. He observado —insisto en que esto no es empírico— que las revelaciones de autodescubrimiento pueden resultar muy originales en la primera parte de la vida. Pueden llevar a crear libros, canciones, un sonido y un estilo que puede alcanzar la cumbre en la juventud. A continuación, es posible que haya creaciones, pero no siempre demasiado diferentes de las primeras, porque parten de la misma autenticidad que llevó al artista a crear. Pensemos en cuántos músicos y escritores nos han gustado y de los que hemos dicho: esto me recuerda mucho a sus primeras obras.

En todo caso, Simonton concluye que está demostrado que es posible crear hasta bien entrada la última etapa de la existencia.

«Después de todo, los creadores tardíos llegan a su cumbre creativa a la misma edad en que los que empezaron temprano la han sobrepasado. De modo que es posible seguir siendo creativo a lo largo de toda una vida», escribió.

Es una de las razones por las que la creatividad puede madurar con la edad. Pero creo que hay otra razón más poderosa que explica que se pueda ser creativo a una edad más avanzada, y es que, con la edad, las personas se conocen mejor y entienden mejor sus pasiones. Comprenden cómo funcionan las cosas.

Unos economistas laborales de Universidad Estatal de Ohio analizaron el trabajo y la edad de centenares de físicos que ganaron un premio Nobel por sus descubrimientos. Hace un siglo, una tercera parte hacía su descubrimiento antes de los treinta años, y otra tercera parte antes de los cuarenta. Pero esto ha cambiado radicalmente. La gente vive ahora más años, tiene más tiempo para aprender, y las especialidades han ganado en complejidad.

«La imagen del brillante y joven científico que hace grandes descubrimientos científicos está cada vez más anticuada», dice Bruce Weinberg, economista de Universidad Estatal de Ohio en un artículo publicado por *LiveScience*, una página web de noticias científicas. «Hoy en día, la edad media de los físicos cuando acaban la investigación que les reportará el Nobel es de cuarenta y ocho años. Hay pocos trabajos de importancia que se hagan antes de los treinta».

Otros consideran que el descubrimiento más importante no es sobre un tema, sino sobre sí mismos. Una vida más larga concede a la gente más oportunidad para escucharse a sí misma.

Veamos los trabajos de los creadores que menciono en este libro. Sus contribuciones se extienden durante toda una vida:

- JIM ALLISON, nacido en 1948, obtuvo el Premio Nobel de Medicina cuando tenía setenta años por un trabajo sobre los tratamientos contra el cáncer que le había llevado cuarenta años, y que inició a finales de la década de 1980. Hoy sigue desarrollando su aplicación a otras formas de cáncer.
- STEVE KERR ganó como jugador seis campeonatos de la NBA (con la ventaja de contar con la creatividad de un chico llamado Michael Jordan, que entonces estaba en los veinte y en los treinta). Ganó tres campeonatos como entrenador cuando tenía poco más de cuarenta años y estaba en plena expansión creativa.
- JUDD APATOW, nacido en 1967, lleva haciendo monólogos humorísticos desde que era un niño. Ha sido creativo toda su

vida. Ahora se encuentra en la cincuentena, y algunos de sus mejores trabajos son de esta última etapa.

- JENNIFER EBERHARDT, socióloga en Stanford y ganadora del MacArthur Genius Award. Propuso maneras de repensar las relaciones interraciales y de ayudar a la policía a detectar sus prejuicios inconscientes. De joven era tímida, de modo que se centró en su curiosidad intelectual. Demostró su creatividad en su trabajo sobre la policía y los prejuicios inconscientes, y se convirtió en una experta mundial en el tema. Hizo un gran trabajo con las fuerzas de policía y en 2019 publicó un libro: *Biased: Uncovering the Hidden Prejudice That Shapes The Way We See, Think and Do.* Tenía entonces más de cincuenta años.
- ROGER MCNAMEE cocreador, junto con su hermano, de MyFitnessPal. Ganó varios cientos de millones de dólares y logró que muchas personas perdieran peso. Estaba entre los últimos años de la treintena y los primeros de la cuarentena. Hoy busca una nueva idea.
- MIKE MONSKY creó el Clean Remote, tras asustarse con la cantidad de porquería que acumula el control remoto de los televisores. A los más de setenta años, durante la pandemia, vivió el periodo más creativo e inspirador de su vida, cuando los hoteles y hospitales necesitaron que les vendiera su invento.
- GARRY TRUDEAU es el primer autor de tiras cómicas que gana el Premio Pulitzer de humor gráfico en publicaciones. Estupendo, muy bien. Un premio Pulitzer. ¿Y qué les parece esta cifra?: 15.000. Son las tiras cómicas que había creado cuando se cumplió el 15 aniversario, en 2018. Mientras tanto, Trudeau ha seguido produciendo cantidad de nuevas ideas, y cada vez que charlábamos o comíamos juntos me explicaba algo nuevo que se le había ocurrido, para la televisión o para la gran pantalla. ¿Qué edad tiene un creador? En este caso, la respuesta es: cualquiera.

- DARRIN BELL fue el primer humorista gráfico negro que ganó el Pulitzer de humor gráfico en publicaciones. Es una de esas personas que, al igual que Trudeau, descubrió su vocación de joven, y dibuja tiras cómicas desde que supo manejar un lápiz. Desde entonces, no ha dejado de crear. Mientras yo escribía este libro, Darrin —que ya tiene más de cuarenta y cinco años— trabajaba en una serie de televisión basada en su tira cómica *Candorville*, para el humorista Kevin Hart y redactaba una autobiografía ilustrada de dos volúmenes para una importante editorial, además de seguir escribiendo *Candorville* y otras tiras cómicas.
- DAVID MILCH, una leyenda de Hollywood. Escribió *Hill Street Blues* en 1982 y *Deadwood* en 2004, ambas series han hecho historia y han cambiado para siempre el género.
- BRUCE SPRINGSTEEN. La verdad es que hice por lo menos diez llamadas a la «gente» de Springsteen y solamente conseguí un «tal vez». No es extraño. Está siempre creando. Empezó poco después de ver a Elvis Presley en la tele, una épica noche de domingo, y ha compuesto muchísimos temas musicales. Mientras yo escribía este libro, él acababa de publicar un nuevo álbum, que le funcionó muy bien. Está en la setentena. Gracias, Bruce, y, si tienes ganas de charlar, estoy a tu disposición.
- RHIANNON GIDDENS. Nacida en 1977, está ahora en la cuarentena y ha expresado una tras otra las multitudes que habitan en su interior. Cuando la entrevisté para este libro, uno de los problemas era que seguía sacando nuevas ideas. Miniconciertos, actuaciones en directo, proyectos con su grupo de música. Finalmente, le dije: «Rhiannon, cuando leas este libro, parecerá anticuado, con todo lo que estás haciendo. No puedo seguirte a este ritmo».

Y finalmente está Jack Schroeder, el perfecto retrato final para este libro, porque ejemplifica la capacidad de oír tu voz tarde en la vida, así como la fuerza para descartar las ideas de otras personas sobre la creatividad y hacer caso de tu propia opinión. Schroeder había sido una estrella de rock, pero decidió que le inspiraba más ayudar a sanar las relaciones entre la policía y los jóvenes desfavorecidos y de minorías.

Su historia nos muestra también cuánto se estaba progresando antes de los conflictos de 2020. Cada pequeña creación cuenta.

Dos pequeñas historias de guerra

UNA MUSA

En junio de 1944, en Normandía, Francia, las primeras lanchas de desembarco anfibio surcaban las aguas en dirección a la playa de Omaha. Para Frank DeVita había llegado el momento de hacer el trabajo infernal. Cuando las lanchas alcanzaran la orilla, tenía que hacer que descendiera la rampa protectora de metal que había en la parte delantera. De esta forma, los soldados que estaban agachados detrás de la rampa, salían corriendo.

Es decir, que los soldados saldrían directamente frente a las ametralladoras alemanas que escupían miles de balas por minuto desde los fortines medio enterrados en la arena. Frank DeVita sabía que cuando bajara las rampas, sus colegas y amigos caerían bajo el fuego enemigo.

El timonel gritó: «¡DeVita, baja la rampa!».

Frank simuló que no lo oía.

«¡Maldita sea, DeVita, baja la rampa!».

El soldado obedeció.

Los alemanes diezmaron las tropas aliadas, incluido el soldado que estaba justo delante de Frank DeVita.

Aquel día, el soldado DeVita tuvo que bajar la rampa en una docena de desembarcos parecidos.

En diciembre de 1944, los nazis lanzaron la que sería su última contraofensiva de la guerra. Condujo a la batalla de las Árdenas, una lucha encarnizada en tierras de Francia y Bélgica. Como un animal moribundo, el ejército alemán lanzó un ataque lleno de crueldad en el que sus soldados y tropas de asalto mataron a poblaciones enteras y dejaron los pueblos arrasados. Bradley Thomas, soldado de infantería, fue enviado con otros norteamericanos a detener el ataque de los nazis. Normalmente eran estas las reglas. Thomas es negro. Colaboró en la victoria sobre la malvada creación de Hitler. Se sintió muy orgulloso.

Al acabar la guerra, Thomas volvió a la cubierta inferior del barco, con los demás soldados negros. De regreso a Estados Unidos no pudo votar a causa del color de su piel.

De modo que dobló su uniforme, lo guardó en una caja y juró que nunca más lo volvería a mirar.

Lo que une a estos hombres es su sacrificio, la cruel ambigüedad moral de la guerra. Y una cosa más: sus historias inspiraron un programa tremendamente creativo que pretendía sanar la división entre los agentes de policía y los jóvenes sin recursos, pertenecientes a las minorías étnicas de la sociedad norteamericana.

Inspiraron a un aficionado a la historia, un hombre empático llamado Jacob Schroeder. Se le ocurrió la idea loca de que estos y otros veteranos de la Segunda Guerra Mundial compartieran sus vivencias con los policías y con los jóvenes, y tal vez de esta manera los dos grupos podrían aprender historia y experimentar el sentimiento de unidad con estos soldados. Tal vez llegarían a sentirse tan unidos por una historia común que abandonarían los prejuicios y empezarían a verse como individuos.

—Es difícil generalizar sobre las personas cuando las conoces y te caen bien —me dijo Schroeder.

Ya tenía casi cincuenta años de edad. Puede parecer tarde para que se te aparezca la musa. Pero ya era un gran creador, por lo menos a los ojos de los demás.

Schroeder era una estrella del rock y el cantante principal de un grupo llamado Opie Gone Bad. Era uno de los grupos musicales más populares del estado de Ohio y había actuado en nueve ocasiones en el legendario escenario de Red Rocks.

En un vídeo de su actuación del 10 de julio de 2001, Schroeder está de pie frente a miles de fans enfervorecidos. Parece una estrella del rock. Es un hombre grande que domina el escenario, con la cabeza afeitada y una bonita voz. Madre mía, qué voz. Tiene un oído absoluto y es capaz de cantar una amplísima gama de sonidos, ya sean ásperos, melódicos o hablados. En el concierto, aquella preciosa noche en Colorado, cantó con toda su alma mientras la gente bailaba y cantaba, y levantaba en alto la jarra de cerveza a la salud de Opie Gone Bad, el grupo de Jake. No es solo que pareciera una estrella del rock. Lo *era*. Se casó con una de las animadoras del equipo de fútbol americano Denver Broncos.

Pero Jake Schroeder no era feliz.

La música no le llenaba totalmente. Claro que le gustaba cantar, y los bolos eran emocionantes; cientos de miles de personas frente al escenario, bailando lo que ellos tocaban. Sin embargo, antes de la actuación no había nada seguro.

—Antes de salir al escenario, me digo que no habrá nadie que baile —me dijo—. Intento no emocionarme demasiado antes de un concierto, para no frustrarme si no sale bien.

Schroeder no les daba demasiada importancia a los conciertos, pero participaba en ellos. Con franqueza, no le gustaban demasiado, y disfrutaba sobre todo con la reacción del público. Además, casi nunca escribía él las canciones, de modo que su papel era un tanto mecánico. Y eso acabó pasándole factura.

Para resumirlo mucho, tuvo una hija con la animadora. Se divorció, iba mucho de fiesta, salía con muchas mujeres, no estaba satisfecho con lo que hacía ni con la persona en que se había convertido y acabó cansado de una forma de vivir que podía parecer envidiable, pero que no era auténtica.

De jóvenes habíamos sido amigos, y cada cierto tiempo nos poníamos en contacto. En el verano de 2019 hablamos, y le noté cambiado.

—No puedo esperar a contarte lo que voy a hacer —me dijo cuando nos sentamos a la mesa en un restaurante mexicano.

Cuando empezó a contarme sus planes, se le iluminó la cara.

Después de retirarse del rock. Schroeder se instaló en un barrio residencial. Se casó con una mujer que había conocido en un equipo mixto de hockey y tuvo hijos con ella. Trabajaba como director ejecutivo de la Liga Atlética de Policía en Denver. El grupo pretendía promover el deporte entre los jóvenes, así como las buenas relaciones entre jóvenes y policías. Esto apeló a la empatía de Schroeder.

Su carrera musical quedó reducida a una sola canción, el himno nacional. Lo cantaba en los eventos deportivos, en especial cuando jugaba el Colorado Avalanche, el equipo profesional de hockey. Una noche, después del atentado del 11 de septiembre, Schroeder conoció a un grupo de soldados que acompañaban a veteranos de la Segunda Guerra Mundial a Normandía. Le preguntaron si querría ir con ellos.

—Era algo con lo que siempre había soñado: ayudar a veteranos de la Segunda Guerra Mundial y acompañarles, porque siempre me ha encantado la historia.

Su primer viaje fue en 2012. En el segundo viaje, en 2013, viajó en un Toyota lleno de soldados americanos que habían servido en Afganistán y querían visitar Normandía, además de un veterano de Normandía que había caído en una emboscada alemana y había perdido a casi todos sus compañeros.

El veterano, Waljer, se sinceró con estos soldados como si fueran sus hermanos.

—Los soldados jóvenes le escuchaban con la boca abierta. Era como retroceder en el tiempo.

—Entonces se me ocurrió.

Cuando regresó a su casa pensó cómo recaudar dinero para llevar a los policías y a los jóvenes de Denver a conocer a los veteranos del desembarco en las playas de Normandía. Estaba uniendo cosas muy distintas. Pero su confianza en la idea era muy superior a la que había sentido componiendo o intentando componer una canción.

Recordaba haber pensado: «Haré lo que pueda para llevar a tantos policías y a tantos jóvenes como me sea posible».

En 2016 llevaron a tres chicos, cuatro veteranos y cuatro policías.

En 2017, dos viajes más, incluidos los chicos de Columbine, la escuela donde tuvo lugar el terrible tiroteo en 1999. Uno de los chicos era Alejandro Rizo. Tenía trece años.

Alejandro, a quien sus amigos llaman Alex, vive en una de las zonas más pobres de Denver y había escrito una redacción en su colegio sobre por qué quería ir a Normandía. Le eligieron. En Normandía, caminó por la playa y visitó los abarrotados cementerios.

—No lo comprendes bien hasta que no ves todas esas cruces blancas —me dijo.

Le conmovió en especial lo que vio en la pequeña iglesia en el pueblo de Sainte-Mère-Église en el noroeste de Francia y las viejas manchas de sangre de los bancos. No toda la sangre provenía de los mortalmente heridos. Dos sanitarios estadounidenses, dos chicos de diecinueve años, se habían establecido en esta iglesia de ochocientos años de antigüedad para socorrer a los heridos, incluidos los soldados alemanes. Se calcula que salvaron la vida de 81 personas.

—Salvaron a una niña del pueblo —me explicó Schroeder.

Estábamos de pie en la plaza del pueblo, a principios de octubre de 2019, y empezó a llover. Jake parecía abrumado por lo que había ocurrido allí. Le emocionaba la idea de la compasión en medio de «esa guerra, con tanta muerte y destrucción».

Lo mismo le ocurrió a Alex.

—Fue increíble ver eso en la iglesia, que un desconocido hubiera estado dispuesto a arriesgar su vida para mejorar la mía, de alguna forma.

Por la noche, en la residencia donde se alojaban los visitantes, Alex me dijo que había estado hablando con un policía de Denver, un detective de homicidios.

—Lo vi no solo como un hombre de uniforme, sino que vi al padre, al marido, al hijo —me dijo Alex. Y se hicieron amigos—. Puedes tener mucho en común con alguien de quien a veces tienes una mala opinión.

No es que a Alex le desagradase la policía por principios. Su abuelo había sido policía en México antes de que lo mataran. Alex había aprendido de sus padres a respetar las leyes. Por otra parte, cuando tenía doce años, una amiga suya había robado un coche y un policía la mató a tiros. El agente alegó que quería evitar que la chica hiciera daño a alguien conduciendo el coche.

El día antes de mi entrevista con Alex, un policía blanco mató en Texas a una mujer que estaba en su casa jugando a un juego de vídeo con su sobrino y tenía el proyecto de estudiar Medicina. Dos semanas atrás, una policía de Texas había sido condenada por matar a su vecino afroamericano, que estaba en su propia casa.

También entrevisté a policías que participaban en el programa. Eso fue durante los disturbios de 2020, y la situación se había politizado tanto que no querían dar sus nombres. Me contaron que habían hablado con esos chicos, habían pasado horas charlando con ellos de todo un poco.

Schroeder cree que los policías, ellos y ellas, salen de la experiencia «transformados, y mucho mejores». En ocasiones, dice, la grandiosidad del espectáculo de Normandía simplemente les deja abrumados, dicho en un sentido positivo.

—Recuerdo que un chico se me acercó y le dije: «¿Sabes ese tipo con el que estabas hablando? Es un policía».

Los prejuicios van en los dos sentidos.

«Esos polis no son racistas, no son malos tipos», me dijo. «Pero eso no niega los problemas sistémicos, en especial con los afroamericanos». Me explicó que el viaje había sido una oportunidad para hablar de los problemas del momento, a través de la lente de la discriminación.

«Hubo muchos afroamericanos que lucharon tan valientemente como los soldados blancos y luego tuvieron que descender a lo más profundo del barco para volver a su casa, donde no les permitían votar. No podemos olvidar eso».

Las lecciones de Normandía no son de blanco y negro, y la enseñanza que extraemos es complicada: muerte, discriminación, destrucción. Esta realidad es exactamente lo que permite a Schroeder extraer lecciones y reducir los prejuicios.

—No es preciso resolver todos los problemas. Yo lo veo como un timón en un crucero, y lo difícil que es dar media vuelta. De modo que hay un timón más pequeño que prepara los giros importantes —me dijo—. Nosotros somos un pequeño timón… aunque solamente tengamos impacto en unos cuantos chicos al año, o en un par de centenares de chicos al año.

Esta es una de las moralejas de estas historias. Ayudar a unos cuantos chicos y a unos cuantos policías al año tiene más valor para Schroeder que los miles de fans que le aclamaban antes. No es necesario que la creatividad tenga una C mayúscula para que tenga importancia. A lo mejor Schroeder está poniendo los cimientos para que los futuros creadores puedan edificar.

La segunda moraleja de esta historia tiene relación con las lecciones de la creatividad y la edad. El tiempo vivido en este planeta no debería ser un freno a la creatividad. También puede darnos la experiencia y la sabiduría que permiten que la musa florezca. En el caso de Schroeder, la experiencia de una estrella del rock palideció al lado de la inspiración que le llegó con su Campaña del Norte de Europa.

Y hay una tercera moraleja, mucho más importante. Nos permite ver el ciclo creativo con cierta perspectiva y nos da un contexto para los grandes desafíos del año 2020.

Ya hemos dicho que Alexander Fleming descubrió la penicilina en 1928. Fue a partir del moho. En otras palabras, a partir de una atenta observación, un ser humano descubrió en una creación orgánica un remedio que salva vidas. El futuro medicamento fue puesto a prueba con ratones, y en 1941 lo usaron para curar a un policía británico. Según consta en las crónicas, la recuperación fue «asombrosa». Pero no había suficiente medicamento y el hombre tuvo una recaída y murió.

Según los archivos del National War Museum, poco antes de la invasión de Normandía, veintiuna empresas colaboraron para fabricar 2,3 millones de dosis de penicilina. El antibiótico se consideró la «medicina milagrosa» de la guerra, dicen los archivos del museo.

¡Menuda creación! ¡Qué producción tan innovadora e importante! Y surgió del caos de la guerra.

La invasión del Día D tuvo éxito en parte gracias a las innovaciones de un inglés llamado Alan Turing. Encabezó los esfuerzos por descifrar el código alemán «Enigma» que los nazis utilizaban para comunicar sus planes estratégicos, así como los movimientos de sus tropas y sus submarinos. Turing ayudó a desarrollar los principios básicos de la computación moderna. Su equipo de criptógrafos en Bletchley Park, en Inglaterra, utilizaba una máquina especial llamada «Colossus».

Para entonces, al otro lado del charco ya estaban trabajando con principios matemáticos para construir el primer ordenador, el Computador e Integrador Numérico Electrónico. Utilizaba 18.000 tubos de vacío para calcular grandes números. Fue inicialmente diseñado para calcular tablas de tiro de artillería para el ejército de Estados Unidos. El 14 de febrero de 1946, el *New York Times* publicó un artículo sobre el proyecto, hasta entonces secreto: «El Departamento de Defensa anunció ayer uno de los mayores secretos de la guerra, una máquina sorprendente que por primera vez aplica velocidades electrónicas a operaciones matemáticas hasta ahora demasiado engorrosas y difíciles».

La guerra acababa de finalizar, gracias en parte a la creación de la bomba atómica, un arma de destrucción masiva que se lanzó sobre Japón en dos ocasiones.

Estas son algunas de las creaciones que nos legó la Segunda Guerra Mundial, en sí misma producto del virus del fascismo que hizo estragos en el mundo entero. Alrededor de 75 millones de personas murieron en el conflicto.

Trastorno, creación, trastorno, creación, la llamada y respuesta de la naturaleza.

En el año 2020, cerca de un siglo más tarde, el mundo se sintió paralizado ante una amenaza. En cierto modo, era cierto: había un nuevo coronavirus y un nuevo tipo de disturbios sociales en Estados Unidos. Por otra parte, estas amenazas no eran nada al lado de otras anteriores (las dos guerras mundiales, la epidemia de gripe de 1918, una guerra fría que llevó al mundo al borde de la destrucción nuclear, el racismo, el sexismo, la homofobia) que eran mucho más destructivas y que habían provocado extraordinarias creaciones en leyes, política e industria.

Los cambios creativos suelen encontrar resistencia, y en ocasiones hace falta un enemigo común, como los nazis, para que se produzca el cambio que lleva al progreso, y para que valga la pena correr el riesgo de cambiar.

Schroeder explicó esta dinámica en términos muy personales cuando me describió su inspiración.

—Perdí la vergüenza de creer que no soy lo bastante bueno para hacer algo así.

La libertad que sintió y la idea que le inspiraba le llegaron a Jake cuando estaba en la cuarentena. Las circunstancias, el estado emocional y la experiencia, todo se combina de distinta forma en cada persona para que aparezca su espíritu creador en el momento adecuado.

¿Acaso importa cuándo?

Vocabulario

CUATRO CES

Parece como si la ciencia de la creatividad no sufriera momentos de crisis. No como la virología, por ejemplo, donde la gente morirá si aparece un nuevo virus y no se toman medidas de inmediato. Por eso, tal vez parezca exagerado que los investigadores James C. Kaufman y Ronald Beghetto dijeran en 2009, mientras tomaban una copa en San Diego, que veían un problema serio en la investigación sobre la creatividad.

El asunto les parecía tan importante que, unos días más tarde, James voló a Eugene, en Oregón, para ver a Ronald, que trabaja en la Universidad de Oregón, y los dos estuvieron hablando y buscando una solución hasta las dos de la madrugada.

El problema tenía que ver con las «ces». La C mayúscula y la C minúscula. Durante décadas, ese constructo binario había servido de cimiento de nuevas ideas. La C mayúscula, por supuesto, se refería a los genios cuyas grandes ideas habían transformado nuestra vida o un campo de estudio, ya fuera el arte, la biología molecular, el rock o la ingeniería computacional. La C minúscula éramos los demás.

¿Pero qué pasa con George de Mestral?

De Mestral cambió el mundo, pero James se preguntaba cómo le etiquetarían, si como C mayúscula o minúscula, si no hubiese cambiado el mundo. Puede que el nombre de George de Mestral no les diga nada, pero probablemente están en contacto con su creación: Velcro. Uno de los inventos más adherentes de todos los tiempos.

La historia del nacimiento de Velcro se remonta a un día a finales de 1940, cuando De Mestral estaba paseando con su perro en Suiza y observó que los abrojos de la bardana se enganchaban en el pelaje del animal, así como en sus pantalones. ¿Cómo se enganchaban los abrojos, esas bolitas con garfios?

En un primer momento, la observación se quedó en una curiosidad, nada más.

—Podía haberla archivado y no haber pensado en el tema nunca más —me dijo James—. Se habría quedado en una anécdota.

Kaufman y Beghetto se preguntaban si había que diferenciar un descubrimiento que se lleva a término de otro que se queda en simple observación. Es una variante de aquella pregunta filosófica: Si cae un árbol en el bosque y nadie lo oye, ¿produce un sonido? Si alguien hace una observación brillante, pero no da un paso más, ¿cuenta como C mayúscula? ¿Cuenta de alguna manera?

O, por ejemplo, una persona como Vivian Maier. Su historia también inquietaba a Kaufan y a Beghetto mientras reconsideraban la idea mayoritaria de que había una C mayúscula y una C minúscula.

Vivian trabajaba de niñera en Chicago. Le gustaba pasear por la ciudad con una cámara Rolleiflex. Más adelante viajó por todo el mundo tomando fotografías, muchas de las cuales no pasó a papel, y nunca publicó sus fotos, al parecer ni siquiera le interesaba. Tras su muerte, un agente inmobiliario encontró en 2007 su colección de alrededor de 150.000 fotografías y comprendió que era muy buenas: fantásticos retratos en blanco y negro, testimonios de cultura callejera, rostros captados en momentos de turbación, grupos charlando en los porches, niños bailando en verano frente a un gran chorro de agua.

Tuvieron mucho éxito, tanto entre la crítica como entre el público (la colección se hizo viral en internet). Sin embargo, no era lo que ella quería. Ni siquiera se había molestado en pasar sus fotos a papel.

En 2014, un breve artículo biográfico en la revista *New Yorker* mencionó que había un documental sobre la fotógrafa y causó un poco de revuelo: «La historia de Maier despierta interés precisamente porque se aparta de las historias que nos son tan familiares sobre aspiraciones artísticas. La gente (fans y directores de cine) no puede entender por qué no dejó su trabajo para seguir su pasión. Personas que nunca la habían visto sin la cámara Rolleiflex colgando del cuello se admiran de haber estado junto a una artista de talento».

¿Cómo se habrían calificado estas fotografías si nunca se hubieran descubierto? ¿Hay una categoría para ellas? ¿Serían una C minúscula convertida en C mayúscula? ¿Significaba que la creación debía recibir el aplauso de otros para que pudiéramos ponerle una C mayúscula?

Kaufman y Beghetto, los investigadores que se conocieron en San Diego y estuvieron compartiendo ideas y propuestas en Eugene, encontraban muchos fallos tanto en la C mayúscula como en la C minúscula. ¿Acaso un buen trabajo de un estudiante de inglés merecía la misma C minúscula que el de una escritora profesional que, a pesar de lo inspirada que estuviera, no iba a cambiar el mundo?

Para Kaufman era un asunto personal. No había querido ser un investigador. «Siempre quise ser un escritor creativo», dice. De niño escribía una historia detrás de otra, escribió artículos de deporte en el periódico de su instituto y estudió en la universidad un grado de escritura creativa. Luego quiso hacer un máster en Bellas Artes, y una de las universidades a las que optó le envió una carta tipo en la que le instaba a pensárselo bien antes de optar. En resumen, decía: «Antes de optar a una plaza, debes saber que veinte alumnos aprobaron este año nuestro Máster en Bellas Artes, y cada año hay solamente unos treinta puestos de trabajo de esta especialidad en todo el país».

Entonces se dio cuenta de que él «era bueno, pero no uno de los mejores», explica Kaufman.

Finalmente entró en Yale para estudiar psicología y, en definitiva, creatividad. Mientras tanto, continuó escribiendo, incluido un musical titulado *Discovering Magenta* sobre un «trabajador de la salud mental que intenta ayudar a un paciente catatónico». Lo representaron en un modesto teatro de Nueva York.

No se trataba de una C mayúscula, desde luego. ¿Era una C minúscula? ¿Lo mismo que el poema que le escribes a tu esposa en San Valentín? ¿Y qué es eso, en realidad? ¿Cómo deberíamos llamar a una nueva receta que te has inventado en casa y que a tu familia y a tus invitados les encanta, pero que nunca va más allá?

Kaufman y Beghetto dieron con una respuesta que, en mi opinión, es muy útil para entender el campo de la creatividad y nuestro comportamiento.

Les presento a las cuatro «ces».

La mini-C
La C minúscula
La C profesional
La C mayúscula

La mini-C.

Cómo la definen: una interpretación de experiencias, acciones y hechos que sea nueva y que tenga un significado personal.

En esta categoría de creatividad, lo más importante es la satisfacción personal. No quiero decir que no sea valiosa. Si De Mestral no hubiera mencionado su observación sobre los abrojos que se le habían enganchado en los pantalones y en el pelaje del perro, la creatividad se habría quedado en una curiosidad, tal vez novedosa, pero en esencia mini.

Continuamente tenemos mini «ces». Lo mismo que nuestros hijos. Observaciones casuales: ¡la caja vacía de pañuelos de papel es un sombrero!; redacción de quinto de Primaria: perros y gatos que viven juntos y en paz, o la torre de fichas Lego que parece un pastel cabeza abajo.

El propio Kaufman dio como ejemplo de mini-C el cambio que introdujo en una receta que le pareció muy buena creación, aunque no gustara mucho a su familia.

—Puse canela en el puré de patatas. Nadie quiso ni probarlo —explicó—. Pero de vez en cuando preparo algo para mi mujer y mis hijos, y me paso de creativo.

Traspasar el umbral de la creatividad. No es que sea muy grande, pero es un paso. El que nos lleva a la C minúscula.

La C minúscula es una mini-C que recibe el reconocimiento de los demás, aunque sea modesto.

En casa de los Kaufman, los niños y la mujer dijeron: «James, este chile que has preparado está muy bueno. ¿Lo harás otro día?»

¡Una C minúscula!

O la redacción de tu hijo de once años, que es lo bastante buena como para enviársela a la familia. O el dibujo de tu hijo de ocho años que cuelga en la puerta de la nevera.

Si experimentamos la mini-C varias veces al día, la C minúscula es algo que casi todos somos capaces de hacer.

No significa que no tenga importancia. La tiene. Puede tratarse de la canción que compones con tu guitarra y que tu esposa te pide que interpretes cuando tenéis invitados, porque es muy bonita. Puede ser el taller que has fabricado en el jardín, o la casita en el árbol que has construido con tus hijos y que ha hecho exclamar a un vecino: «¡Parece un barco pirata de verdad!». Puede ser algo que has hecho en un área que no es la tuya.

Podría ser el trabajo de un creador conocido en un área en la que no es profesional.

Durante el confinamiento de la COVID-19, recibí un mensaje de un amigo, Linwood Barclay, que es un exitoso autor de *thrillers*. Cuando el mundo se detuvo, él dejó de escribir y de promocionar sus libros —le acababa de entregar un borrador a su editor— y dejó de acudir a festivales. Dedicaba gran parte de su tiempo a construir un modelo de sistema ferroviario. Se convirtió en una obsesión para él. Llenó una habitación de 25m^2 de vagones que pasaban por una ciudad, al pie de una cordillera, atravesaban túneles y puentes y llegaban a la base de estacionamiento de trenes.

«Me encantan los trenes desde niño», dijo Linwood en un vídeo que colgó en su página de Facebook. Le pregunté por ello en un correo y me respondió: «Supongo que estoy siempre creando mundos imaginarios, y es bonito acabar construyendo uno con mis manos».

Podríamos decir que lo que hizo Linwood era un *hobby*, pero esto no minimiza una creación que merece reconocimiento por la inspiración que denota.

He querido explicar bien la C minúscula porque es un lugar de auténtica y deliberada creatividad. Aunque no debemos confundirla con el siguiente paso, que es muy importante, la C profesional.

Es lo que Linwood hace con sus libros.

Les presento a la C profesional. Es importante.

En mi humilde opinión, esta es la más importante de las nuevas categorías, y la más complicada. La C profesional se reserva para —lo has adivinado— las creaciones hechas por profesionales. Normalmente se trata de creaciones consideradas muy buenas o geniales. El abanico es amplio, de modo que algunos creadores conocidos y excepcionales pueden sentirse un poco ofendidos por este pequeño apartado. Y es que la C profesional conforma un espectro muy grande.

—El comienzo de la C profesional es la publicación o la aceptación de un artículo sobre un trabajo que va desde un pequeño impacto local —dice Kaufman— hasta un impacto en la materia de la que trate, aunque sea mínimo.

El estudio que escribieron Kaufman y Beghetto, por ejemplo, es una C profesional un poco más elevada. Lo mismo que algunos de los libros de Kaufman, como el *Cambridge Handboof of Creativity*, que ya va por su segunda edición, y *Creativity 101*, un libro más coloquial, pero que sigue siendo riguroso, «el tipo de cosas que te contaría sobre creatividad durante una cena», me explicó Kaufman.

Como el hecho de que esas cuatro «ces» —de la mini a la mayúscula— «tienen interruptores o dispositivos atenuadores de luz».

En especial la C profesional. Porque mirad, incluye a investigadores profesionales como el doctor Kaufman, así como a escritores profesionales como James Patterson y James Ellroy, a artistas de renombre mundial, desde Billie Eilish hasta Shakira, a cómicos como Trevor Noah, Iron Chefs, *Squawk Boxer* o el presentador Jim Cramer.

Y otras muchas personas que no se han labrado una fama, o únicamente en su ámbito. Como periodista del *New York Times*, entrevisto casi a diario a políticos, académicos, autores y demás que han logrado un pedigrí y gran habilidad en su ámbito y que demuestran creatividad, pero que no han alcanzado el mismo nivel.

El Dr. Charles Dinarello, investigador del National Institute of Health que en la década de 1970 descubrió la molécula que causa la fiebre, está en la misma categoría que el cantante James Taylor; y un escritor mediocre como yo, a la misma altura que numerosos ingenieros e innovadores de Silicon Valley.

Aunque pueda parecer injusto equiparar sus creaciones con las nuestras, que no podríamos vender por quinientos millones de dólares, el punto definitorio de la C profesional no es la fama ni el dinero, ni siquiera el talento. Los creadores deben tener suficiente práctica y conocimiento de su campo de actuación. No rompen moldes, pero sus huellas acarician su forma.

La C profesional es una categoría importante y conforma un amplio grupo en el que se integran pensadores creativos, personas de talento que son buenas en lo suyo. Hay millones de personas en esta categoría. No ocurre lo mismo en la C mayúscula.

La C mayúscula se reserva a los auténticos grandes creadores. De hecho, en ocasiones, sus creaciones solamente cobran auténtico valor décadas o siglos más tarde. Hay un juego que consiste en hacer el intento de adivinar qué personas contemporáneas consideraríamos de C mayúscula.

—Tal como lo hemos pensado Ron y yo, la C mayúscula designa lo que merece ser recordado para siempre —dice Kaufman.

Abraham Lincoln, Jonas Salk, Harriet Tubman, Steve Jobs, Paul McCartney y los Beatles, Bob Dylan, George Washington Carver, Winston Churchill, Gandhi y Martin Luther King Jr.

Cuando hablé con Kaufman de este tema, le propuse un hombre como candidato a la C mayúscula: James Allison, el ganador del Nobel del que he hablado unas páginas atrás, y del que seguramente no habías oído hablar antes.

Sin embargo, Kaufman me advirtió que era mejor no comparar un científico con un músico, ni un atleta con un actor. La C mayúscula tiene que referirse a un ámbito concreto, me explicó.

—Si hablas de medicina y de alguien como el virólogo Jonas Salk —dijo—, casi cualquier persona y casi cualquier cosa quedarán mal en comparación. Por eso la fama y la creatividad no son lo mismo.

Me habló también de Norman Borlaug.

—Sabes quién es, ¿verdad? ¿En serio? ¿No conoces a los mejores agrónomos? ¿Ni a los premios Nobel de la Paz?

Norman Borlaug es ambas cosas.

Ganó el Nobel de la Paz por descubrir nuevas variedades de trigo que permitieron aumentar las cosechas. La biografía de este agrónomo que ganó el Nobel en 1970, dice: «Pronto añadió a su objetivo científico el de un filántropo pragmático: lograr una producción extensiva de las nuevas variedades de trigo para alimentar a las personas hambrientas de todo el mundo, y así alcanzar «un éxito temporal en la lucha contra el hambre y las privaciones», dijo.

Norman Borlaug, un creador incansable, un hombre del campo, una C mayúscula de la que nunca habías oído hablar.

Borlaug también ejemplifica otra de las características definitorias de los creadores con C mayúscula: sus ideas y sus métodos se copian, se toman prestados, pasan a formar parte del fundamento de su área de conocimientos.

—¿Conoces el chiste acerca de los Velvet Underground? —me pregunta Kaufman. Se refiere al grupo de rock de los años sesenta, con Lou Reed al frente—. Vendieron cuatrocientos álbumes, y todos fueron para personas que querían montar un grupo de rock.

—¿Y qué hay de alguien como Bruce Springsteen? —le pregunto.

Tiene una inmensa influencia en su tiempo (hoy), goza de buena imagen entre sus pares, es un creador prolífico que desarrolló un sonido y un sentimiento propios. ¿En serio que merece solamente una C profesional?

—Dentro de cuatrocientos años, ¿se acordará todo el mundo de su música? No. Pero cuando los aficionados a la música de este siglo digan: «tenéis que escuchar a estos tres o cuatro músicos», ¿estará Springsteen entre los elegidos? Rotundamente sí.

Eh, Boss, estarás entre los elegidos.

Para Kaufman, la principal característica de una C mayúscula, el factor determinante que convierte a alguien en un candidato indiscutible, es si sus contribuciones creativas son duraderas y si representan una forma de pensar que se aparta de la corriente mayoritaria de su campo. Las C mayúscula redefinen un campo, y ponen los fundamentos de algo nuevo.

De modo que en realidad solamente la historia dirá el impacto que ha tenido una creación, y por lo tanto a qué nivel de C pertenece.

Lo único que podemos controlar. De eso ha ido siempre la cosa, en realidad. Lo único que controlamos es a nosotros mismos.

LIBRO IV

SALVACIÓN

El ingrediente secreto

Cerebro, ojos y oídos, un CI normal, imaginación, un conocimiento por lo menos básico de algún campo, acceso a internet, curiosidad y apertura de mente. Son los rasgos que, a partir de la ciencia y de algunas historias, he llegado a considerar esenciales para la creatividad.

Hay muchas personas con esas características, sino todas.

Y cada una de ellas —todas y cada una— cuenta con el ingrediente secreto: ella misma, su individualidad.

Es una de las principales conclusiones que he aprendido al escribir este libro. En último término, la creatividad nace de la conexión de ideas y de retazos de ideas que emergen de la oscuridad de la mente de una persona. Tanto las piezas que emergen como la forma en que se procesan son algo tan personal como la carga genética o las huellas dactilares. Entre nosotros tenemos muchas cosas similares. Somos muy parecidos, pero no somos clones.

Esto nos ayuda a entender el origen de la creatividad, pero no sus razones. Ya he explicado la pregunta que me planteó un famoso director de Hollywood: «¿Cuál es el propósito de la creatividad?»

Se trataba de Mark Romanek, de cuyo trabajo ya he hablado. Le expliqué lo que había aprendido acerca de la creatividad y su parecido con la biología evolutiva. La creatividad es esencial porque nos permite sobrevivir. Pero esa respuesta no le dejó satisfecho.

—Visto así, ¿no se trata siempre de supervivencia?

Admití que así era. Estamos programados para pasar a otros nuestra carga genética. En este sentido, la creatividad nos ayuda.

¿Para qué otra cosa sirve la creatividad?

Estuve dándole vueltas a la pregunta, y recordé el trabajo de uno de los investigadores más destacados en la ciencia de la creatividad. Ya he hablado de Jack Goncalo, uno de esos pensadores sin miedo a plantear preguntas «absurdas con sentido» y lo bastante sabio como para hacerse las preguntas adecuadas. Con una de esas preguntas dio con una respuesta parcial a la cuestión que plantea Romanek: ser creativos nos hace felices.

En 2015, Goncalo y otros publicaron un artículo que llevaba por título «Las consecuencias liberadoras del trabajo creativo: cómo una salida creativa alivia el peso físico del secreto».

El trabajo demuestra que, cuando una persona crea, experimenta un alivio. Los creadores sienten que han compartido algo con el mundo. Y es así, de acuerdo con ese estudio, incluso aunque el creador no comparta sus íntimos secretos.

Digamos, por ejemplo, que una persona ha engañado a su pareja o cónyuge, o que simplemente ha pensado en hacerlo. Esto es un auténtico secreto, o un auténtico sentimiento de vergüenza. No es una idea para compartirla con todo el mundo.

El secreto pesa mucho. Puede causarnos preocupación, infelicidad, pensamientos obsesivos. Puede suponer una carga casi física. La investigación demuestra, por ejemplo, que una persona que carga con un pesado secreto percibirá una pendiente como más empinada que una persona que no lleve ese peso.

Goncalo y sus colegas consideran que el miedo que nos causa el secreto proviene de la creencia de que pensar en ello es *inmoral*. El secreto está *más allá* de lo que se considera permitido, permisible o incluso concebible. Si no fuera así, no nos importaría compartirlo.

De hecho, la idea misma de la vergüenza nos conecta con el bajón del cuarto curso y con la idea de que, a medida que crecemos y nos hacemos un lugar en el mundo, aceptamos una serie de normas. Cuando hemos violado esas normas, podemos sentir vergüenza.

Goncalo y sus colaboradores llevaron a cabo tres experimentos relacionados entre sí para determinar cómo influye el hecho de crear en la carga de guardar un secreto. En pocas palabras, los investigadores pedían a los sujetos del estudio que pensaran en un secreto personal (algunos pensaron en un secreto grande y otros en uno pequeño). Luego debían escribir algo sobre la naturaleza del secreto, sin revelarlo, y a continuación algunos debían aportar soluciones creativas y otros soluciones prácticas a un mismo problema. (La palabra entre paréntesis variaba dependiendo de en qué grupo estaba el sujeto del estudio).

«Un restaurante cercano al campo ha entrado en bancarrota, y ahora hay un espacio libre en el terreno que ocupaba). Por favor, en diez minutos propón tantas ideas como puedas (creativas/prácticas) para nuevos negocios que podrían abrirse en ese terreno».

A continuación, los investigadores pedían a los participantes que llevaran a cabo una prueba física que se les había mostrado al principio para medir la *carga física*. En concreto, tenían que lanzar una pelota blanda contra un objetivo. En otros experimentos, la carga del secreto llevaba a los participantes a sobrestimar la distancia —el objetivo parecía estar más lejos de lo que estaba— de modo que lanzaban la pelota demasiado lejos. Pero he aquí que los participantes con un gran secreto que habían buscado una solución creativa no se pasaban tanto de largo al lanzar la pelota como los que habían buscado soluciones prácticas.

«Los resultados de los tres experimentos demostraron que la oportunidad de ser creativo supone una liberación, y que esos sentimientos liberadores pueden aligerar el peso físico del secreto», escriben los investigadores. «El resultado de la tercera parte del estudio demuestra que el efecto liberador de la tarea creativa es mayor si la tarea en cuestión permite una amplia exploración a través de distintos tipos de ideas en lugar de centrarse en solo un campo».

Dicho de otra manera, la creatividad permite que la gente se exprese libremente —hasta el punto de experimentar un alivio físico— cuando sienten que hay una idea que no pueden expresar por temor a que les consideren *raros*.

¡Imagínate! Cuando más creativamente piensa una persona, con menos peso carga. Eso es válido para ideas de amplio alcance, sin límites, que vinculen cosas diferentes, de distintos campos y ámbitos, disciplinas y medios de comunicación. Al fin y al cabo, todos tenemos secretos. Ser auténtico no implica contarlos y, aunque no los contemos, pueden servirnos de alimento.

Esta investigación ayuda a contestar a la pregunta que tanto Romanek como yo nos habíamos planteado: ¿Por qué creamos? No es para salvar el mundo. En buena medida, es para salvarse uno mismo.

Muchos creadores —personas de negocios, inversores, músicos, artistas visuales, escritores— me han descrito el gozo de olvidarse de sí mismos cuando creaban, de poder expresar su auténtico ser, de sentirse independientes. Parece evidente que la creatividad y la felicidad están estrechamente relacionadas. Es posible incluso que la felicidad sea un componente de la supervivencia —cuanto más feliz seas, más capaz serás de sobrevivir— pero también puede ser lo que te salve.

Las razones nos las ofrecen otros estudios.

Una razón es la que nos da James Kaufman, el mismo que ayudó a establecer las cuatro *ces*. En un artículo de 2018 titulado «Encontrar sentido con la creatividad en el pasado, presente y futuro», Kaufman explora multitud de investigaciones sobre cómo la creatividad nos ayuda a encontrar sentido. Empezaba diciendo lo siguiente: «Las personas que utilizan la creatividad a diario sufren menos estrés, son más felices, tienen más éxito y están más contentas con su trabajo».

A continuación explica que es porque la creatividad nos proporciona un hondo sentimiento de sentido. Las razones son varias. Una es la que se extrae del estudio con personas que han sobrevivido a «situaciones terribles, desde Hiroshima hasta campos de prisioneros de guerra». La investigación en este campo concluye que, en estas situaciones, las personas anhelan «una inmortalidad simbólica». Una forma de lograrlo es aportar creaciones que dejen un legado, o que sean percibidas así por su autor. Kaufman considera que la creación de ideas es similar a tener hijos y a transferir nuestra carga genética.

Es fácil verlo como una forma de supervivencia, la continuación de uno mismo más allá de la tumba.

Kaufman señala también otras maneras en que la creatividad nos provee de un sentido. Una es ayudar a la gente a entender el pasado. Un libro, una canción, un diario o cualquier cosa que nos permita reflexionar sobre el pasado puede darnos un sentimiento de *coherencia,* dice Kaufman. A eso digo amén. Mostradme un escritor cuya primera novela no sea parcialmente autobiográfica, en tema o en filosofía y, como diría mi abuelo, me trago mis palabras.

Kaufman, en resumen, dice lo siguiente: «Estas actividades creativas pueden ser un vehículo de autoexpresión, una forma de entender nuestro pasado, o un método para curar traumas o eventos que nos han herido».

Dice también que la creatividad puede dotar de sentido algunos acontecimientos del presente (no del pasado). En parte, porque nos lleva a sentir una especie de intimidad. Por ejemplo, cuando compartimos un proyecto creativo, «se puede establecer una conexión muy íntima».

Es una conexión sobre todo colaborativa, porque implica tener las mismas perspectivas, «el equivalente en creatividad a ponerse en los zapatos de otra persona».

Por otra parte, la creatividad es también «una distracción». Kaufman cita estudios que muestran que las personas que hacen dibujos creativos acaban de mejor humor que las que simplemente copian. La investigación demuestra, además, que el estado de ánimo de los que practican algo artístico como distracción es mejor que el de los que lo practican para descargar sentimientos negativos. De modo que es otra razón para crear: ayuda a sentirse mejor.

«En tiempos difíciles», escribe Kaufman, «la creatividad y el arte pueden servirnos como necesarias distracciones».

Por último, Kaufman estudia cómo podemos encontrar sentido en el futuro a través del proceso creativo. De nuevo, concluye que las creaciones ya sea porque ayudan a los demás, forman parte de proyectos más grandes o sirven como vehículo de expresión, hacen que las personas sientan que dejan un legado, algo por lo que se las recordará, que las conectará con el futuro.

Al pensar en todo esto, tengo la sensación de que todo gira en torno a la felicidad. Admito que la felicidad es finalmente parte de la supervivencia. Tenemos más posibilidades de sobrevivir si no estamos deprimidos. De modo que le doy la razón a Mark Romanek, el gran director de vídeos musicales que me preguntó por el propósito de la creatividad. Sí, admito que una buena parte tiene que ver con la supervivencia. Pero si la creatividad es una manera de ser feliz, y por lo tanto de mejorar nuestras probabilidades de supervivencia, no cabe duda de que es preferible a comer verdura.

Un pequeño fallo en esta línea de pensamiento es si la creatividad incomoda a algunos. En este libro he explicado que la creatividad implica correr riesgos. Eso da miedo. La autenticidad da miedo.

De manera que finalmente hemos de preguntarnos si hay forma de correr un riesgo y de internarse en lo desconocido sin caer por el barranco. ¿Hemos de tirarlo todo por la borda para ser creativos? ¿Tenemos que convertirnos en artistas empresarios, bailarines, músicos o escritores muertos de hambre, viviendo en barrios de chabolas?

Resulta que no es necesario. Lo aprendí hace unos años, cuando me dieron un consejo muy trillado —eres lo que haces a diario— que hoy es (para usar otro tópico) más cierto que nunca.

No dejes el trabajo que te da de comer

Voy a contar una historia personal que explica por qué los creadores deberían mantener el trabajo que les da de comer.

En 2004 escribí el principio de una historia inventada. Un hombre de unos treinta años está en una cafetería llena de gente, leyendo. De repente, una delicada mano de mujer deja sobre su mesa un papelito doblado, pero cuando el hombre levanta la vista, la mujer ha desaparecido. El hombre coge la nota y se levanta. Cuando llega a la puerta de la cafetería, abre el papel doblado y lo lee.

Pone: ¡Sal de la cafetería AHORA MISMO!

Hay una explosión y la cafetería salta por los aires.

El hombre sobrevive a la explosión. Se sienta en los escombros delante del café y se acuerda de su exnovia. Murió cinco años atrás y piensa a menudo en ella. Pero ahora piensa en ella de otra manera, porque ha reconocido su letra en el escrito.

Después de escribir esta entrada —aunque era un poco más larga— me sentí más inspirado que nunca. Estaba deseando escribir la historia y averiguar lo que había pasado… y si la exnovia estaba viva todavía.

Hasta aquel momento no había escrito nunca un libro, ni había pensado en escribirlo. Tenía colegas en el periódico que habían escrito libros, y me parecía una auténtica locura. ¿Quién quería escribir tantas páginas, o intentarlo siquiera?

Empecé a escribir una novela de misterio y no podía parar. No sabía realmente lo largo que era un libro. Por la noche, cogía un libro, contaba las palabras que había en una línea, multiplicaba el número por las líneas de una página y el resultado por el número de páginas del libro. Concluí que un libro tenía unas 100.000 palabras, y me dije que intentaría que mi libro tuviera esa cantidad, más o menos.

Cautivado por la musa, escribí el primer borrador en seis meses. No me costó esfuerzo escribirlas, a ratos era tan emocionante como inventar o descubrir algo.

El libro salió bastante bien, hasta el punto de que me pude permitir contratar a una agente literaria, Laurie Liss, que hoy todavía sigue siendo mi representante. Ella y yo estuvimos hablando sobre el libro y me ayudó a darle un poderoso vuelco al final de la historia, lo que me permitió venderlo a uno de los editores más exclusivos del mundo editorial, que acababa de poner en marcha un pequeño sello editorial llamado The Twelve, el primero que decidió no publicar más de un libro al mes (de ahí su nombre: *Doce*). Todos los autores eran bastante famosos, excepto uno. Yo era un caso aparte, pero estaba con autores como John McCain y Christopher Buckley.

Solía referirme a esta lista como *Once y medio* para poner de manifiesto mi falta de notoriedad.

Pero no os voy a engañar. Resultaba embriagador. Finalmente, el libro se publicó con el título de *Hooked* (*Obsesionado*). No gané mucho dinero con él, ni de lejos una cantidad de la que poder presumir, pero equivalía casi a un año de sueldo. Y el editor logró que varios autores de renombre escribieran frases para la cubierta. Dijeron cosas maravillosas, y eso bastante antes de que yo entendiera cómo funcionan esas cosas.

Escribí una carta a uno de esos autores, dándole las gracias por sus amables palabras. Me respondió con más palabras amables y con algunas incisivas: «No dejes el trabajo que te da de comer».

No creo que quisiera decirme que mi libro era malo, aunque podría ser. Lo que quería decirme es lo que afirmo yo ahora: ganarse la vida con la creatividad es muy, muy duro. Ni siquiera las personas que hacen contribuciones con C mayúscula suelen ganar mucho dinero.

Hooked se publicó con muchas alharacas y buenas críticas. Y luego le ocurrió lo que a la mayoría de los libros: se vendió bien y a continuación desapareció, más o menos. ¿Sabéis cuánto tiempo permanece en los estantes de las librerías un libro que no sea un superéxito? Un mes o dos. Luego llega la nueva entrega de libros con buenas críticas que han publicado estupendos editores y fantásticos autores.

Y eso era en los viejos tiempos. Ahora la competencia por atrapar la atención del lector es tan salvaje que hay pocas probabilidades de convertirse en éxito.

Sin embargo.

Esa no es una razón para no crear. Todo lo contrario, en realidad. Es un argumento para permitirte hacer la prueba. Y según mi experiencia, que comparto con muchos, es también la razón de que tus capacidades acaben, con el tiempo, fundiéndose con tus aficiones. De hecho, una de las razones de conservar el empleo principal —aparte de que te da de comer— es que te puede llevar a desarrollar habilidades que serán la base sobre la que construir tu creatividad.

Muchas de las grandes creaciones de la historia (como la vacuna de la viruela) se dieron como efecto secundario de unas habilidades determinadas.

Desde *Hooked* he escrito diez libros, entre ellos uno infantil. Todavía conservo un empleo para ganarme la vida, y en él me atengo a las normas. Sin embargo, los libros y las canciones que escribo también influyen en mi trabajo como periodista y me sirven de inspiración cuando redacto artículos.

Lo que quiero decir es esto: la creatividad no es una cuestión de todo o nada.

Cuando ya estaba finalizando este libro, tuve una conversación con Rhiannon Giddens que corroboró ese punto y me ayudó a entender la suerte que tenía de haberla conocido y de haber explicado su historia.

Llevábamos casi un año charlando, y ya conocía la historia de su inmenso talento y de su evolución. La suya es, además, una historia muy americana, en lo bueno y en lo malo. Sus antepasados esclavos le habían hecho entender que la piel oscura seguía siendo un posible objetivo de actitudes racistas. Por otro lado, creció en una sociedad que es más libre que otras muchas, superó circunstancias nada fáciles y se labró su propia vida. Al hablarme de las emociones que le llevaron a convertirse en creadora, me contó su evolución para encontrar su propia voz, su propio estilo. También me confesó que había capítulos de su vida de los que no podía extraer nada creativo, aspectos de su infancia que le daba miedo explorar.

Pero a mí me seguía faltando una pieza. Rhiannon iba camino de convertirse en una gran estrella y no lo siguió. Por decirlo de alguna manera, abandonó su empleo principal. Bueno, supongo que lo abandonó, porque ahora hace lo que le gusta. Goza de gran prestigio en su círculo y entre un gran número de músicos, desde Elvis Costello hasta Yo-Yo Ma. En agosto de 2020 la eligieron nueva directora artística de Silkroad Ensemble, un colectivo musical internacional que Yo-Yo Ma había fundado en 1988 para promover la colaboración entre artistas en un mundo caótico y globalizado. En otras palabras, Giddens jugaba en la liga de los mejores.

Pero en algún punto del camino decidió que no iba a llevar la vida de un creador famoso, que su vida no se convertiría en un anuncio.

Me parece que no me había dado cuenta de lo importante que era esa pieza que faltaba en la historia de la creatividad hasta que conversé con ella a finales de 2020. Aquella mañana la contacté para preguntarle por la etapa de su vida en que había empezado a oír su propia voz. Como ya he explicado, le llegó cuando era una voz prometedora con un grupo llamado The Carolina Chocolate Drops. Pero se sentía cada vez más desgraciada, y, aunque daba muchos conciertos por todo el país y su música gustaba, a ella no le parecía auténtica.

Se sentía mal incluso después de publicar su álbum en solitario *Tomorrow is My Turn*, de aparecer varias veces en el programa musical *Nashville* y en otros similares, y de su magnífica actuación en la gala de los premios CMA, donde cantó a dúo con Eric Church. Cuando veo el vídeo de esa actuación, me admira la belleza de su voz y su aparente inspiración. Pero ahora que conozco a Rhiannon casi puedo ver la tensión en su rostro. Está maquillada, y tan perfecta que parece una muñeca. «Nunca había estado tan delgada», me dijo. «Probé hacerlo a la antigua usanza». Participó y lo hizo bien. Pero no disfrutaba.

—Me di cuenta de que no estoy hecha para eso. Detesto las sesiones fotográficas. Me gusta vestirme como me apetezca —me dijo aquella mañana de 2020.

Para entonces, ya la conocía lo bastante como para saber lo importante que era para ella ser libre, aunque todavía no comprendía plenamente cómo se vinculaba su deseo de independencia con el hecho de ser una gran creadora. Más que el maquillaje y las sesiones de fotos, lo que rechazaba era las presiones externas que le impedían elegir lo que quería crear. Estas presiones forman parte del mundo de la música y las letras de las canciones, que se supone que deben ajustarse a la cultura popular. Pero, cada vez más, Rhiannon quería contar la historia de sus antepasados.

—Seguía queriendo tocar el banjo y hablar de la esclavitud.

En 2017 publicó su aplaudido álbum *Freedom Highway*, con la canción *Julie*, que Rhiannon había llevado tanto tiempo dentro, y otras historias como *At the Purchaser Option*. También incluía canciones de otros autores, entre ellas, *Birmingham Sunday*, una versión con mucha fuerza del cantante folk Richard Fariña.

A Rhiannon le gustaban esas canciones, pero no quería que la encasillaran. Quería aprender nuevos instrumentos y tenía una idea para escribir una ópera. Se titulaba *Omar*, e iba sobre un africano de fe musulmana que se llamaba Omar Ibn Said, y que fue capturado por traficantes de esclavos y llevado a Carolina del Sur en 1807.

Cuando conversamos aquella mañana, me contó que una de las arias principales le vino a la cabeza mientras estaba sentada frente a la chimenea en casa de unos amigos en la costa oeste de Irlanda. «Las palabras fluyeron sin esfuerzo y mis dedos tocaron la melodía».

La ópera ha sido seleccionada para formar parte del programa del festival artístico de Carolina Performing Arts, en Chapel Hill. Un artículo que apareció en el *New York Times* anunciando la ópera se refería a Rhiannon Giddens como «la música polifacética». (Sí, yo también lo he tenido que mirar en el diccionario: se refiere a una persona con amplios conocimientos).

Aquella misma mañana me habló del trabajo que estaba haciendo con Elvis Costello.

Lo que ha hecho Rhiannon es liberarse realmente para poder crear lo que le inspira en cualquier momento. Me dijo que ahora no había ninguna diferencia entre su vida personal y su vida creativa. «Soy realmente yo. Mis ideas. Cuando están listas para salir, cuando es el momento apropiado, la puerta está abierta».

No pierde mucho tiempo decidiendo si lo que crea es bueno, o perfecto, ni si le parecerá bien a alguien más.

«Mi creatividad es lo que es. Mis capacidades son las que son… en constante desarrollo».

Al acabar la conversación, comprendí que Rhiannon me había hecho un regalo. Es una auténtica creadora, y no porque se haya resistido a las trampas de la fama y el dinero, sino porque ha sabido prestar atención a su voz y la ha seguido sin discriminación alguna, sin reproches, sin críticas ni miedos. Va tranquilamente de un proyecto a otro, y una creación la lleva a la siguiente. A veces esto significa simplemente hornear más cosas. Su cuenta de Twitter está a rebosar de las diversas cosas que ha horneado.

—Nunca había sido tan feliz como ahora —me dijo.

Empecé este capítulo señalando que es más sensato pensar en la creatividad como en una afición y mantener el empleo que te da de comer. Lo que Giddens añade es simplemente esto: si le abrimos la puerta, la creatividad se abrirá paso, conservemos o no nuestro empleo. La creatividad es un estado de ánimo. Si se lo permitimos, se abrirá paso.

Esta es la breve historia de Todd.

Todd

A principios de noviembre de 2020, cuando ya se acercaba el final del año, yo estaba escribiendo un artículo para el *New York Times* sobre una creación que había nacido de la pandemia: los drogadictos en proceso de recuperación estaban haciendo sus sesiones de terapia *online*. Era indispensable. No era seguro hacer terapias presenciales.

Era una buena cosa para las personas que dependen de esas sesiones para sobrevivir. Una de las personas con las que hablé se llamaba Tom Holland.

Durante treinta minutos se convirtió en una lección práctica de creatividad. En parte porque me explicó lo mucho que la pandemia había ayudado a buscar formas creativas de reunirse. Pero lo que me sorprendió sobre todo fue que Holland, a su manera, contribuyó al surgimiento de una idea que equivalía a mis dos años de investigación para explicar cómo pensar con valentía y creatividad.

Mi encuentro con Tom Holland me demostró una vez más que las ideas que impulsan la creatividad pueden llegar de los lugares más inesperados.

Holland había empezado a drogarse a los ocho años. Cuando le pregunté cuáles eran los límites de lo que estaba dispuesto a ingerir para colocarse, me respondió: «Lo que tuviera a mano». Nació y creció en Utah, en la zona norte del estado.

Por fin, en 2012 se desenganchó gracias a Narcóticos Anónimos. Utilizando el programa de 12 pasos logró liberarse de la terrible amenaza que suponían los opiáceos, las metanfetaminas, la cocaína y el alcohol. Me dijo que había aprendido a entregarse, que es una forma habitual de explicarlo. Yo no acababa de entender la idea, y le pedí a Holland que me la explicara.

Holland me dijo que había aprendido a aceptar que era una persona válida, pero no más que cualquier otra persona. Se había entregado a su humanidad básica.

Estas fueron sus palabras exactas: SOY UNA PERSONA VÁLIDA, PERO NO MÁS VÁLIDA.

Sus palabras me impactaron. Eran las que había estado buscando durante meses, desde que empecé a entender el proceso creativo. Muchas personas piensan que son tan válidas como cualquier otra a la hora de crear. Pero no son más válidas, lo que en la fórmula de la creatividad es tan importante como ser válida. Y eso porque las personas que se sienten *más válidas* se sienten también, por definición, con privilegios. Se imaginan que son superiores a los demás. Lo que casi con seguridad significa que no son capaces de ver ni de oír la información de las personas a las que consideran inferiores. Han limitado grandemente el número de especias de su estantería.

Además, una persona que se sienta superior, en cada intento de creación verá el riesgo de fracasar y de convertirse en una de esas personas *inferiores*.

Soy válido, pero no más válido.

Al oír las palabras de Holland, comprendí que eran las que hubieran podido acompañar la crisis emocional de mis veinte años. Me había rendido al hecho de que era solamente humano, ni más ni menos. Y solo más tarde, cuando emergí de la oscuridad, pude oírme a mí mismo, oír mi propia voz y creer en ella.

LIBRO V

CREATIVIDAD EN TIEMPOS DE CAOS

Dos pasos adelante

UNO Y SIETE OCTAVOS DE PASOS ATRÁS

De vez en cuando oigo a alguien que echa de menos tiempos pasados y dice: «Echo de menos el tiempo en que las noticias nos llegaban a través de Walter Cronkite».

Cronkite era el pilar fundamental de CBS Evening News, y cada cierto tiempo lo nombraban «el hombre más fiable de Estados Unidos».

Su voz quedó asociada a algunos de los inventos y los acontecimientos más extraordinarios del siglo (véase la llegada a la Luna).

Era una fuente que nos daba información clara, concreta, sin equívocos ni ambigüedades.

Cronkite se encontraba cercano al ocaso de su carrera cuando un grupo de locos informáticos se conocieron en Silicon Valley y levantaron los puntales técnicos y filosóficos de internet. Es una historia con muchas facetas que incluyen la inspiración militar y la financiera, y está mejor explicada en otros escenarios, pero uno de sus principios básicos era que internet permitiría descentralizar la información. Se hizo en parte para poner a salvo de un ataque a las fuentes de información. Más centros de conexión significaba menos probabilidades de que un misil nuclear, pongamos por caso, pudiera hundir todo el sistema.

Esta inspiración era fruto del miedo.

Otra provenía de la otra cara de la moneda: la esperanza.

Los primeros informáticos pensaron que una información descentralizada sería más democrática. Más personas tendrían voz, y ya no se requeriría trabajar en el *New York Times*, tener un contrato para escribir un libro o ser Walter Cronkite para tener una voz en el mundo.

Pero no es que el mundo de la época de Walter Cronkite fuera tan perfecto. Es cierto que había una fuente de información más sencilla. Pero el mundo de Cronkite era como el de la Guerra Fría, donde si reinaba una paz relativa era porque los dos superpoderes —Estados Unidos y la URSS— y la amenaza de la guerra nuclear lo mantenían todo a raya.

Pero por debajo de la Guerra Fría y el mundo de Walter Cronkite, las cosas eran un desastre. En Estados Unidos, los afroamericanos no gozaban de todos los derechos y los homosexuales no ocupaban un lugar en la sociedad, además de otras muchas cosas que se habían dejado de lado en nombre del orden. En el plano internacional, la simple hegemonía del orden recordaba las palabras de la Biblia que cito al principio de este libro: gran parte del mundo seguía sumido en la oscuridad, anhelando desesperadamente la luz y la creatividad, la innovación y el cambio.

Eso no significa que el mundo no hubiera hecho un larguísimo camino desde la oscuridad. Pero cada nuevo rayo de luz iba acompañado del riesgo de consecuencias imprevistas. Los antibióticos provocaron la aparición de las infecciones resistentes a los medicamentos, el uso de los coches dio pie a una epidemia de muertes en carretera y a la actividad más arriesgada que la mayoría de nosotros practicaremos: conducir un automóvil. Las armas de fuego defendían a muchos y mataron a un número parecido. Los sistemas económicos dominantes llevaron a una mayor riqueza y confort del que habíamos gozado jamás, y a una profunda brecha entre ricos y pobres.

Lo mismo pasaría con internet. Del lado positivo, daba capacidad a muchas más personas para expresar su opinión.

¿Más personas?

La subestimación del siglo.

Un estudio concluyó que el 90 por ciento de toda la información que se ha creado en la historia de la humanidad se produjo entre 2016 y 2018. Y esa cifra crece cada año. Cada minuto del año 2020 se enviaron millones de tuits mensajes de Facebook, fotos de Instagram y vídeos de TikTok. No todo eran tonterías. Algunos de estos mensajes provenían de ministros y presidentes de Gobierno.

La comunicación vino de la mano de la innovación y de la economía, a medida que la gente viajaba de un país a otro y compartía ideas que a muchos les parecían heréticas y fabricaba productos que cambiaron el mundo pero que, al mismo tiempo, se convirtieron en un peligro.

En ese periodo, la misma idea de «verdad» se puso en cuestión. ¡Habíamos ido del «hombre más fiable de Estados Unidos» hasta las *fake news*! ¿Cómo es posible?

Se difundieron ideas que eran auténticas locuras, ideas tóxicas, y la gente las creía. Una idea, al parecer plantada por un informante anónimo que firma como Q, tuvo una gran difusión: decía que una élite de republicanos y demócratas estadounidenses pertenecían a un grupo satánico de pedófilos. No se me habría ocurrido jamás una idea tan absurda, ni en mis peores momentos como escritor de *thrillers*. Pero mucha gente se la creyó.

Nos podemos lamentar del empeño que algunos tienen en manipular la información y convertirla en un arma para despertar el escepticismo en torno a los hechos científicos más básicos y racionales.

Pero detengámonos un momento y consideremos lo poco probable que resulta el año 2020 visto a través de la lente de la creatividad.

Pocas creaciones, si es que existe alguna, han tenido consecuencias indeseadas teóricamente similares a su capacidad de hacer el bien. Recordemos que la Biblia y otras escrituras antiguas han servido tanto para pregonar el bien como para provocar baños de sangre. El fuego que nos sacó de la oscuridad también puede destruir pueblos y bosques enteros, y ahora incluso el clima que necesitamos para sobrevivir.

En respuesta a esto, creamos leyes, costumbres, tecnologías, empresas. Aprendemos, desarrollamos *ces* mini que llevan a *ces* minúsculas, luego a *ces* profesionales. Y luego, alguien, subido a los hombros de gigantes, crea una idea tan impactante, tan inspirada, que provoca una respuesta tan grande que la luz vuelve a brillar y a disipar la oscuridad que había avanzado.

Son las matemáticas de la creatividad: dos pasos adelante, y un paso y setenta octavos de paso atrás.

Puede pareceros arbitrario que añada setenta octavos cuando podía haber hablado de nueve décimos o de la novecientas noventa y nueve parte de mil. No soy bueno en mates. Ya me entendéis. Nos lanzamos con innovaciones y luego descubrimos que tienen consecuencias inesperadas.

Durante el 2020, una creación de la naturaleza llamada SARS-CoV-2 desgarró la sociedad porque se aprovechó de creaciones anteriores, como la vida urbana, la domesticación de animales, los mercados al aire libre y las fronteras, y causó estragos entre nosotros. En respuesta, aprovechamos parte de la misma cooperación internacional que permitió la difusión del virus para desarrollar vacunas a gran velocidad.

La naturaleza global y estrechamente unida de la economía ha traído una bajada de precios, un mayor rendimiento y un aumento de los costes laborales. La crisis de un país se extendía rápidamente a otros, que caían como fichas de dominó. Los poderosos mercados internacionales de inversión, que mueven millones de dólares, trabajan ahora con sistemas electrónicos rapidísimos, de modo que sus decisiones tienen efectos masivos. Por primera vez, las personas pueden comprar y vender acciones desde su ordenador con total facilidad, pero el poder y la riqueza siguen en manos de los más ricos, los que saben sacar provecho del sistema. Esas herramientas nos democratizaron y nos dividieron a la vez.

Los teléfonos móviles nos han dado una gran capacidad de comunicación desde cualquier sitio, además de proporcionarnos entretenimiento y noticias. Estos aparatos nos han hipnotizado y se han convertido en narcóticos, señales adictivas que nos entran por los ojos, y que los inventores de aplicaciones y de noticias nunca llegaron a imaginar.

En ese periodo se acuñó un término que ocupó un lugar destacado en varios artículos, la «fatiga decisoria». Hay demasiada información, demasiados productos en los anaqueles del supermercado, tantas culturas a nuestro alrededor, tantas direcciones que el mundo puede tomar a causa de la plétora de ideas y creaciones. Y hay un número igual de posibilidades de elección. Hacer una elección ya es difícil de por sí. Resulta más difícil todavía cuando implica cambios. Y el cambio es una parte esencial de la creación y la innovación.

La creatividad nos obliga a aceptar el cambio. Normalmente, vemos el cambio como vómito y toxinas, nos dicen los investigadores en creatividad. El cambio es muerte... de una idea, de una forma de comportarse, significa pasar de la oscuridad a una tenue luz, y de ahí a una luz intensa.

Solo pasado el tiempo, cuando miramos a través de los lentes de la historia, podemos saber si una creación fue positiva y hasta qué punto.

¿Significa eso que estamos indefensos frente a la creatividad?

La respuesta es no.

Hay muchas verdades de perogrullo acerca de la creatividad:

La creatividad es inevitable porque la llevamos dentro. Esto es lo que os he enseñado.

La creatividad tiene consecuencias inesperadas, y por eso es preciso que seamos conscientes de que el cambio puede alterarnos y abrumarnos, tanto para bien como para mal. Precisamente por eso tenemos normas públicas que nos ayudan a poner límites. Hay una razón para que esté prohibido entrar en un centro comercial y comprar una bomba nuclear.

La nueva Jerusalén

La historia de este libro empezó en Jerusalén la semana del Día de Acción de Gracias de 2019. Finalizó en un viejo y agrietado sofá de cuero verde, en San Francisco, justo un año después. La creatividad en lucha consigo misma.

La mortífera creación que había aparecido en Wuhan, China, mientras yo recorría la Ciudad Vieja estaba ahora por todas partes. Un millón y medio de personas habían fallecido en todo el mundo, 27.000 en Estados Unidos. Las autoridades gubernamentales habían advertido que la cifra podía duplicarse en los próximos meses.

La gente se encerró en su casa. Los negocios cerraron sus puertas, Millones de personas perdieron su empleo. Los bancos de alimentos hacían lo posible para alimentar a las cada vez más largas colas de personas hambrientas. En las residencias de ancianos se habían instalado la soledad y el aislamiento. En Estados Unidos, más de 100.000 ancianos murieron sin poder despedirse en persona de sus seres queridos.

Pero los humanos encontraron su propio camino para la recuperación.

Justo un día antes de Acción de Gracias, cuando faltaba un día para que se cumpliera un año de mi paseo por la Ciudad Vieja de Jerusalén, los centros para la prevención y control de la enfermedad (Centers for Disease Control and Prevention) anunciaron que la situación estaba a punto de aliviarse.

«Es probable que, dentro de un mes, las vacunas de ARN mensajero —también llamadas vacunas ARNm— sean las primeras que se autoricen contra la COVID-19», decía la página web de los CDC.

Es muy sorprendente cómo funcionan estas vacunas. Consisten en crear un material sintético llamado ARNm que enseña a nuestro sistema inmunitario a atacar el nuevo coronavirus. Los detalles científicos quedan para otro libro. Pero la forma en que estas vacunas surgieron sí pertenece a este libro, porque es en esencia la historia de la creatividad. Todo empezó con la idea de una creadora muy tozuda.

Se llama Katalin Karikó. Es una investigadora de origen húngaro que en los años noventa se obsesionó con la idea de que el ARNm es la puerta a grandes adelantos en medicina. Creía que se podían sintetizar cadenas de material genético para dar instrucciones al cuerpo y de esta manera invalidar, completar o reemplazar las instrucciones que ya estaban en marcha en el cuerpo, pero no en suficiente medida como para hacer frente a una enfermedad.

Esto no era solo una creación sino, en cierto modo, la creación de la vida misma, una versión sintetizada y tuneada de nuestras propias defensas.

Pero la investigadora encontró pocos apoyos para su línea de trabajo. Porque, al parecer, la tecnología no funcionaba.

«Cada noche trabajaba en lo mismo: subvención, subvención, subvención», dice Karikó en el artículo que apareció en *Stat*, una web de periodismo científico. «Y la respuesta era siempre: No, no, no».

El texto dice lo siguiente:

> En 1995, tras seis años en la Universidad de Pennsylvania, Karikó fue degradada. Había estado a punto de llegar a profesor titular, pero como no se le había concedido ninguna subvención

a su trabajo con el ARNm, sus jefes no veían razón para seguir insistiendo.

De modo que se encontró de nuevo en los escalones más bajos del mundo académico.

—Llegado este momento, la gente normalmente dice adiós y se marcha, porque es muy frustrante —dijo Karikó.

El caso es que ella y un colaborador llamado Drew Weissman perseveraron y pensaron cómo hacer que las terapias ARNm funcionaran: había que impedir que el sistema inmune atacara a las cadenas sintetizadas de material genético. A la investigadora se le ocurrió una solución.

«El descubrimiento fue descrito en una serie de artículos científicos publicados a partir de 2005, pero en general pasó inadvertido», dice el artículo del *Stat*. «Sin embargo, fue el pistoletazo de salida para la carrera que se iniciaría más tarde en pos de lograr una vacuna».

«La investigación de Karikó y Weissman pasó inadvertida para muchos, pero llamó la atención de dos científicos clave —uno en Estados Unidos y otro en el extranjero— que más tarde colaborarían en la fundación de Moderna y del socio futuro de Pfizer, BioNTech».

Fueron las mismas compañías que, el día antes de Acción de Gracias, instaron al CDC a decir que estaban a punto de llegar las nuevas vacunas. El trabajo que los investigadores habían hecho en solitario un cuarto de siglo antes fue la base para las vacunas que podían salvar millones de vidas. Y la tecnología del ARNm que estas compañías emplearon en lo más difícil del año 2020 también prometía ayudar a curar otras enfermedades.

No fue una creación menor. Era la vida misma, un complemento sintético de nuestra propia genética. La especie humana no iba a desaparecer.

Leí estas noticias en mi teléfono móvil, sentado en el viejo sofá de cuero verde que heredamos de mi familia política. La casa estaba en silencio, los niños dormían todavía, mi mujer dormía también. Encendí el televisor y cliqué sobre el regalo que me esperaba. Era de Taylor Swift.

Al principio de la pandemia de COVID-19, la cantautora Taylor Swift empezó a trabajar en un nuevo álbum. No se parecía a sus trabajos anteriores. No contenía canciones pop. Era muy personal, reflexivo, cerebral. No se lo comunicó a su discográfica. Se limitó a componer los temas. Estaba satisfecha con el resultado. Y tenía razón. El álbum, con el título de *Folklore*, era una creación realmente brillante.

La mañana del Día de Acción de Gracias, Disney+ estrenó un vídeo del álbum que se había grabado en una casa de la parte alta del estado de Nueva York, donde Swift pasa temporadas. En el vídeo aparecían dos músicos que coprodujeron las canciones con la cantautora durante la cuarentena, a distancia. Era la primera vez que se encontraban en persona. Se sentaron en el porche y recordaron cómo empezaron a trabajar juntos sin haberse visto nunca en persona.

—Durante la pandemia, cuando nos desmontaron el sistema de vida que conocíamos, tenías dos opciones: o te confinas y haces lo posible para estar bien, o te dices «creo que voy a probar otro camino» —dijo Jack Antonoff, uno de los colaboradores de Taylor Swift—. Adquieres una mentalidad de frontera. Es emocionante aprovechar el confinamiento para decirte: «Como todo es tan incierto, voy a reescribirlo».

Taylor Swift esperó a que el trabajo estuviera acabado para comunicarle a su discográfica que había escrito un álbum muy diferente. No estaba tranquila al decírselo.

—Pero mi discográfica me respondió en plan: «Haremos lo que quieras».

—¿Estás segura de que quieres interpretar esto? —le preguntó uno de sus colaboradores.

—Sí, creo que es importante que lo interpretemos. Solamente así sabré si es un álbum de verdad. Parece una alucinación.

—Es cierto —respondió su colaborador—. Nunca he trabajado en un álbum como este, y no creo que lo vuelva a hacer. Ignoro si es así como tienen que hacerse los álbumes, pero en este caso funciona.

—Hay algo en la absoluta y total incertidumbre de la vida que nos provoca una continua ansiedad —dijo la cantautora—. Pero, por otra parte, esta misma incertidumbre nos libera de las presiones que solíamos sentir. Si vas a repensarlo todo, es preferible empezar por lo que más te gusta. Por eso, inconscientemente, hemos estado trabajando en esto. Resulta que todo el mundo necesitaba desahogar su pena. Nosotros también —añadió.

El Día de Acción de Gracias de 2019 comí el pavo en un kibutz al norte de Israel, y al día siguiente conocí al Hombre Canguro. Estaba decidido a entender la creatividad y a estudiar sus manifestaciones en cualquier ámbito de la vida: artístico, científico, sociológico.

Cuando llegó la pandemia, empecé a hacerme preguntas. ¿Se había detenido la creatividad? Si estamos encerrados en casa, solos, es posible que oigamos las voces de nuestra creatividad pero no podamos poner nada en práctica, ¿no?

«Me sentía apática y desesperanzada», cuenta Taylor Swift al relatar cómo creó el álbum *Folklore*, «pero solo los tres primeros días».

Un año más tarde, comprendí que la creatividad, en lugar de haberse frenado, había explotado. Entonces comprendí por qué. Y es que la llevamos dentro. Todos y cada uno de nosotros. La historia dirá si alguna de nuestras creaciones deja una huella lo bastante profunda como para convertirse en leyenda. Pero la historia *no es* el mejor juez. Porque las creaciones que nos inspiran a diario son las semillas que permiten que nuestra especie sobreviva y progrese.

Y no es necesario que nos congreguemos en enclaves creativos, como los grandes creadores religiosos que discutían entre ellos en Jerusalén. Hoy la nueva Jerusalén es el despacho de nuestra casa. Cafés, pequeñas reuniones con acceso a la tecnología, conectar con gente de otros países, sentirse inspirado, oír una voz y crear armonías con las voces de otros... este es el nuevo mundo de la creación. Es más ubicuo incluso que el virus.

En este Día de Acción de Gracias, doy las gracias por lo que la humanidad ha creado y por lo que todavía tiene que crear. Imagínate.

Inspirados

Para apreciar de verdad el poder de la inspiración hay que presenciarlo. Ver cómo surge y se desarrolla en tiempo real. Ver cómo nace a la vida.

Es posible, porque yo lo he visto con mis propios ojos, igual que lo han visto otras personas. Y muchas veces. Me gustaría describir una de esas ocasiones. Fue el 24 de agosto de 2018, antes de que la pandemia sacudiera el mundo. La inspiración pertenecía a Yo-Yo Ma, uno de los más reconocidos creadores internacionales. Tocaba en internet un concierto breve, de 12 minutos. Empezó con el Preludio de J. S. Bach de su Suite para Violonchelo número 1 en Sol menor. Era la primera pieza que el músico había aprendido, a la edad de cuatro años, y desde entonces la había tocado muchas veces en sus más de sesenta años de vida.

Sus dedos y el arco del violonchelo estaban en perfecta sincronía. Tocaba como si unos hilos delicados e invisibles conectaran las notas entre sí. Las acariciaba, las tocaba, se deslizaba entre ellas. Pero lo verdaderamente interesante no era verle tocar.

Donde se aprecia la inspiración es en el rostro de Yo-Yo Ma. En los dos minutos que está tocando, su rostro realiza un largo viaje. Recorre el abrupto terreno de las emociones, el pensamiento y el instinto. Todas las emociones se reflejaban en su rostro; en la barbilla, en las cejas, en los labios, en la frente… podía ser un parpadeo o incluso un sonido con la boca. Era como ver el mapa topográfico de su alma. Un alma que, al igual que su rostro, era a un tiempo tan vieja como una montaña y tan joven como un niño de corta edad.

Primero mantiene los ojos cerrados y una expresión de ensoñación en el rostro, luego aparece un ligero fruncimiento en la frente y una sonrisa irónica, un temblor en los orificios nasales, las mejillas se inflan un poco, la barbilla se levanta, los labios se curvan hacia abajo, la boca se abre y parece que va a hablar para transmitirnos un mensaje, pero a continuación su barbilla desciende, hundida bajo un peso insoportable que le aprieta la parte inferior del rostro. Por último, cuando la pieza llega a su fin, Yo-Yo Ma abre los ojos y despierta de nuevo al mundo.

Yo-Yo Ma dejaba que saliera todo, como dicen los jóvenes. El aprendizaje técnico hacía tiempo que lo había hecho. Pero la interpretación, la forma de tocar y de hacernos sentir era producto de su inspiración en ese momento. Como nos explicó más tarde, eso es lo que hace que cada versión de un tema sea distinto a la versión anterior. «He vivido toda mi vida con esta música. En mi forma de tocarla están de alguna forma todas las experiencias que he vivido», dijo.

El gran violonchelista y pensador explicó que, en el momento de la interpretación, todo su ser transparentaba su estado de ánimo. Utilizó un término muy interesante para expresar la capacidad de leer sus sentimientos en ese momento: «musicología forense». Nos había presentado a su musa. Fue muy hermoso.

Dos años más tarde le hice una entrevista para este libro. La entrevista la hicimos por Zoom en febrero de 2021, al final de un largo invierno, literal y figurativamente. Después del Día de Acción de Gracias se habían empezado a repartir las primeras vacunas. Yo-Yo Ma se congratulaba de la creatividad que nos había llevado hasta donde estábamos. Pronto empezamos a hablar sobre el estado del mundo, y detecté en el violonchelista el rasgo que tantas veces había aparecido en mis conversaciones con grandes creadores: una indomable curiosidad. Pareció contento de abandonar la entrevista tradicional para internarse en estos y otros temas.

—Hablemos de usted —dije.

De acuerdo, dijo él. Pero no fue eso lo que ocurrió. En realidad lo que hizo fue darme una clase magistral de creatividad. No solo me describió de dónde cree que viene, cómo funciona y a dónde puede llegar, sino que hizo gala de las cualidades que son propias de los creadores y que les llevan a crear. Escuchándole, podía oír la esencia de la creación.

Lo primero era su curiosidad innata y su apertura de mente. Los creadores escuchan; más que dar lecciones, interactúan con el mundo, reúnen, sintetizan. Se permiten hacer preguntas «absurdas con sentido». No se lanzan a juzgar, en una pura imitación de lo que han aprendido. Prefieren probar, intentar, y preguntar sin temor a que la respuesta les lleve muy lejos.

Al recordar sus años de universidad, Yo-Yo Ma explicó que le habían fascinado la antropología, la biología social y la biología evolucionista. En su opinión, esos campos nos ayudan a entender por qué somos creativos. Las nuevas ideas nos brotan de forma natural y persistente. Muchas de esas ideas son pequeñas, pero de repente, BANG, ocurre algo extraordinario.

—¿De qué forma evolucionan las cosas? ¿Evolucionan a partir de un estado de quietud? No —dice—. Te vas moviendo lentamente, y de vez en cuando hay un salto.

Pone ejemplos de la amplitud de la creatividad. La agricultura, la rueda, los metales… están muy lejos de lo que Yo-Yo Ma denomina «las categorías aceptadas» de los creadores, como músicos y pintores.

—Adam Smith era un creador, lo mismo que las personas que crearon la East India Company. Karl Marx era un creador, y Freud, y Einstein.

Cuando pienso en la amplitud de la creatividad en nuestro mundo, me digo que Yo-Yo Ma no podría tocar el violonchelo sin un *luthier* creativo que construyera primero el instrumento. La enseñanza es que la creatividad puede asumir tantas formas como la naturaleza singular de nuestra genética individual. El ingrediente secreto de la creatividad eres tú.

Al mismo tiempo, la naturaleza de las creaciones que brotan de cada uno de nosotros depende en gran medida de las circunstancias. Dependen del acceso que tengan los futuros creadores a las herramientas, a la información, a la cooperación; depende también de su capacidad para compartir lo que han aprendido. A lo largo de la historia, ha habido colectivos —llevados por la competencia, la cooperación, la inspiración colectiva o por una amenaza exterior— que han sido muy fructíferos en creatividad. El gran violonchelista cree que estamos en uno de esos momentos de intensa creatividad. «Una época dorada de la creatividad», dijo.

Yo estoy totalmente de acuerdo. La tecnología digital concede herramientas creativas a la gente, a todos. Es un momento de un gran potencial creativo, para el individuo y para la especie.

También es un arma de doble filo. Las creaciones, incluso las más geniales, tienen consecuencias inesperadas. Como las armas nucleares, por ejemplo. Podríamos decir sin miedo a equivocarnos que ninguna creación importante se queda sin castigo. De modo que lo que pase en unos tiempos como los actuales depende en parte de la suerte, pero también del empeño que pongamos en utilizar nuestras herramientas y creaciones para el bien.

Yo-Yo Ma, por ejemplo, señaló el poder actual de la informática, la inteligencia artificial y lo que él llama «los algoritmos», que a menudo se han utilizado para crear herramientas que «atrapen» nuestra atención. Y no siempre con intenciones positivas para el individuo o para la sociedad.

—Podríamos utilizar esas herramientas para crear conocimiento, despertar la curiosidad y permitir la colaboración —dijo—. Bueno, y de hecho lo hacemos.

El violonchelista confía en que esas circunstancias instauren una nueva forma de pensar, una filosofía o visión del mundo que pueda reunir grandes ideas que han estado flotando sin rumbo para darles un nuevo giro y abrir un camino hacia la paz general, la prosperidad, la salud y la felicidad.

—Puede que los milenials estén listos para escribir las bases de una filosofía que permita avanzar a la humanidad —dijo.

El arco de la historia humana se dobla con la creatividad. La suerte de la humanidad sigue los flujos y reflujos de nuestras creaciones.

Pero en mi modesta opinión, el punto más importante que puedo expresar en estas páginas es que la creatividad no depende en esencia del resultado ni de la influencia. No tiene que ver con el desenlace, ni siquiera con el proceso. Eso viene en segundo lugar. La creatividad viene ante todo de la inspiración personal. Empieza con un impulso, una corazonada, una idea, una chispa. La creatividad no es imprecisa, ni intelectual, no está destinada a unos pocos afortunados. Yo-Yo Ma es autor de grandes creaciones. Pero lo que él ha sentido es lo que podemos sentir todos. Una inspiración.

—Eso es lo que me pasa cada vez que hago algo —dice, al describir su experiencia—. Estoy aquí sentado, sintiéndome un poco perdido, deprimido, sin saber qué hacer, y entonces empiezo a reunir información acerca de algo, de una forma casi inconsciente. Recojo información y más información, hasta que me parece que tengo la suficiente como para ver algo que está más allá del límite y que nadie quiere ver.

¿Para ver qué?

—Algo que hasta ahora daba un poco de miedo, ya sea desde un punto de vista personal o social. Algo que despertará críticas o burlas generales si lo dices —explica.

Hasta los más grandes se enfrentan a esta realidad del proceso creativo: la creatividad es aterradora. La ciencia nos lo demuestra. La creatividad nos asusta. Significa cambio, enfrentarse a lo convencional. La creatividad puede provocar incomodidad, tanto al creador como a la gente que intenta digerir la nueva idea e incorporarla a su forma de vida.

Los creadores florecen cuando se permiten atisbar más allá del límite. Para buscar la novedad. La ciencia nos demuestra que el valor de crear puede ser alimentado por los padres y profesores que permiten que los niños vayan más allá, que no les obligan a permanecer a salvo en los límites de lo convencional.

—Y entonces —dice Yo-Yo Ma— doy un salto.

Le pregunté si podía evitar dar ese salto.

—No lo puedes evitar. Se convierte en una obsesión —dice—. Es como enamorarse.

Se puede leer perfectamente en el rostro del violonchelista cuando toca. Da el salto aquí mismo, delante del mundo, sin dejarse arredrar por nuestra presencia, creando sin miedo una nueva versión de una obra maestra. Llega al límite, da un salto y sabe que caerá en suelo firme. ¿Será su mejor versión? ¿Cambiará el mundo? No es eso lo que le importa. Lo importante es liberar al creador que lleva dentro.

Lo que hace especial a un creador como Yo-Yo Ma es que tenía fe en su inspiración, la tiene. Sabe que la inspiración existe por una razón, que la lleva dentro y que es su tesoro, tan esencial como el amor. Y las lecciones de estas páginas pueden resumirse en la expresión de su rostro, en la fe que demuestra.

Inspírate. Es algo natural. Es un camino emocionante para el individuo y para nuestra colectividad.

—Tenemos que ser los autores de la narrativa de cada paso de nuestra vida —dice Yo-Yo Ma.

Somos los creadores. Cada uno de nosotros. Juntos. Hacia la luz.

FIN

Agradecimientos

Este libro debe su existencia al tiempo y la energía que me han concedido las personas que en él aparecen. Son creadores tremendamente ocupados que se han dejado entrevistar varias veces, han respondido a mis preguntas sobre emociones y procesos íntimos, han repetido verificaciones y aclaraciones. El libro en sí mismo es un reconocimiento y agradecimiento a todos los que en él se incluyen.

Un agradecimiento especial a Rhiannon Giddens. Su participación introspectiva y sincera fue para mí un apoyo esencial a la hora de entender y describir lo que supone embarcarse en un proceso creativo.

Mi inmenso agradecimiento también al grupo de sospechosos habituales: Laurie Liss, mi magnífica agente, caja de resonancia y socia creativa y de negocios durante casi dos décadas; Peter Hubbard, editor de primera clase y amigo; Vicky Yater, ministra de primeras lecturas y correctora; Liate Stehlik, una directora editorial llena de comprensión, y un equipo de personas tenaces y creativas en William Morrow y Harper Collins que hacen portadas, corrigen, publicitan y venden los libros a tiendas virtuales y de ladrillo. Sin ellos, no hay libro.

Gracias a Noel, Josh, por esas cosas que no se ven.

Gracias a mis padres. Porque esta curiosa criatura llegó a través de alguien. ¡Vosotros!

Finalmente, gracias a mi esposa Meredith, a Milo y Mirabel, los destinatarios de todo esto.